DEONTOLOGIA JURÍDICA

(Ética Profissional do Advogado)

Dados Internacionais de Catalogação na Publicação (CIP)
(Câmara Brasileira do Livro, SP, Brasil)

Roque, Sebastião José
   Deontologia jurídica : (ética profissional do advogado) / Sebastião José Roque. -- São Paulo : Ícone, 2009.

   ISBN 978-85-274-1030-4

   1. Advocacia como profissão - Brasil
2. Advogados - Direitos e deveres - Brasil
3. Advogados - Estatuto legal, leis etc. - Brasil
4. Advogados - Ética profissional 5. Ética
6. Ordem dos Advogados do Brasil - Estatuto legal, leis etc. I. Título.

09-01610   CDU-347.965:174(81)

Índices para catálogo sistemático:

1. Brasil : Advogados : Ética profissional
    347.965:174(81)
2. Brasil : Deontologia jurídica
    347.965:174(81)

SEBASTIÃO JOSÉ ROQUE

Bacharel, mestre e doutor em Direito pela Faculdade de Direito
da Universidade de São Paulo
Advogado e professor de direito
Presidente do Instituto Brasileiro de Arbitragem – ABAR
Autor de 26 obras jurídicas
Autor de anteprojeto inicial de que resultou a
Lei de Recuperação de Empresas

DEONTOLOGIA JURÍDICA
(Ética Profissional do Advogado)

Ícone editora

© Copyright 2009.
Ícone Editora Ltda.

Coleção Elementos de Direito

Capa
Rodnei de Oliveira Medeiros

Diagramação
Meliane Moraes

Revisão
Rosa Maria Cury Cardoso

Proibida a reprodução total ou parcial desta obra,
de qualquer forma ou meio eletrônico, mecânico,
inclusive através de processos xerográficos,
sem permissão expressa do editor
(Lei nº 9.610/98).

Todos os direitos reservados pela
ÍCONE EDITORA LTDA.
Rua Anhanguera, 56 – Barra Funda
CEP 01135-000 – São Paulo – SP
Tel./Fax.: (11) 3392-7771
www.iconeeditora.com.br
e-mail: iconevendas@iconeeditora.com.br

O PODER DA MENTE

Pobre de ti se pensas ser vencido,
Tua derrota é um caso decidido.
Queres vencer mas como em ti não crês
Tua descrença esmaga-te de vez.
Se imaginas perder, perdido estás.
Quem não confia em si marcha para trás.
A força que te impele para a frente
É a decisão firmada em tua mente.

Muita empresa esboroa-se em fracasso
Inda antes de dar o primeiro passo.
Muito covarde tem capitulado
Antes de haver a luta começado.
Pensa em grande e teus feitos crescerão;
Pensa em pequeno e irás depressa ao chão.
O querer é poder arquipotente
É a decisão firmada em tua mente.

Fraco é quem fraco se imagina.
Olha ao alto quem ao alto se destina.
A confiança em si mesmo é a trajetória
Que leva aos altos cimos da vitória.
Nem sempre quem mais corre a meta alcança,
Nem mais longe o mais forte o disco lança.
Mas se és certo em ti, vai firme, vai em frente
Com a decisão firmada em tua mente.

ÍNDICE

1. Deontologia Jurídica, 13
   1.1. Conceito de deontologia jurídica, 15
   1.2. Os deveres legais do advogado, 17
   1.3. Os deveres no Código de Ética e Disciplina, 18
   1.4. Responsabilidade das partes, 19
   1.5. O sigilo profissional do advogado, 25
   1.6. Relacionamento com a clientela, 25

2. A atividade da advocacia, 27
   2.1. O trabalho do advogado, 29
   2.2. Elaboração de contratos, 29
   2.3. Registro na OAB, 30
   2.4. Procuração *ad juditia, 30*
   2.5. Renúncia ao mandato, 31
   2.6. Exercício efetivo, 32
   2.7. Procuradores públicos, 33
   2.8. Dupla função, 33

3. O estagiário na advocacia, 35
   3.1. O estágio profissional de advocacia, 37
   3.2. Importância do estágio, 38
   3.3. A concessão do estágio, 39

4. Publicidade e divulgação do advogado, 41
    4.1. Divulgação permitida, 43
    4.2. Inconfidências, 44
    4.3. Confusão de atividades, 44
    4.4. Publicidade indireta, 44
    4.5. Remuneração condicionada, 46
    4.6. Angariação indireta, 46
    4.7. Ofertas dirigidas, 47
    4.8. Informação enganosa, 47

5. O advogado empregado, 49
    5.1. Regime especial, 51
    5.2. A direção jurídica, 52
    5.3. Serviços a terceiros, 52
    5.4. Dedicação exclusiva, 53
    5.5. O advogado do Estado, 53

6. A sociedade de advogados, 55
    6.1. Características gerais, 57
    6.2. O contrato social, 58

7. Direitos e prerrogativas do advogado, 61
    7.1. Liberdade no exercício da profissão, 63
    7.2. Frequência às instalações judiciárias, 64
    7.3. Sustentação oral, 65
    7.4. Exame de documentos, 65
    7.5. Desagravo, 66
    7.6. Sigilo profissional, 66
    7.7. Sala do advogado, 67
    7.8. Imunidade profissional, 67

8. O Exame de Ordem, 69
    8.1. A participação no Exame de Ordem, 71
    8.2. As provas realizadas, 72
    8.3. Os critérios de correção, 73
    8.4. O programa, 75

9. Os honorários advocatícios, 79
    9.1. Direito a honorários, 81

9.2. As bases de cálculo, 82
9.3. A verba de sucumbência, 83
9.4. A execução dos honorários, 84
9.5. Prescrição em cinco anos, 85
9.6. Valorização dos honorários, 85

10. A identidade profissional, 89
10.1. O cartão de identidade, 92

11. Inscrição na OAB, 93
11.1. Idoneidade moral, 95
11.2. Local da inscrição, 95
11.3. Licença do advogado, 97
11.4. Inscrição de estagiário, 97

12. O dever de urbanidade , 99

13. Infrações e sanções disciplinares, 103
13.1. O Código Penal do advogado, 105
13.2. Infrações puníveis com censura, 105
13.3. Infrações puníveis com suspensão, 106
13.4. Infrações puníveis com exclusão, 107
13.5. Multas, 107
13.6. Circunstâncias atenuantes, 107
13.7. Circunstâncias especiais, 108
13.8. Reabilitação do punido, 108
13.9. Prescrição em cinco anos, 108

14. O TED – Tribunal de Ética e Disciplina da OAB, 109
14.1. Natureza jurídica do TED, 111
14.2. Competência do TED, 111
14.3. O processo disciplinar, 112
14.4. Recursos, 114

15. A nossa corporação: Ordem dos Advogados do Brasil, 117
15.1. Aspectos conceituais, 119
15.2. Histórico, 120
15.3. Objetivos da OAB, 121

16. Incompatibilidades e impedimentos para a advocacia, 123
    16.1. Incapacidades, 125
    16.2. Impedimentos, 126

17. Caixa de Assistência dos Advogados, 129
    17.1. Constituição, 131
    17.2. Administração da CAASP, 131
    17.3. Manutenção financeira, 132
    17.4. Os beneficiários, 132
    17.5. Serviços oferecidos no ano de 2005, 133
    17.6. Promoção à saúde, 133

18. Advocacia pública, 135
    18.1. Aspectos conceituais, 137
    18.2. Previsão constitucional, 138
    18.3. Funções da competência da Advocacia Pública, 139
    18.4. A estrutura do órgão, 141

19. A arbitragem cria novo campo de atuação para o advogado, 145
    19.1. A nova faceta da missão do advogado, 147
    19.2. O surgimento de litígios, 148
    19.3. Necessidade de fórmulas alternativas de solução de problemas, 149
    19.4. Características e vantagens da arbitragem, 152
    19.5. Tipos de arbitragem, 155
    19.6. Como se institui o juízo arbitral, 157
    19.7. O passivo judicial das empresas, 159
    19.8. A remuneração da arbitragem, 160
    19.9. As raízes brasileiras da arbitragem, 161
    19.10. As lições do passado, 162

APÊNDICE, 165

Estatuto da Advocacia e da OAB, 165

Regulamento Geral do Estatuto da Advocacia e da OAB, 207

Código de Ética e Disciplina da OAB, 213

Edital de abertura de inscrições para o 133º Exame de Ordem, 231

Tabela de honorários advocatícios, 243

Contrato social da sociedade de advogados, 265

Exame de Ordem 130 da OAB/SP – 20.8.2006, 275

Exame de Ordem 131 da OAB/SP - 21.1.2007, 279

Exame de Ordem 132 da OAB/SP – 15.4.2007, 283

Exame de Ordem 133 da OAB/SP – 19.8.2007, 291

Provimento 109/2005 – Estabelece normas e diretrizes para o Exame de Ordem, 295

Provimento 91/2000 – Dispõe sobre o exercício da atividade de consultores e sociedades de consultores em direito estrangeiro no Brasil, 303

Provimento 94/2000 – Dispõe sobre a publicidade, a propaganda e a informação da advocacia, 309

Provimento 117/2007 – Dispõe sobre o Cadastro Nacional das Sociedades de Advogados, 313

Instrução Normativa 1/95 – Atualiza os procedimentos sobre o registro das sociedades de advogados, racionaliza trâmites internos, fixa anuidade e revoga a Instrução Normativa nº 1/94, 315

1. DEONTOLOGIA JURÍDICA

1.1. Conceito de deontologia jurídica

1.2. Os deveres legais do advogado

1.3. Os deveres no Código de Ética e Disciplina

1.4. Responsabilidade das partes

1.5. O sigilo profissional do advogado

1.6. Relacionamento com a clientela

1.1. Conceito de deontologia jurídica

A filosofia divide-se em vários ramos, dos quais três são indicados como os mais ligados ao direito: lógica jurídica, psicologia e ética. É sobre esta última que vamos falar. Ética é palavra grega que significa "comportamento voltado para o bem comum". Por seu turno moral é palavra latina com o mesmo sentido; origina-se de "mores" = costumes. Vamos encontrar nas três ciências de que nos ocupamos o significado uniforme, mas, que, interpretado cada um sob critério próprio, vai apresentar peculiaridades:

O que é o direito? – É a ciência do comportamento humano.
O que é ética? – É a ciência do comportamento humano.
O que é a psicologia? – É a ciência do comportamento humano.

São definidas da mesma forma, mas devemos diferenciá-las:

DIREITO é a ciência do comportamento humano, mas considerada quanto às normas e princípios que o regem. É ciência normativa, por estabelecer normas, leis obrigatórias. É ciência do "dever ser", vale dizer como o comportamento humano deve ser e não como é.

ÉTICA é a ciência do comportamento humano voltado para o bem comum. Estabelece normas não jurídicas, mas morais, cuja sanção não está prevista na lei, mas na consciência de cada um. Como o direito, é ciência normativa, do "dever ser".

PSICOLOGIA é a ciência do comportamento humano, olhando a forma do comportamento normal ou anormal, certo ou errado, sem conteúdo moral, a forma de como o ser humano comporta-se na sociedade em que vive. É ciência especulativa, por estudar o ser humano como ele é, e não como deve ser. É ciência do "ser".

Nem todos concordam com que a ética e a moral sejam sinônimos perfeitos. Alguns acham que a moral tem sentido amplo e genérico, enquanto a ética é a moral aplicada a uma determinada profissão a uma determinada sociedade tendo portanto sentido mais restrito. Vamos adotar mais a segunda hipótese, considerando a ética aplicada na profissão de advogado, em sentido estrito. É chamada neste caso de ética profissional. Tratando-se do comportamento do advogado no seu ambiente de trabalho, forma mais peculiar de aplicação da ética, é chamada de deontologia jurídica. Da mesma forma que a ética, essa palavra é de origem grega, "deontos", que significa "deveres", ou "o que é justo e adequado". É o apego aos deveres profissionais.

Como se trata de ciência normativa, a deontologia jurídica estabelece e obedece a normas e princípios formadores da consciência profissional do advogado e representam imperativo de seu comportamento, tais como o de lutar sem receio pelos primados da Justiça. Homem da lei, deve lutar pelo cumprimento dela, a partir da Constituição e pelo respeito das normas legais.

Da mesma forma do juiz que, segundo o art. 5º da Lei de Introdução ao Código Civil, na aplicação da lei, atenderá aos fins sociais a que ela se dirige e às exigências do bem comum, o advogado observará esses mesmos princípios na interpretação da lei. Deve a lei ser interpretada com retidão, tendo em vista o espírito dela.

A lealdade, a boa-fé e o apego à verdade são virtudes capitais do advogado, para servir à Justiça como seus elementos essenciais. Deve proceder com lealdade e boa-fé em suas relações profissionais e em todos os atos de seu ofício.

A advocacia é profissão de luta: exige empenho e combatividade na defesa das causas confiadas ao seu patrocínio, dando ao constituinte o amparo do direito, e proporcionando-lhe a realização prática de seus legítimos interesses. Nesse mister, comportar-se-á com independência e altivez, defendendo, com o mesmo denodo, humildes e poderosos.

A advocacia é profissão especializada e remunerada e deve ser exercida com o indispensável senso profissional, mas também com desprendimento, jamais permitindo que o anseio de ganho material sobreleve à finalidade social do trabalho do advogado.

Impõe-se ao advogado aprimorar-se no culto dos princípios éticos e no domínio da ciência jurídica, de modo a tornar-se merecedor da confiança do cliente e da sociedade como um todo, pelos atributos intelectuais e pela probidade pessoal, agir, em suma, com a dignidade das pessoas de bem e a correção dos profissionais que honram e engrandecem sua classe.

O termo "deontologia" parece ter sido apresentado pelo filósofo inglês Jeremy Bentham e sua etimologia foi logo revelada: "deontos"=deveres e "logos"=estudo, tratado, ciência. É, etimologicamente, "ciência dos deveres", mas dos deveres profissionais, dos que são submetidos a uma profissão. É o conjunto de normas reguladoras de pessoas integradas em determinada profissão. Há, portanto, a deontologia de cada profissão, mas, quando se fala em deontologia jurídica entende-se que seja a referente ao sistema de ética profissional a que deva se integrar o advogado como operador do direito, e todos os demais operadores do direito, como juiz, promotor e demais profissionais desta área.

Interessante é notar que a deontologia jurídica é uma ciência filosófica, fazendo parte da ética, e baseada em normas racionais e psicológicas, mas também com regulamentação legal. E são bem variadas as normas deontológicas, que estamos examinando neste trabalho, como por exemplo as constantes do Código de Processo Penal e do Código de Processo Civil.

1.2. Os deveres legais do advogado

Veremos que o advogado é dotado de deveres e prerrogativas que necessitam de serem preservados. Contudo, tem ele também deveres e responsabilidades, que correspondem aos direitos de outrem, que necessitam de serem respeitados. Muitos desses deveres e responsabilidades estão previstos no ESTATUTO DA ADVOCACIA E DA OAB, e no CÓDIGO DE ÉTICA E DISCIPLINA, mas o Código de Processo Civil prevê nos arts.14 a 18, e alguns artigos esparsos, aspectos em que falta o advogado com a ética profissional e medidas que possam refrear seu ânimo. Vamos comentar esses artigos, revelando-os antes:

> Art.14
> Compete às partes e aos seus procuradores:
> 30 – expor os fatos em juízo conforme a verdade;
> 31 – proceder com lealdade e boa-fé;
> 32 – não formular pretensões, nem alegar defesa, cientes de que são destituídas de fundamento;
> 33 – não produzir provas, nem praticar atos inúteis ou desne-cessários à declaração ou defesa do direito.

> Art.15
> É defeso às partes e seus advogados empregar expressões injuriosas nos escritos apresentados no processo, cabendo ao juiz, do ofício ou a requerimento do ofendido, mandar riscá-las.

Parágrafo único. Quando as expressões injuriosas forem proferidas em defesa oral, o juiz advertirá o advogado que não as use, sob pena de lhe ser cassada a palavra.

Comentando os dois artigos do CPC retrocitados, o advogado usa, no seu trabalho, o estilo forense, também chamado "estilo petição". Segue esse estilo várias normas técnicas de redação, como parágrafos e frases curtas. A linguagem deve ser clara, simples, própria de advogado, que não é um literato; ele não precisa escrever bonito, mas de forma clara e objetiva. Deve ser elegante em todos os sentidos, evitando expressões chulas, vulgares ou bombásticas. Até mesmo no calor das discussões, a linguagem do advogado não pode se aproximar à de um repórter policial de algum pasquim do gênero de escândalos.

A linguagem deve ser elegante no sentido de respeitar as autoridades e as partes. Já ocorreu de advogado proferir ofensas até ao seu colega "ex adverso". Infelizmente, muitos juízes têm sido liberais, nesse sentido, permitindo expressões grosseiras por parte de advogados. Deveria, entretanto, coibir linguagem desabrida e contrária ao estilo forense, oficiando inclusive à OAB.

1.3. Os deveres no Código de Ética e Disciplina

O Código de Ética e Disciplina, da OAB, também prevê certos deveres, mais ou menos coincidentes com os do CPC e outras normas corporativas. O advogado é cobrado profissional e socialmente no transcorrer de sua vida e dos seus dias. Qualquer ato ou fato relacionado a ele tem repercussão social. Precisa ele preservar, em seu comportamento, a honra, a nobreza e a dignidade de sua profissão, zelando pelo seu caráter de essencialidade e indispensabilidade, e velar por sua reputação pessoal e profissional. O exercício da advocacia exige comportamento compatível com os preceitos do Código de Ética Profissional, do Estatuto da Advocacia e a OAB, do Regulamento Geral, e dos provimentos, e dos demais princípios da moral individual, social e profissional.

Confiando na atuação do advogado é que nossa legislação estabeleceu o caráter de essencialidade e indispensabilidade. O advogado é essencial na ministração da justiça; sem ele não há justiça. Se a estabilidade e a paz social estão condicionadas à sua atuação, esse valor deve ser prezado e preservado pelo advogado: é o valor de sua profissão. É divulgado mundialmente o código de princípios elaborado pelo extraordinário jurista uruguaio EDUARDO COUTURE, encontrado no escritório de muitos advogados, mas também deveria estar, em quadro próprio, nas salas de aula das faculdades de direito. E o décimo princípio desse código:

"AMA TUA PROFISSÃO: procura estimular a advocacia de tal maneira que, "no dia que teu filho te pedir conselhos sobre o seu destino, consideres uma honra para ti aconselhá-lo a que se faça advogado"".

O advogado atua com honestidade, com destemor, independência, veracidade, lealdade, dignidade e boa-fé. Como disse o consagrado jusfilósofo alemão Rudolf von Ihering, o direito é uma luta; ele não existe para ser contemplado mas para ser exercido. O direito representa um combate ao mal, exigindo a combatividade do advogado. É o 4º princípio dos mandamentos de Eduardo Couture:

"LUTA: teu dever é lutar pelo direito, mas, se acaso um dia encontrares o direito em conflito com a Justiça, luta pela Justiça."

O direito é uma ciência em constante transformação. Surgem diariamente no Brasil novas normas, acompanhando e regulamentando o funcionamento da sociedade, que também está em permanente evolução. Acompanhar essa evolução e inteirar-se de todas as inovações legislativas e judiciárias torna-se imprescindível para o advogado, sob pena de tornar-se superado. Estude-se sempre, pela consulta permanente, em seminários, congressos e todas as demais formas de informações. É a maneira de livrar-se da rotina e da inércia, que leva fatalmente à superação e à morte intelectual. É a forma de o advogado empenhar-se, permanentemente, em seu aperfeiçoamento pessoal e profissional. Por isso, disse Eduardo Couture no seu 10º mandamento:

"ESTUDA: o direito está em constante transformação. Se não lhe segues os passos, será cada dia menos advogado."

1.4. Responsabilidade das partes

O advogado representa a parte; pela procuração ele age em nome do cliente, vale dizer, é o cliente que age e fala por meio de seu advogado. Cabe ao advogado ressaltar esse aspecto ao seu cliente, que também deve ser orientado sobre as conseqüências e responsabilidades por atos temerários. Essas responsabilidades estão previstas nos arts.16 a 18 do Código de Processo Civil:

Art.16
Responde por perdas e danos aquele que pleitear de má-fé como autor, réu ou interveniente.

Art.17
Reputa-se litigante de má-fé aquele que:
34 – deduzir pretensão ou defesa contra texto expresso de lei ou fato incontroverso;
35 – alterar a verdade dos fatos;
36 – usar do processo para conseguir objetivo ilegal;
37 – opuser resistência injustificada ao andamento do processo;
38 – proceder de modo temerário em qualquer incidente do processo;
39 – provocar incidentes manifestamente infundados.

Art.18
O juiz ou tribunal, de ofício ou a requerimento, condenará o litigante de má-fé a indenizar a parte contrária dos prejuízos que esta sofreu, mais os honorários advocatícios e todas as despesas que efetuou.

Cabe ao advogado orientar o seu cliente, defender os interesses deste e encontrar a melhor solução possível para ele – malgrado não seja este o objetivo do cliente. Entretanto, se o advogado não atender seu cliente, ele irá procurar outro advogado que o atenda. Assim sendo, deve o advogado esclarecer o cliente de que a solução que este deseja não é a mais adequada e deixar bem entendidas as conseqüências de qualquer iniciativa judicial temerária. Esteja sempre o advogado ciente de que o cliente irá responsabilizá-lo do insucesso e as sanções por uma aventura temerária.

Isto posto, passemos a analisar os atos de litigância de má-fé, esclarecendo, desde já, que não se pode radicalizar o texto expresso da lei, uma vez que o advogado se vê obrigado a esconder certos fatos que possam prejudicar o seu trabalho.

Deduzir pretensão ou defesa contra texto expresso da lei ou fato incontroverso.

É preciso dosar o sentido da expressão "fato incontroverso". Se um fato estiver sendo discutido em juízo é um caso discutível, senão o juiz daria pela inépcia da inicial. Para caracterizar a má-fé seria preciso que as afirmações do advogado sobre o fato fossem contrastantes com ele. Deve ficar óbvio que a parte quer torcer a lei para obter algo ilegal.

Nem sempre se pode considerar "pretensão ou defesa contra texto expresso da lei" como ato de má-fé. A legislação nem sempre é clara e evidente; é, muitas vezes, omissa e obscura. Ainda que ela seja clara, os fatos a que ela se aplica não são. O que não pode fazer o advogado é impetrar ação sem qualquer amparo legal ou sem provas, o que constitui uma extorsão, usando o processo.

Alterar a verdade dos fatos.

É bem difícil definir o sentido de verdade e o uso que deve o advogado fazer dela, e, por esse motivo, deve ser interpretado delicadamente esse princípio. Dizer a verdade é fácil; difícil é dizer toda a verdade. Em juízo as afirmações de ambas as partes escondem fatos e intenções, razão pela qual o processo se torna mais demorado e as argumentações confusas. Além do mais, o advogado deve dizer a verdade, mas nem toda verdade deve ser dita; só aquela que interessa ao sucesso da causa defendida. O que não deve o advogado é torcer a verdade deliberadamente, ou seja, deturpar as afirmações da parte contrária, com o fito de enganar o juiz.

Usar o processo para conseguir objetivo ilegal.

As ações judiciais foram criadas para assegurar direitos e direitos reconhecidos pela lei, pelos fatos e pelos princípios gerais do direito, e demais fontes. Não pode qualquer ação judicial ser usada para obtenção de proveito ilegal. É o caso de cobrar dívida indevida em juízo, contando com o escândalo que possa casar processo contra pessoa idônea.

Opor resistência injustificada ao andamento do processo.

Consiste em usar de recursos que impeçam o andamento do processo, como retirada dos autos do cartório, interpor recursos meramente protelatórios, requerer medidas indevidas, mandados de segurança contra atos do juiz. Vamos citar um exemplo: o oficial de justiça penhorou o imóvel do executado, mas o advogado retirou os autos do cartório para impedir que o ofício do juiz à Circunscrição Imobiliária, o que impediria a venda do imóvel penhorado. Os autos só foram devolvidos após o executado ter vendido o imóvel.

Proceder de modo temerário em qualquer incidente do processo.

Ação temerária é ato imprudente, arriscado, perigoso, que possa opor sanções contra o agente. É o caso de alguém acusar um crime que não tenha existido. É também o caso de alguém arrematar bens em leilão, não depositando, logo em seguida, o valor da arrematação; conseguiu assim provocar novo leilão. Outro fato: dizer que a assinatura não é sua, provocando perícia, quando a assinatura é verdadeira.

Provocar incidentes manifestamente infundados.

Consiste em formas de tumultuar o processo, para retardar a solução dele. É preciso porém que seja infundada, isto é, não haja justa causa para o incidente.

É ato de má-fé expor os fatos em juízo falseando a verdade deliberadamente ou estribando-se na má-fé. Afrontar esse princípio pode sujeitar o advogado ao Tribunal de Ética e Disciplina da OAB, sem contar as sanções judiciais.

A litigância de má-fé pode provocar sanções várias, que não atingirá propriamente o advogado, mas seu cliente; este poderá ser condenado a indenizar a parte opositora. Não será necessária a ação especial, mas a decisão pode ser dada nos próprios autos do processo em que tenha ocorrido ato de má-fé. Não é preciso também a iniciativa da parte prejudicada, podendo o juiz agir *ex officio*.

A parte condenada poderá impetrar ação de perdas e danos contra o advogado que a levou à condenação, ou então, representar à OAB contra a "barbeiragem" do seu advogado.

A expressão má-fé é de origem latina, *malefatio*, ligado à maldade, deslealdade, traição. Ato de má-fé é ato maldoso e desleal; o agente conhece o mal que irá causar e mesmo assim o pratica; é, portanto, ato doloso. Como tal, é passível de ser declarado nulo ou anulado. Faz-nos lembrar o quinto mandamento de Eduardo Couture:

> *"SÊ LEAL":*
> *Leal com teu cliente, a quem não deves abandonar senão quando te convenceres de que é indigno de ti.*
> *Leal com teu adversário, ainda quando ele seja desleal para contigo.*
> *Leal para com o juiz, que desconhece os fatos e que deve confiar no que lhe dizes, e que, mesmo quanto ao direito, às vezes tem de aceitar aquele que invocas.*

Mau uso da advocacia.

O advogado deverá evitar de utilizar de influência indevida, em seu benefício ou do cliente; patrocinar interesses ligados a atividades estranhas à advocacia, em que também atue; vincular o seu nome a empreendimentos de cunho manifestamente duvidoso; emprestar concurso aos que atentem contra a ética, a moral, a honestidade e a dignidade da pessoa humana.

Se falamos tanto na atuação de má-fé, temos que falar também da boa-fé; nela se inclui a lealdade e o respeito ao advogado *ex adverso*, vale dizer, da parte contrária. De forma alguma deve entender-se com a parte adversa que tenha patrono constituído, a menos que tenha autorização deste. Antes de entrar com uma ação, deve consultar a parte contrária para examinar a possibilidade de um acordo, perguntando sempre se tem advogado, e, caso tiver, suspender os entendimentos de imediato, entrando então em contato com seu colega.

É ainda procedimento de boa-fé do advogado manter-se na sua profissão com exclusividade, sem envolvimento com outras atividades. O exercício da advocacia é incompatível com qualquer procedimento de mercantilização. É o caso de advogado encarregar-se da venda de produtos às pessoas com quem convive na sua atuação.

Falando ainda de procedimentos louváveis do advogado é de sua obrigação contribuir para o aprimoramento das instituições, do direito e das leis. Não fica apenas no seu aprimoramento pessoal e profissional, mas também na obrigação de servir ao país. Exerce trabalho crítico, relevando as virtudes da lei e seus males, a má ou boa interpretação dos juízes. Se surge nova lei, procura enaltecer seus pontos louváveis e interpretar seus aspectos duvidosos.

Várias vezes fizemos referência sobre a necessidade de o advogado beneficiar seu cliente, orientando-o para a melhor solução dos problemas deste. O cliente ilude-se frequentemente sobre o sucesso de sua causa, olhando apenas o seu lado, quando a parte contrária também tem seus trunfos. A ânsia de choques com seu adversário faz a parte esquecer que o processo é normalmente moroso e muitas vezes instrumento inadequado de solução de litígios.

Deve o advogado aconselhar o cliente a não ingressar em aventura judicial, principalmente se puder evitar sanções por causas temerárias. Deve antes estimular a conciliação entre os litigantes, prevenindo sempre que possível a instauração de lides. Poderá por exemplo recomendar a seu cliente adotar a mediação e arbitragem como método mais lógico e conveniente para a solução de sua controvérsia, do que apelar para o Judiciário. A esse respeito, é recomendável a observação dessa fábula italiana:

Fra due litiganti, il terzo gode	**Entre dois litigantes, o terceiro goza**
Due cani intorno a un osso,	*Dois cães em volta de um osso,*
Stavan per darsi adosso.	*Estavam para se agredirem.*
E com occhi lucenti,	*E com os olhos cheios de raiva,*
Col pelo dritto e digrignando, i denti	*Com o pêlo eriçado e rangendo os dentes,*
Uno all'altro diceve in italiano:	*Um ao outro dizia em italiano:*
- Se lo tocchi, ti sbrano!	*- Se tu o pegares, te despedaço!*
Intanto l' osso, in mezzo all' aspra guerra	*No entanto o osso no meio da áspera guerra*
Stava intatto e odoroso lí per terra.	*Estava intacto e cheiroso sobre a terra.*
Um terzo cane, che a caso passò,	*Um outro cão que acaso passou,*
Zitto, zitto lo prese e se ne andò.	*Quieto, quieto o pegou e se afastou.*

1.5. O sigilo profissional do advogado

Examinamos já o sigilo profissional entre os direitos e prerrogativas do advogado, por ser inerente à sua profissão, impondo-se o seu respeito, salvo grave ameaça ao direito e à vida, à honra, ou quando o advogado se veja afrontado pelo próprio cliente e, em defesa própria, tenha que revelar segredo; sempre, porém, restrito ao interesse da causa. É um direito e, ao mesmo tempo, um dever do advogado.

O escritório do advogado é um confessório. Muitas vezes, o cliente expõe fatos de sua vida que o preocupa ou tem o temor pelas consequências. O advogado deve guardar sigilo, mesmo em depoimento judicial, sobre o que saiba em razão de seu ofício. Pode recusar-se a depor como testemunha em processo no qual funcionou ou deva funcionar, ou sobre fato relacionado com pessoa de quem seja ou tenha sido advogado. Essa confidencialidade não deve ser arredada, ainda que haja autorização do constituinte ou este tenha solicitado. Presumem-se confidenciais as comunicações epistolares entre advogado e cliente, as quais não podem ser reveladas a terceiros.

Todavia, surge o momento crítico em que o cliente se volta contra o advogado e o processa. Vê-se o advogado na posição de réu e obriga-se à sua defesa. Em interesse próprio, tem o advogado que alegar certos fatos conhecidos em decorrência de sua profissão. Não pode ele esconder fatos que possam resultar em seu prejuízo; cessa para ele o dever da confidencialidade.

Recomenda o Código de Ética e Disciplina a moderação nessa abertura. Deve o advogado restringir-se ao interesse da causa: as confidências feitas ao advogado podem ser utilizadas nos limites da necessidade de defesa, desde que autorizado pelo constituinte. Não sendo o fato revelado pelo constituinte, o advogado tem liberdade de invocá-lo cm sua defesa.

1.6. Relacionamento com a clientela

Grande parte das queixas apresentadas contra advogados é feita pelos próprios clientes, o que torna importante o conhecimento das normas éticas estabelecidas e das normas jurídicas, especialmente a regulamentação do mandato, que consta do Código Civil, nos arts. 653 a 692.

Maior segurança de bom relacionamento é manter o cliente informado, de forma clara e inequívoca, quanto a eventuais riscos de sua pretensão, e das consequências que poderão advir da demanda. Pergunta que sempre advém é a de quanto tempo demorará a demanda, resposta que o advogado jamais poderá dar. O funcionamento judiciário é normalmente moroso, embora às vezes rápido, e o andamento do processo depende de várias circunstâncias, a maioria delas alheias ao advogado. Não depende só dele o andamento do processo.

O encerramento do processo, com a conclusão ou desistência da causa com ou sem a extinção do mandato, obriga o advogado à devolução de bens, valores e documentos recebidos no exercício do mandato, e à pormenorizada prestação de contas, não excluindo outras prestações solicitadas, pelo cliente, a qualquer momento. É de toda conveniência que o advogado pergunte ao seu cliente se ele ficou satisfeito com o desfecho do caso.

Concluída a causa ou arquivado o processo, presumem-se o cumprimento e a cessação do mandato. Não mais devem existir pendências entre advogado e cliente, ficando ambos liberados.

O advogado não deve deixar ao abandono ou ao desamparo os feitos, sem motivo justo e comprovada ciência do constituinte. Às vezes, há conveniência em não se mexer no processo, mas será conveniente colocar o cliente a par do que ocorre.

2. A ATIVIDADE DE ADVOCACIA

2.1. O trabalho do advogado

2.2. Elaboração de contratos

2.3. Registro na OAB

2.4. Procuração *ad juditia*

2.5. Renúncia ao mandato

2.6. Exercício efetivo

2.7. Procuradores públicos

2.8. Dupla função

2.1. O trabalho do advogado

Muitas podem ser as atribuições do advogado, mas, devemos nos ocupar das específicas, ou seja, que sejam privativas da advocacia. Só o advogado tem capacidade postulatória, isto é, a de postular em juízo ou qualquer órgão do Poder Judiciário, ou juizados especiais. Postular é pedir, requerer; mais do que pedir, é pedir com instâncias, com veemência, com apresentação de provas do que se pretende. O estagiário de direito tem capacidade postulatória parcial, podendo requerer alguns provimentos jurisdicionais, como a juntada de documentos. Capacidade postulatória plena também tem o estagiário, desde que conste também a assinatura do advogado com quem estagia.

Afora a postulação em juízo, o advogado exerce privativamente as atividades de consultoria, assessoria e direção jurídicas. Essa exclusividade restringe-se porém à área jurídica. Não se inclui assessoria econômica ou psicologia, que aliás são vedadas na advocacia.

Há algumas exceções a essa regra. Impetrar *habeas corpus* perante qualquer instância ou tribunal pode ser tarefa do próprio interessado ou terceiro por ele. Cabe também ao advogado, mas não tem ele capacidade postulatória exclusiva. Assim ocorre também na Justiça do Trabalho, em que o empregado pode reclamar seus direitos diretamente, sem a presença de advogado.

O advogado deve estar bem ciente de suas funções, dos direitos e deveres, e do papel que lhe cabe ante a justiça. O advogado é indispensável à administração da justiça; presta, no seu ministério privado, serviço público e exerce função social. É, portanto, um operador do direito, como os juízes e os promotores de justiça. Não há hierarquia nem subordinação entre advogados, magistrados e membros do Ministério Público, devendo-se todos consideração e respeito recíprocos.

2.2. Elaboração de contratos

A elaboração de contratos é também tarefa de advogado, mas atualmente, é mais função de contadores. Todavia, após longos anos, surgiu norma favorável: o contrato social de uma empresa, para se registrado no órgão público competente, necessita de ter visto de advogado, sob pena de nulidade. O art. 2º do Regulamento Geral exige que o visto do advogado em atos constitutivos de pessoas jurídicas, indispensável ao registro nos órgãos competentes, deve resultar da efetiva participação do profissional na elaboração dos respectivos instrumentos.

Esse serviço não poderá ser prestado pelos advogados que prestem serviços a órgãos ou entidades da Administração Pública direta ou indireta, da unidade federativa a que se vincule a Junta Comercial, ou a quaisquer repartições administrativas competentes para esse registro.

2.3. Registro na OAB

A expressão: "advogado", e o exercício da atividade advocatícia em todo o território nacional só pode ser reservada a advogado regularmente inscrito na OAB. Quem ainda não obteve a carteira de advogado é um "bacharel em direito", mas não advogado, designação que só é atribuída após o registro da OAB. A prática de atos privativos de advocacia, por profissionais e sociedades não inscritos na OAB, constitui exercício ilegal da profissão.

2.4. Procuração *ad juditia*

O advogado postula em juízo ou fora dele, fazendo prova do mandato. O Código Civil regula o contrato de mandato nos arts. 653 a 692. O advogado recebe de seu cliente poderes para praticar atos em nome deste último. A procuração é o instrumento do mandato. Diz-se que o cliente outorga procuração a seu advogado para este agir em nome do mandante, que é uma das partes; o advogado é o mandatário.

A procuração *ad juditia* deve conter a qualificação completa das duas partes: mandante e mandatário, a data e o local que a procuração seja outorgada. Deve ser esclarecido claramente o teor da procuração, isto é, para ela é outorgada, como por exemplo:

10 – para empreender ação de execução contra o sr.......
11 – para defendê-lo no processo que lhe é movido na 2ª Vara Civil, nº 2.500;
12 – para impetrar queixa-crime contra.....por atos de apropriação indébita.

Se o advogado for imputar à parte contrária a prática de crime, necessário se torna que a procuração contenha expressa autorização para tanto. Caso não tenha essa autorização, poderá o advogado responder civil e criminalmente por crime contra a honra alheia. Será preciso ter ele poderes especiais para tanto. A procuração para o foro em geral habilita o advogado a praticar todos os atos judiciais, em qualquer juízo ou instância, salvo os que exijam poderes especiais. Imputar a outrem a prática de crimes é tarefa que exige poderes especiais.

A procuração pode ser estabelecida por instrumento público ou particular. Na sala dos advogados é fornecido o impresso da procuração, podendo ser preenchidos os dados necessários. Em caso de urgência, o advogado pode intervir num processo sem procuração, obrigando-se a apresentá-la no prazo de quinze dias, prorrogável por igual período.

2.5. Renúncia ao mandato

No decorrer da atividade advocatícia pode o advogado suspender os serviços por motivos plausíveis. É possível entrar em comum acordo, ou, como acontece comumente, o advogado perder a confiança no seu cliente, ou este manifestar a perda de confiança no advogado. É o que disse o insigne jurista uruguaio do 5º dos seus Mandamentos do Advogado:

"Sê leal com teu cliente, a quem não deves abandonar senão quando te convenceres de que é indigno de ti".

Nesse caso, deve o advogado comunicar por escrito a decisão ao seu cliente. Em seguida deve comunicar ao juízo, devendo, todavia, permanecer à disposição do cliente pelo prazo de dez dias, ou até que entre no processo o novo advogado. Vejamos, a este respeito, a ementa do julgamento do Tribunal de Ética, ao examinar o Processo E-2.898/2004, em sessão de 18.3.2004:

MANDATO – REVOGAÇÃO TÁCITA – IMPOSIÇÃO ÉTICA DIANTE DA FALTA DE CONFIANÇA MANIFESTADA PELO CLIENTE.

"O patrocínio pressupõe os elementos da confiança e da consciência. A confiança deve ser recíproca, como se infere do art.16 do CED; a consciência funda-se na orientação ética, técnica e jurídica do profissional da advocacia, ainda que exercendo a assessoria jurídica privada (CED. 4º).

Caracteriza quebra de confiança desautorização verbal do cliente quanto à defesa de seus interesses, que impõe declinar de seu patrocínio.

À falta de indicação de advogado para substabelecimento, deve o constituído promover desde logo a renúncia dos mandatos, nos autos judiciais, ratificada por correspondência dirigida ao cliente (carta "AR" ou telegrama com recibo de entrega). O renunciante deve permanecer na representação do cliente pelo decêndio legal, a fim de evitar-lhe prejuízos e seguir a orientação dada para preservação de seus interesses (art. 45 do CPC e 5º, § 3º do Estatuto da Advocacia. Não havendo qualquer orientação específica, deve o advogado guiar-se, exclusivamente, pela sua consciência profissional."

O substabelecimento é o ato pelo qual o advogado transfere a outro os poderes de mandato que lhe possuía. Pode ser passado nos seguintes termos:

SUBESTABELECIMENTO

Substabeleço na pessoa do Dr. Jarbas de Carvalho Mello, com reservas de iguais para mim, os poderes que me foram conferidos pelo Sr. Marcos Andrade, no processo 552.099 em curso da 1º Vara Criminal de São Paulo.

No substabelecimento acima, o Dr. Jarbas continua no processo, mas se faltar a expressão "com reservas de iguais para mim" ele ficará fora do processo.

2.6. Exercício efetivo

O Regulamento Geral, no art. 5º, expõe o que ele considera como exercício efetivo de advocacia a participação anual mínima em cinco atos privativos de advocacia, em causas ou questões distintas. O exercício efetivo é, às vezes, exigido em alguns concursos públicos, razão pela qual mereceu consideração em nossas normas.

A comprovação do efetivo exercício faz-se mediante certidão por cartórios ou secretarias judiciais. Pode ainda ser comprovado por cópias autenticadas de atos privativos da advocacia. Se o advogado exercer função privada do seu ofício em órgão público, poderá ter a certidão desse órgão, apontando os atos praticados.

2.7. Procuradores públicos

Exercem atividade de advocacia os integrantes da AGU – Advocacia Geral da União, da Procuradoria da Fazenda Nacional, da Defensoria Pública, e das Procuradorias e Consultorias Jurídicas dos Estados, do Distrito Federal, dos Municípios e suas respectivas entidades de administração indireta e fundacional. Eles são funcionários públicos e advogados do Estado, fazendo a defesa do Poder Público. Não deixam de ser advogados e devem se submeter ao Estatuto da Advocacia e da OAB (Lei 8.906/94), do Regulamento Geral e do Código de Ética e Disciplina, provimentos e demais normas que regem a profissão. Estão eles também submetidos ao estatuto próprio de sua função pública, mas, no exercício da advocacia, também às normas da OAB.

Os integrantes da advocacia pública, sendo inscritos na OAB, são elegíveis e poderão integrar qualquer órgão da OAB, votando ou sendo votados.

2.8. Dupla função

É defeso ao advogado funcionar no mesmo processo, simultaneamente, como patrono e preposto do empregador ou cliente. São funções diversas, distintas e incompatíveis; uma delas não é própria da advocacia. É o que ocorre comumente na Justiça do Trabalho. A empresa-empregadora é intimada a prestar depoimento pessoal e deve prestá-lo por seu preposto, que é o seu representante legal, acompanhado de seu advogado. O preposto é normalmente o dono da empresa ou o supervisor do setor de recursos humanos. Não poderá o advogado atuar nas duas funções: como preposto e como advogado. Se não for na Justiça do Trabalho, também não poderá o advogado prestar depoimento pelo seu cliente.

3. O ESTAGIÁRIO NA ADVOCACIA

3.1.   O estágio profissional de advocacia

3.2.   Importância do estágio

3.3.   A concessão do estágio

3.1. O estágio profissional de advocacia

Já se convencionou chamar os servidores da Justiça, como advogados, juízes, procuradores, promotores, e outros, "operadores do direito". São aqueles que fazem o direito se exercer; são os movimentadores do direito. Entre esses, podem ser incluídos os estagiários. Não são ainda advogados mas estão na expectativa de advogados. Poderá ainda o estagiário ser já formado em direito e realizar o estágio como um preâmbulo da advocacia.

Devem requerer seu registro na OAB, que concede registro especial de estagiário, recebendo carteira específica, que deverá apresentar nas repartições judiciárias. Os requisitos exigidos para a inscrição pouco diferem dos exigidos para os advogados, exceto, naturalmente, o certificado de conclusão do curso de direito. É exigido porém certificado de já estar aprovado no 3º ano e matriculado no 4º. Em vez de apresentar o diploma, apresenta a documentação de estar inscrito no 4º ano do curso de ciências jurídicas. É preciso, pois, concluir três anos de curso. Não há necessidade de exame, bastando a entrega dos documentos e pagamento da taxa de inscrição.

O estagiário pode praticar muitos atos advocatícios, assinando as petições, nas quais indicará seu número de inscrição na OAB. Não poderá praticar alguns atos importantes, por serem estes privativos do advogado. Vamos citar alguns deles:

1 – comparecer às audiências judiciais;
2 – assinar petição inicial de processo:
3 – assinar recursos à justiça superior;
4 – assinar pedido de encerramento do processo.

Todavia, poderá praticar todos esses atos, desde que em conjunto com seu advogado. Por exemplo, a petição inicial, abrindo um processo, será assinada pelo advogado, mas poderá também conter a assinatura do estagiário. O nome de ambos será publicado no Diário Oficial, nas intimações sobre o andamento de processos. É preciso entretanto que ambos estejam na procuração.

Poderá também participar das audiências, na companhia do advogado. O verbo "participar", aqui empregado, não significa "estar presente", "comparecer"; poderá o estagiário participar da audiência, dirigir-se ao juiz e pedir para que ele faça perguntas às partes ou às testemunhas, ou requerer oralmente algum provimento jurisdicional.

Muitas outras passagens judiciárias, contudo, dispensam a participação do advogado com quem o estagiário realiza seu estágio. Vamos citar algumas:

- retirar e devolver os autos de um processo, assinando protocolo de retirada e devolução;
- pedir e retirar xerox de processos, certidões e outros documentos;
- requerer envio dos autos ao contador judicial, a juntada de documentos, atender às intimações do juiz, e outros passos semelhantes;
- examinar livremente autos de processos, ainda que corram em segredo de justiça (desde que conste seu nome na procuração).

É conveniente citar que o estagiário está submetido ao mesmo regime disciplinar que seu advogado, ao mesmo código de ética e disciplina. Poderá ele responder a processo disciplinar, sofrer punições ou ter sua carteira suspensa ou cassada. Sendo o estágio um preâmbulo da advocacia, os princípios da Deontologia Jurídica devem ser seguidos pelo estagiário, para a sua formação moral, paralelamente à profissional.

3.2. Importância do estágio

O estágio profissional de advocacia tem várias finalidades e vantagens. Associa o ensino jurídico na faculdade, com a aplicação prática dos ensinamentos do curso nas lides forenses. Estimula o entusiasmo pela profissão, ao mesmo tempo em que auxilia o ensino acadêmico. Dá para o estagiário examinar petições, recursos, termos de audiência, laudos periciais e tantos outros passos processuais. Vai encontrando exemplos práticos do que vai aprendendo na academia.

O segundo aspecto importante do estágio é a ambientação do estagiário no meio ambiente em que vai atuar. Domina os horários de funcionamento, a localização dos vários setores, como as varas, os ofícios, as salas dos advogados e os serviços que elas possam lhes prestar, como a leitura do Diário Oficial. Contudo com autorização do juiz, poderá assistir a audiências, embora não podendo delas participar. Poderá servir-se dos restaurantes do Fórum, dos serviços de cópias.

A aquisição da experiência profissional é o aspecto terceiro e de igual importância. É opinião geral a de que o estágio profissional de advocacia, para o exame da ordem, tem tanta importância quanto o curso de direito; a eficácia do ensino terá seus efeitos dobrados, por utilizar dois métodos de aprendizado. Destarte, o advogado neófito que irá participar de sua primeira audiência poderá sentir-se inibido, por melhor orientação que tenha recebido. Teria a mesma inibição se ele já tivesse participado de vinte audiências como estagiário?

3.3. A concessão do estágio

Estágio em escritório de advocacia

A inscrição do estagiário não é direta na OAB. Deve ele ter seu advogado, ou seja, com quem ele vai estagiar. Esse advogado deve estar credenciado e autorizado a conceder estágios. No momento da inscrição, o estagiário juntará declaração de seu advogado, comunicando à OAB a realização de estágio do candidato. É o sistema mais comum. O estágio completo é de 300 horas, distribuídas em dois ou mais anos. Poderá assim o estagiário requerer a carteira de estagiário ante a OAB.

Estágio na faculdade

Nem só os advogados podem ser credenciados pela OAB para a concessão de estágios. As faculdades de direito podem conceder estágios aos seus alunos, se eles estiverem matriculados nos dois últimos anos e esteja a faculdade credenciada pela OAB para a concessão. Deverá então a faculdade manter seu Núcleo de Prática Jurídica, destinado a desenvolver atividade paralela ao curso de graduação. Essa atividade será de ordem essencialmente prática, como pesquisa de andamento de processos no Fórum, redação de petições, recursos, contratos e outros atos da rotina forense e jurídica, comparecimento a audiências, visitas e contatos com órgãos públicos diversos, como às juntas de conciliação.

O estágio realizado em instituição de ensino superior não é, portanto, uma extensão do curso de graduação, mas atividade extra, paralela ao curso. Visa o estágio a colocar em prática o ensino teórico do curso. Inclui-se nessa prática o atendimento de clientes. Algumas faculdades desenvolvem essa atividade de forma completa, mantendo como que um Departamento Jurídico, que empreende processos ou a defesa de réus pobres. Terá então que receber procuração em nome de advogado designado, constando nela a relação dos estagiários. Contudo, a maior parte das faculdades não mantém escritório de advocacia, prestando serviços de atendimento, orientação e assessoria jurídica a pessoas necessitadas, como é o caso do Núcleo de Prática Jurídica da Universidade São Francisco.

Estágio em órgãos públicos

É possível ainda o estágio ser realizado em órgãos públicos, como a Defensoria Pública. Esse órgão funciona junto ao Fórum e se destina a dar defesa a pessoas desprovidas de meios para manter seu advogado.

Ninguém pode ser processado sem se defender e a defesa só pode ser exercida por advogado. A necessidade de advogado ocorre também se pessoa pobre precisa defender direitos perante o Judiciário. Cabe ao Estado, em ambos os casos, dar advogado a essas pessoas, senão o direito de defesa seria privilégio dos ricos. A Defensoria Pública supre essa obrigação estatal. É órgão formado por advogados do próprio Estado, mas constituído por bom contingente de estagiários, atuando na defensoria tanto criminal como civil.

Estágio em entidades privadas

A quarta possibilidade de obtenção de estágio é no Departamento Jurídico de entidades privadas, como empresas, sindicatos, associações profissionais. Os sindicatos têm normalmente corpo de estagiários para a área trabalhista. O estágio ideal, para nós, é nas empresas, por oferecerem áreas mais vastas e complexas de trabalho. Necessário porém que esteja a empresa concedente do estágio autorizada e credenciada pela OAB.

4. PUBLICIDADE E DIVULGAÇÃO DO ADVOGADO

4.1. Divulgação permitida
4.2. Inconfidências
4.3. Confusão de atividades
4.4. Publicidade indireta
4.5. Remuneração condicionada
4.6. Angariação indireta
4.7. Ofertas dirigidas
4.8. Informação enganosa

4.1. Divulgação permitida

Os diplomas específicos sobre a advocacia, como o Código de Ética e Disciplina, levantam problemas da divulgação do nome de advogado, visando a torná-lo conhecido e angariar clientes. Essa questão ficou regulamentada pelo Provimento 94/2000, mas as resoluções e assentos do Tribunal de Ética e Disciplina, órgão encarregado de resolver possíveis desvios de advogados no desempenho de sua missão, constituem firmes disposições. Os problemas examinados pelo TED referem-se principalmente à "propaganda imoderada", vale dizer, que fere os princípios da ética profissional do advogado.

As normas exigem moderação e discrição na publicidade informativa do advogado ou da Sociedade de Advogados, devendo limitar-se a levar ao conhecimento do público em geral ou da clientela em particular, dados objetivos e verdadeiros a respeito dos serviços de advocacia que se propõe a prestar.

A publicidade informativa pode ser feita pela identificação pessoal e curricular do advogado ou da Sociedade de Advogados, constando seu nome, número de inscrição na OAB, o endereço completo do escritório principal ou de filiais que possa haver, telefone, fax e E-mail. Poderá ainda a publicidade indicar áreas de especialização, como Falências e Concordatas, Questões de Família, Inventários, Causas Criminais.

Pode ainda indicar títulos honoríficos, como "Doutor em Direito pela Universidade São Francisco", "Doutor Honoris Causa pela Universidade de Lisboa", "Diretor da OAB", "Presidente do Instituto Brasileiro de Direito Comercial Visconde de Cairú", "Presidente da Associação Brasileira de Arbitragem – ABAR", "Membro do IASP"; poderá dizer em que faculdade se formou, os idiomas que fala, o nome do advogado que formou o escritório, o nome dos advogados que compõem o escritório e pode ainda indicar os estagiários.

As Páginas Amarelas trazem numerosos exemplos de publicidade advocatícia. Aliás, a própria figuração do nome de advogado na lista telefônica é um tipo de publicidade.

Método lícito e bem aplicado é o da utilização de cartões de visita, contendo apenas informações objetivas. É permitida ainda a colocação de placa identificadora do escritório; não há parâmetros para o tamanho da placa, mas os dizeres devem obedecer às normas da publicidade regulamentada. Deve haver moderação e discrição na mensagem da placa, mas não no tamanho dela. O que não pode é placa fora do escritório, como na via pública, do tipo "out-door". É também método de divulgação lícito o timbre do envelope e do papel de carta.

43

4.2. Inconfidências

Não poderão ser revelados na publicidade os aspectos confidenciais da atividade advocatícia, como o nome de algum cliente que tenha o advogado defendido, a causa defendida e outros dados processuais. Muito menos misturar a advocacia com outras questões, como a política ou promoções mercadológicas. No momento em que este trabalho está sendo concluído é véspera da eleição e um candidato a vereador apregoa em autofalante ser advogado de artista famoso e pede voto para vereador. Outros publicam expressões como "advogado das causas populares", "o advogado que processou sonegador de mantimentos". É a utilização da advocacia para fins eleitorais. Além do mais, é vedado o emprego de orações ou expressões persuasivas, de auto engrandecimento ou de comparação, como "o advogado quente", "o advogado que nunca perdeu uma causa". É infração desse tipo também o emprego de fotografias e ilustrações, marcas ou símbolos incompatíveis com a sobriedade da advocacia, e utilização de meios promocionais típicos de atividade mercantil. Trata-se, como acontece quase sempre, de publicidade imoderada: a oferta de serviços advocatícios como se fosse de Bom-Bril.

4.3. Confusão de atividades

Caso bem marcante e combatido há muitos anos é o anúncio de advocacia em conjunto com outras atividades, como administração de bens, corretagem, câmbio, auditoria, consultoria, conciliação, e outras. Poderia ser apontado o serviço na área jurídica: assessoria jurídica empresarial, consultoria jurídica, mas não apenas assessoria ou consultoria. Também não se pode fazer referência, direta ou indireta, a qualquer cargo, função pública ou relação de emprego, ou patrocínio que tenha exercido.

4.4. Publicidade indireta

Não é permitida propaganda em rádio e TV; são veículos bombásticos de comunicação, incompatíveis com a nobreza de nossa profissão. Alguns advogados encontraram meio de promover-se, fraudando sutilmente as normas. Contratam profissionais de estações transmissoras de rádio e TV, para entrevistá-los sobre assuntos variados. Trata-se porém de forma indireta de propaganda e portanto fraudulenta. É permitida porém a propaganda em órgãos mais discretos de comunicação, como revistas e jornais. Aliás, os arts. 7º e 8º do Provimento 94/2000 do Conselho Federal da OAB estabelece com clareza as normas a este respeito:

"A participação do advogado em programas de rádio, de televisão ou de qualquer outro meio de comunicação eletrônica, deve limitar-se a entrevistas ou exposições sobre assuntos jurídicos de interesse geral, visando a objetivos exclusivamente ilustrativos, educacionais e instrutivos para esclarecimento dos destinatários".

Por sua vez, o art. 8º aponta certos aspectos em que o advogado deva moderar suas declarações, coibindo a revelação de fatos concretos por ele vividos:

"Em suas manifestações públicas, estranhas ao exercício da advocacia", entrevistas ou exposições, deve o advogado ABSTER-SE de:

a) analisar casos concretos, salvo quando arguido sobre questões em que esteja envolvido advogado constituído, como assessor jurídico ou parecerista, cumprindo-lhe, nesta hipótese, evitar observações que possam implicar a quebra ou violação de sigilo profissional;
b) responder, com habitualidade, a consultas sobre matéria jurídica por qualquer meio de comunicação, inclusive naqueles disponibilizados por serviços telefônicos ou de informática;
c) debater causa sob seu patrocínio ou sob patrocínio de outro advogado;
d) comportar-se de modo a realizar promoção pessoal;
e) insinuar-se para reportagens e declarações públicas;
f) abordar tema de modo a comprometer a dignidade da profissão e da instituição que o congrega.

Pelo que se nota na alínea *b*, o advogado deve evitar responder a consultas sobre matéria jurídica "COM HABITUALIDADE", em qualquer meio de comunicação. Por que os repórteres entrevistam com freqüência certos advogados? É evidente que este advogado insinuou-se junto a eles para aparecer em público, o que constitui forma realmente eficaz de divulgação, porém bombástica e incompatível com a advocacia. A HABITUALIDADE sugere que o advogado utiliza-se do rádio e da TV para promoção pessoal.

A alínea *c* reprime o debate de causa sob seu patrocínio, revelando publicamente o andamento do processo, o que constitui ainda deslealdade para com o advogado *ex-adverso*. Torna-se ainda mais grave essa infração quando o advogado formula críticas ao seu cliente ou à outra parte, ao Poder Judiciário ou ao advogado da outra parte.

Existe ainda o fato ético, expresso na alínea *f*, quanto ao aparecimento público do advogado: não pode expor de modo a comprometer a dignidade da sua profissão e da instituição que o congrega. Não pode criticar a OAB e outras entidades associativas, denegrir a advocacia e seus colegas. Em nosso parecer, não pode também criticar o Poder Judiciário, os juízes que decidirem contra o cliente patrocinado.

4.5. Remuneração condicionada

É vedado o trabalho com base nos resultados e não nos serviços prestados; será ilícito condicionar o pagamento dos serviços advocatícios ao sucesso da causa, ou seja, se houver sentença favorável. É sabido que a sentença favorável não depende só do trabalho do advogado, e, além disso, esse sistema faz supor que o advogado pretende agir desonestamente.

4.6. Angariação indireta

Os serviços devem ser angariados diretamente pelo advogado, não se admitindo corretores, como funcionários de órgãos públicos, agentes policiais, funcionários do Fórum, oficiais de justiça. Horrível prática é a utilização dos "plaqueiros", tão comuns na área trabalhista.

Vários advogados são indicados por algumas entidades não advocatícias como sindicatos, associações, imobiliárias. Essas organizações oferecem serviços advocatícios a seus clientes ou associados. Por exemplo: uma imobiliária recomenda a um seu cliente exercer ação de despejo contra o inquilino desse cliente: oferece os serviços do advogado da imobiliária. Estará ela fazendo a mercantilização de serviços advocatícios, incorrendo em infração à lei, não só a imobiliária, como também o advogado ofertado. Este poderá responder a processo disciplinar. Examinemos a decisão do TED/SP, no Proc. 2.931/2004:

A oferta de serviços jurídicos por entidades e/ou associações não inscritas na OAB viola expressas disposições contidas na Lei Federal 8.906/94. Pratica infração disciplinar o advogado ou estagiário que, na condição de sócio, empregado ou autônomo, facilita, de algum modo, o exercício de atividade privativa da profissão por sociedade de pessoas que não preencham os requisitos para obtenção do registro na OAB. Advogados que participem desse e de outros convênios jurídicos são responsáveis pelo cumprimento dos regramentos éticos (art. 33 do EAOAB) e preceitos estatutários. Infringência dos arts. 1º e 2º I-II-III-VI e VIIIb, art. 4º, 5º e 7º do CED e arts.1º, 34 III e IV do EAOAB.

4.7. Ofertas dirigidas

As ofertas de serviço devem ser feitas de forma genérica e não para casos concretos. Por exemplo: há advogados que procuram as empresas cuja falência tenha sido requerida, oferecendo-se para esse processo específico. Outros examinam o Diário Oficial e procuram o réu para aquele processo. A esse respeito, será de bom alvitre transcrever a ementa do TED/SP, no julgamento do processo E-2.972/2004:

Comete infração ética e disciplinar o advogado que, se servindo de informações do cartório do distribuidor do fórum, angaria, inculca ou capta causas e clientela, ainda mais se o faz a mando de outro advogado, que não se identifica, e só participa dos honorários advocatícios, valendo essa circunstância como fator agravante para procedimento disciplinar contra contratante e contratado, a teor do disposto no art. 34, III e IV, do Estatuto, art.7º do CED e art. 4º e do Provimento 94/2000 do CFOAB.

4.8. Informação enganosa

Leva-se em consideração a honestidade de informações constantes da publicidade. É desonesto o advogado dizer que é formado pela Universidade de São Paulo, quando for ele formado por faculdade de periferia; ou então que ele é "Doutor em Direito" quando não é, ou se faz qualquer menção a título acadêmico não reconhecido. São informações errôneas e enganosas, o que é ilícito.

5. O ADVOGADO EMPREGADO

5.1.   Regime especial

5.2.   A direção jurídica

5.3.   Serviços a terceiros

5.4.   Dedicação exclusiva

5.5.   O advogado do Estado

5.1. Regime especial

Há regime jurídico especial para advogados que sejam funcionários de entidades privadas ou públicas, como bancos, empresas, sindicatos, associações de classe. É o advogado empregado, assalariado de acordo com o contrato de trabalho, celebrado com seu empregador. Ficam eles em posição especial, por serem advogados e não fazem parte da mesma categoria profissional de seus colegas funcionários da mesma entidade empregadora. Por exemplo, o advogado empregado de uma metalúrgica não é um metalúrgico como os demais empregados de sua empresa. O advogado de um banco não é bancário, mas advogado.

Recolhe ele imposto sindical não para o Sindicato dos Metalúrgicos ou dos Bancários, mas para o Sindicato dos Advogados. Paga a taxa da OAB e também o imposto sindical para seu Sindicato, órgão representativo de sua classe profissional. Por outro lado, o advogado que seja professor de faculdade de direito recolhe o imposto sindical para o Sindicato dos Professores de Ensino Superior, visto que não atua como advogado.

Compete a sindicato de advogados e, na sua falta, à federação ou confederação de advogados, a representação destes nas convenções coletivas celebradas com as entidades sindicais representativas dos empregadores, nos acordos coletivos celebrados com a empresa empregadora e nos dissídios coletivos perante a Justiça do Trabalho, aplicáveis às relações de trabalho.

Outra situação especial é a da remuneração decorrente da sucumbência da parte contrária. Digamos que um banco mova processo de execução contra seu devedor e, em decorrência, desse processo, o devedor deva pagar a remuneração ao advogado do banco, em vista da sucumbência. Essa remuneração não poderá ficar com o banco, senão estaria ele prestando serviços jurídicos remunerados, ou agenciando e explorando os serviços de seu advogado. Essa remuneração pertencerá ao advogado. Os honorários de sucumbência, por decorrerem precipuamente do exercício da advocacia e só acidentalmente da relação de emprego, não integram o salário ou a remuneração, não podendo, assim, ser considerados para efeitos trabalhistas ou providenciários. Entretanto, se o banco tiver vários advogados, esses honorários advocatícios constituirão fundo comum em benefício de todos os advogados, cuja destinação será decidida pelos profissionais integrantes do serviço jurídico da empresa ou por seus representantes.

5.2. A direção jurídica

O advogado pode exercer cargo de direção do departamento jurídico de empresas e outras entidades, ou então é diretor jurídico, ocorrendo esta hipótese comumente nas grandes empresas. São cargos administrativos de alto nível, mas os serviços desses departamentos são jurídicos, portanto, próprios de advogados. A função de diretoria e gerência jurídicas em qualquer empresa pública, privada ou paraestatal, inclusive em instituições financeiras, é privativa de advogado, não podendo ser exercida por quem não se encontra regularmente inscrito na OAB. Têm eles, por sua vez, direito de participar das verbas de sucumbência. Os atos praticados por eles são privativos da advocacia. A prática de atos privativos da advocacia, por profissionais e sociedades não inscritos na OAB, constitui exercício ilegal da profissão.

5.3. Serviços a terceiros

Assunto já tratado neste trabalho, mas também tratado em várias disposições do Estatuto do Advogado e da OAB e no Regulamento Geral do Estatuto do Advogado e da OAB é a prestação de serviços advocatícios, ou assessoria ou consultoria jurídicas a terceiros se o advogado trabalhar em sociedades que não possam ser registradas na OAB, como uma imobiliária. Se o advogado for empregado de uma imobiliária deve prestar serviços para ela, mas não para os clientes dela. Se o advogado agir dessa forma, ele estará se beneficiando de publicidade indevida, feita pelo seu empregador e estaria angariando clientes de forma proibida e permitindo que uma empresa preste assessoria e consultoria jurídicas sem estar registrada na OAB.

Interpreta-se ainda que uma empresa esteja prestando serviços advocatícios por meio de seu advogado. São nulos os atos privativos de advocacia praticados por pessoa não inscrita na OAB, sem prejuízo das sanções civis, penais e administrativas. Serão também nulos os atos praticados por advogado impedido no âmbito do impedimento, como por exemplo se ele estiver suspenso pela OAB para a prática de advocacia, ou estiver licenciado, ou se passar a exercer atividade incompatível com a advocacia.

A este respeito já decidiu o Tribunal de Ética e Disciplina da OAB/SP, em sessão de 20.5.2004, referente ao Processo E-2.931/2004:

A oferta de serviços por entidades e /ou associações não inscritas na OAB viola expressas disposições contidas na Lei 8.906/94. Pratica infração disciplinar o advogado ou estagiário que, na condição de sócio, empregado ou autônomo, facilita, de algum modo, o exercício de atividade privativa da profissão por sociedade ou pessoas que não preencham os requisitos para obtenção do registro na OAB. Advogados que participam desse e de outros tipos de convênios jurídicos são responsáveis pelo cumprimento dos regramentos éticos (art. 33 do EAOAB) e preceitos estatutários. Advogados não podem e não devem participar de entidades, associações ou sindicatos que agem desta maneira. Ao mesmo tempo, estão praticando captação e concorrência desleal, além de contribuírem para incentivo à demanda."".

5.4. Dedicação exclusiva

O advogado empregado pode ser de dedicação exclusiva, o que normalmente ocorre; nesse regime o advogado trabalha apenas para um empregador. O regime de trabalho depende muito da Convenção Coletiva celebrada pelo seu sindicato. Considera-se dedicação exclusiva a jornada de trabalho do advogado empregado que não ultrapasse 40 horas semanais prestadas à empresa empregadora. Não ficou bem esclarecida essa disposição, prevista no art.12 do Regulamento Geral; e se a jornada de trabalho ultrapassar a 40 horas: não será dedicação exclusiva?

Prevalece a jornada com dedicação exclusiva se este foi o regime estabelecido no contrato de trabalho quando da admissão do advogado no emprego, até que seja alterada por convenção ou acordo coletivo. Considera-se jornada normal do advogado empregado, para todos os efeitos legais, não só a fixada em 4 horas diárias contínuas e 20 horas semanais, desde que estipulada em decisão ajustada em acordo individual ou convenção coletiva, ou decorrente de dedicação exclusiva.

5.5. O advogado do Estado

Exercem atividade de advocacia os integrantes da AGU – Advocacia Geral da União, da Defensoria Pública, da Procuradoria da Fazenda Nacional, das Procuradorias e Consultorias Jurídicas dos Estados, do Distrito Federal, dos Municípios, das autarquias e das fundações públicas, e de suas respectivas entidades de administração indireta e fundacional. São os advogados do Estado, ou procuradores, fazendo a defesa do interesse do Poder Público.

Têm eles estatuto próprio como funcionários públicos, devendo submeter-se às normas administrativas, baixadas pela Administração Pública. Não deixam de ser advogados, e, assim sendo, devem estar matriculados na OAB e ficarão sujeitos às normas da OAB que regem a profissão de advogado.

O integrantes da advocacia pública são elegíveis e podem integrar qualquer órgão da OAB; se são inscritos, têm direito a voto e a serem votados. Por outro lado, no exercício da atividade privativa de advogado, sujeitam-se ao regime do Estatuto, do Regulamento Geral e do CED, inclusive quanto às infrações e sanções disciplinares. Vamos lembrar novamente os três diplomas básicos que regem esta questão:

– Estatuto da Advocacia e da OAB (Lei 8.906/94);
– Regulamento Geral da Advocacia e da OAB-Baixado pelo Conselho Federal da OAB;
– Código de Ética e de Disciplina - Idem.

6. A SOCIEDADE DE ADVOGADOS

6.1. Características gerais

6.2. O contrato social

6.1. Características gerais

Os advogados poderão constituir sociedade de advogados, que obterá personalidade jurídica com a inscrição de seu ato constitutivo, neste caso, contrato social, na OAB. Não poderá esse tipo de sociedade registrar-se na Junta Comercial nem no Cartório de Registro Civil de Pessoas Jurídicas. Podem vários advogados formarem um grupo, ocupando o mesmo imóvel, com estrutura comum, mas operando cada um por conta própria. Cada um tem sua clientela e faz seu movimento, reservando a verba para a manutenção do escritório. Não se trata porém de sociedade de advogados.

A sociedade de advogados é constituída pelo contrato social, celebrado nos termos do Estatuto do Advogado, instituído pela Lei 8.906/94, no Cap. IV, denominado "Da Sociedade de Advogados", com os arts.15 a 17. O contrato social estabelece sociedade de prestação de serviços de advocacia. Não pode ser "sociedade limitada" nem S/A, o que nos leva a concluir que se trata da "sociedade simples", tal qual é prevista nos arts. 997 a 1.038 do Código Civil. Vamos repetir, e o faremos amiúde, que esse contrato é registrado na OAB, seccional do Estado em que a sociedade vai atuar. Esse registro é que dará à sociedade de advogados a personalidade jurídica. O contrato social da sociedade de advogados foi contemplado ainda pelo Provimento 92/2000 do Conselho Federal da OAB, e nos arts. 37 a 42, do Regulamento Geral da OAB. Não é permitido registro dele na Junta Comercial, senão seria uma empresa mercantil. Embora seja "sociedade simples", não é registrada no Cartório de Registro Civil de Pessoas Jurídicas, por tratar-se de tipo especial de sociedade simples.

Apenas advogados regularmente inscritos na OAB podem fazer parte da sociedade de advogados e só pessoas físicas. A procuração dada por um cliente deve ser outorgada individualmente a um ou vários advogados, indicando-se o nome da sociedade de que façam parte. Não pode um sócio da sociedade representar um cliente num processo e outro sócio representar a parte contrária. Para manter essa independência, também não pode um advogado fazer parte de várias sociedades, ou seja, pode integrar apenas uma.

O nome da sociedade, vale dizer, a razão social, não pode ter nome fantasia, como uma empresa. Deverá ter o nome de um deles, ou de vários, como por exemplo:
– Mário de Souza e Advogados Associados;
– Souza, Abreu e Garcia, Advogados Associados;
– Souza, Abreu e Garcia.

Aspecto importante é a responsabilidade solidária e ilimitada entre a sociedade e seus sócios, embora subsidiária. Se a sociedade der prejuízos a alguém e for condenada a pagar e não puder pagar, os sócios se responsabilizam por ela nessa dívida. Se um sócio causar prejuízo a outrem, pelo mau exercício da advocacia, tanto a sociedade como os demais sócios, serão afetados por essa responsabilidade. Outrossim, não será prejudicada a responsabilidade disciplinar a que estará submetida a sociedade e o advogado faltoso; assim sendo, independente do que for resolvido externamente, a sociedade poderá sofrer processo disciplinar, se transgredir o Código de Ética, como também o advogado que a compõe.

A ética profissional aplica-se a todos; tanto à sociedade como aos sócios individualmente, razão da responsabilidade ilimitada. Desse modo, não poderá a sociedade exercer a advocacia em conjunto com outra atividade profissional, como as de auditoria, assessoria (que não sejam exclusivamente jurídicas).

Vamos novamente apontar as normas legais que regem esta questão, isto é, a sociedade de advogados:

– Estatuto da Advocacia e da OAB (Lei 8.906/94);
– Regulamento Geral do Estatuto da Advocacia e da OAB – A a 43;
– Provimento 92/2000, do Conselho Federal da OAB.

6.2. O contrato social

O contrato social deverá ter os requisitos do contrato social das empresas, tal como os previstos nos arts. 981 a 985 e as normas gerais sobre a Sociedade Simples, conforme os arts.997 a 1.038 do Código Civil. A orientação específica consta do Provimento 92/2000, do Conselho Federal da OAB.

Constarão do contrato o nome, o endereço e a assinatura dos sócios, todos advogados, inscritos na Seccional em que a sociedade for exercer suas atividades. Constará ainda o "objeto social", e este consistirá exclusivamente do exercício da advocacia, podendo especificar o ramo do direito a que a sociedade se dedicará. Não poderá constar no contrato qualquer objeto social fora da advocacia, como administração de bens, representações mercantis e outras. Poderão constar, mediação, conciliação e arbitragem, já que estas constituem funções próprias da advocacia, conforme estão previstas na Lei 9.307/96. Complementam ainda os dados do domicílio e do prazo de duração, podendo ser por tempo indeterminado ou a prazo certo.

A sociedade terá capital, dividido em quotas, sendo indicado o valor e sua divisão, com a participação de cada sócio, a subscrição e a forma de sua integralização. Não pode o capital ser dividido em ações, pois seria empresa mercantil, com registro obrigatório na Junta Comercial.

O nome da sociedade será colocado por completo, com a razão social designada pelo nome completo ou abreviado dos sócios, ou, pelo menos, de um deles, responsável pela administração, assim como a previsão de sua alteração, ou manutenção, por falecimento de sócio que lhe tenha dado o nome. A exclusão de sócio pode ser deliberada pela maioria do capital, mediante alteração contratual, nos termos e condições expressamente previstos no próprio contrato. É feita ainda a indicação do sócio ou dos sócios que devem gerir a sociedade, acompanhada dos respectivos poderes e atribuições.

A gestão financeira da sociedade também será regulamentada no contrato social, prevendo-se o critério de distribuição dos resultados e dos prejuízos verificados nos períodos a indicar. Prevê-se ainda a forma de cálculo e o modo de pagamento dos haveres e de eventuais honorários pendentes, devidos ao sócio falecido, assim como ao sócio que se retirar da sociedade ou dela for excluído.

A responsabilidade subsidiária e ilimitada dos sócios pelos danos causados aos clientes e a responsabilidade solidária pelas obrigações que a sociedade contrair perante terceiros, de que já houvéramos falado, deve constar no contrato social, apesar de estar prevista em lei. É para que haja maior conscientização de todos para essa responsabilidade, que está expressa no contrato social, assinado por todos os sócios.

Será prevista no contrato social a forma de resolução de possíveis divergências entre os sócios, recomendando-se que, ao invés de se dirigirem ao Poder Judiciário, submetam qualquer controvérsia à mediação e à conciliação do Tribunal de Ética e Disciplina da OAB, ou o julgamento dessa controvérsia por tribunal arbitral. Poderá ser estabelecida cláusula compromissória, para a resolução de conflitos gerais, como em caso de exclusão ou retirada ou dissolução parcial e de dissolução total da sociedade, por tribunal arbitral, com juízes arbitrais livremente escolhidos pelas partes.

Afora essas cláusulas obrigatórias, retrocitadas, poderão os sócios incluir todas as demais cláusulas e condições que forem reputadas adequadas para determinar, com precessão, os direitos e obrigações dos sócios entre si e perante terceiros.

7. DIREITOS E PRERROGATIVAS DO ADVOGADO

7.1. Liberdade no exercício da profissão

7.2. Frequência às instalações judiciárias

7.3. Sustentação oral

7.4. Exame de documentos

7.5. Desagravo

7.6. Sigilo profissional

7.7. Sala do advogado

7.8. Imunidade profissional

7.1. Liberdade no exercício da profissão

O advogado é elemento indispensável à administração da justiça; seu trabalho trata-se de um "múnus" público, a tal ponto de se poder dizer que sem advogado não há justiça. Condição básica para que o advogado cumpra essa missão é a liberdade; precisa ele de exercer com liberdade a profissão em todo o território nacional, sem constrangimento, sem pressão de quem quer que seja.

Em nome dessa liberdade de defesa, no exercício de sua nobre missão e do sigilo profissional, impõe-se o respeito à sua vida privada, à inviolabilidade de seu domicílio, ao seu escritório ou ao seu lugar de trabalho, seus arquivos, sua correspondência.

Haverá algumas exceções, desde que previstas em lei. Uma delas é a busca e apreensão de autos que o advogado tenha retirado do fórum e não os devolveu no prazo devido. Nesse aspecto, ele desrespeitou seus deveres e provocou a medida constrangedora. Outros casos de busca e apreensão poderão ocorrer, como a apreensão de arma de crime retida pelo advogado; neste caso, porém, a OAB deve ser avisada e seu representante deverá acompanhar o oficial de justiça e elementos de força policial.

Os contatos e as comunicações do advogado, com quem quer que seja, serão livres. Não pode ele ser vigiado e seu telefone censurado. Poderá comunicar-se livremente com seus clientes, até mesmo quando estiverem presos, detidos ou recolhidos em estabelecimentos civis e militares, ainda que considerados incomunicáveis.

Eis aqui um problema muito sério, ante as constantes agressões a essa prerrogativa do advogado. A Polícia Militar, por exemplo, não permite acesso de advogado a PM presos, usando de vários subterfúgios. Durante o Regime Militar, instaurado no país em 1964, milhares de presos políticos ficaram incomunicáveis, sem contato com advogados. Inúmeras autoridades policiais vedam contatos de advogados com réus presos. Na Penitenciária e na Casa de Detenção muitas vezes o advogado é barrado por motivos indevidos: ora a chave ficou na gaveta de um funcionário que não compareceu ao trabalho naquele dia, ora é preciso o visto do diretor, que também faltou ao trabalho, e assim por diante.

O advogado não pode ser preso, a não ser em flagrante delito, devendo ser comunicada imediatamente a OAB, que mantém plantão para essas situações. Se for recolhido preso, não poderá ser detido nas carceragens, mas em instalação condigna à sua posição e se não houver disponibilidade de recinto, permanecerá em prisão domiciliar. O auto de prisão do advogado deverá ser assinado pelo representante da OAB, sob pena de nulidade.

7.2. Frequência às instalações judiciárias

O advogado poderá frequentar as salas das sessões dos tribunais, as salas e dependências de audiências, secretarias, cartórios, ofícios de justiça, serviços notariais e de registro, e, no caso de delegacias e prisões, mesmo fora da hora de expediente, e ser atendido desde que se ache presente qualquer servidor ou empregado. Poderá assistir a audiências, ainda que se trate de processo em que não tenha representação; não poderá sentar-se à mesa da audiência, mas ficará em lugar reservado na própria sala.

Recomenda-se, todavia, que o advogado cumprimente o juiz, apresente-se a ele e peça licença para assistir àquela audiência. Processos existem correndo em "segredo de justiça", e, neste caso, fica restringida a liberdade do advogado.

Na hipótese de o advogado precisar praticar ato ou colher provas, poderá ingressar livremente em qualquer edifício ou recinto em que funcione repartição judicial ou outro serviço público, dentro do expediente ou fora dele, e ser atendido. Nesse caso, o advogado está no exercício de suas atividades e não pode ser obstado no seu trabalho.

Não só nas repartições oficiais pode estar presente o advogado. Em qualquer assembleia ou reunião de que participe ou possa participar seu cliente, ou perante a qual este deva comparecer, desde que munido de poderes especiais. Seria o caso do cliente do advogado pedir sua presença em reunião de condôminos, em assembleia de sociedade anônima e outras semelhantes.

No caso de uma audiência ou qualquer outro ato judicial, se o juiz não comparecer na hora marcada, o advogado tem o direito de retirar-se do recinto em que se encontre, aguardando o pregão para o ato judicial, após o horário designado. Deve fazer entretanto comunicação protocolizada em juízo.

Todavia, não se deve ser mais realista do que o rei. Se a autoridade que deva presidir ao ato judicial atrasar mais do que meia-hora, o prazo legal de espera do advogado, nada custa usar de meios suasórios para sanar a questão. Poderia o advogado protocolar, no próprio cartório, petição "solicitando data maxima vênia" a dispensa à audiência, alegando ter outra audiência designada.

7.3. Sustentação oral

O trabalho do advogado repousa principalmente na palavra escrita, mas também na palavra falada. Nas audiências ele se manifesta oralmente, usa da palavra, pela ordem, em qualquer juízo ou tribunal, mediante intervenção sumária, para esclarecer equívoco ou dúvida surgida em relação a fatos, documentos ou afirmações que influam no julgamento, bem como para replicar acusação ou censura que lhe forem feitas.

Pode reclamar verbalmente ou por escrito, perante qualquer juízo, tribunal ou autoridade, contra inobservância de preceito de lei, regulamento ou regimento. Por sua vontade, falará sentado ou em pé, em juízo, tribunal ou órgão de deliberação coletiva da Administração Pública ou do Poder Legislativo.

Respeitando a indisponibilidade dos magistrados, como no momento de audiência, o advogado poderá dirigir-se a eles diretamente ou por intermédio do escrivão, nas salas e gabinetes de trabalho, independentemente de horário previamente estabelecido ou outra condição, observando-se a ordem de chegada.

A sustentação oral ocorre nos tribunais superiores. No julgamento de recursos, o advogado apresenta por escrito suas alegações, mas poderá repetir oralmente sua argumentação. Antes do julgamento, ele pede para sustentar oralmente as razões de qualquer recurso ou processo, nas sessões de julgamento, após o voto do relator, em instância judicial ou administrativa, pelo prazo de quinze minutos, salvo se prazo maior for concedido. Pode optar por falar sentado ou em pé e retirar-se dos locais independentemente de licença.

7.4. Exame de documentos

O advogado poderá examinar, em quaisquer órgãos dos Poderes Judiciário e Legislativo, ou da Administração Pública em geral, autos de processos findos ou em andamento, de peças processuais e fazer apontamentos sobre o processo. Há certos processos que correm em "segredo de justiça", como acontece comumente nas varas de família; nesses casos, só o advogado com procuração nos autos poderá examiná-los.

Além dos processos judiciais, poderá examinar em qualquer repartição policial, mesmo sem procuração, autos de inquérito, findos ou em andamento, ainda que conclusos à autoridade, podendo copiar peças e tomar apontamentos. Algumas autoridades policiais negam ao advogado intervir no inquérito policial antes da denúncia. Consideram que o indiciado não é sujeito de direitos, pois não está denunciado e portanto não está sendo acusado de nada; se não está sendo acusado, não tem do que defender-se e se não há defesa não é preciso advogado.

Poderá ainda ter vista dos processos judiciais e administrativos de qualquer natureza, em cartório ou na repartição competente, ou retirá-los, pelos prazos legais. Para a retirada de processos em andamento, haverá necessidade de procuração, mas, para processos já encerrados, o exame é livre para o advogado. Ressalte-se que os autos poderão permanecer em mãos do advogado pelo prazo legal; nos processos judiciais esse prazo é de dez dias. Retendo os documentos além do prazo, poderá o advogado sofrer sérias restrições, como busca e apreensão dos autos, representação ante a OAB, ser impedido de retirar aqueles autos novamente, ou medidas de caráter civil ou penal.

Surgem dificuldades, às vezes, para o advogado poder retirar os autos do cartório. É quando existirem nos autos documentos originais de difícil restauração ou ocorrer circunstância relevante que justifique a permanência dos autos no cartório, secretaria ou repartição, reconhecida pela autoridade, em despacho motivado, proferido de ofício, mediante representação ou a requerimento da parte interessada. Processos em segredo de justiça sempre estão com os autos retidos em cartório, sem poder ser retirados.

7.5. Desagravo

O desrespeito às prerrogativas e aos direitos do advogado poderão provocar a reação desfavorável da comunidade jurídica, representada pela OAB. Quando for ofendido no exercício da profissão ou em razão dela, o advogado poderá ser publicamente desagravado com cerimônia pública realizada na OAB.

Os agressores aos direitos do advogado, legalmente consagrados, são normalmente autoridades públicas de qualquer natureza. O infrator da lei poderá sofrer ainda ações de responsabilidade civil e criminal, independentemente do desagravo.

7.6. Sigilo profissional

O sigilo profissional é um direito do advogado e também um dever e sobre esse dever falaremos adiante. Não pode o advogado ser pressionado a expor fatos e realidades que tenham chegado ao conhecimento dele no exercício de suas funções. Os contatos pessoais e quaisquer informações que lhe tenham revelado seu cliente, de forma alguma deve ser revelada, ainda que haja autorização desse cliente. Pode o advogado recusar-se a depor como testemunha em processo no qual funcionou ou deva funcionar, ou sobre fato relacionado com pessoa de quem seja ou foi advogado, mesmo quando autorizado ou solicitado pelo constituinte, bem como sobre fato que constitua sigilo profissional.

Essa norma não se aplica ao advogado como cidadão ou quando se tratar de fato estranho à sua profissão, como por exemplo, se ele presencia um acidente e vai contar o que ele viu. O que ele sabe sobre esse acidente não decorre da posição de advogado, mas de cidadão.

7.7. Sala do advogado

O Poder Judiciário e o Poder Executivo devem instalar, em todos os juizados, fóruns, tribunais, delegacias de polícia e presídios, salas especiais permanentes para os advogados, com uso e controle assegurados à OAB. Há inclusive em fóruns mais amplos várias salas do advogado; é o que acontece no fórum central de São Paulo, em que há três salas do advogado. Nessas salas funciona um tipo de "pronto socorro jurídico": se o advogado precisar juntar com urgência uma procuração poderá obter o impresso, a guia de custas e até o papel de petição, preenchendo-os no momento, tendo para tanto máquinas de escrever, computadores. Se precisar consultar o Diário Oficial ou um código, terá exemplares à disposição. Terá ainda à sua disposição telefone, serviço de cópias, impressos e informações gerais.

7.8. Imunidade profissional

O advogado tem imunidade profissional, não constituindo injúria, difamação ou desacato puníveis qualquer manifestação de sua parte, no exercício de sua atividade, em juízo ou fora dele. Não poderia ele atuar livremente se tiver receio de ferir suscetibilidades, ofender pessoas ou sofrer represálias ou processos. Fala ele em nome de seu cliente; o advogado não é parte nos processos, mas representante de uma das partes.

Todavia, essa imunidade tem sofrido muitas e justificáveis restrições. Interpretando mal as normas, vários advogados praticam excessos na sua atuação, incontinência de linguagem e desrespeito a outras pessoas. O Judiciário tem interpretado a questão sob o ponto de vista da isonomia de direitos; se o poder da lei atinge o cidadão, atinge também o advogado, já que ele é também um cidadão. Se toda pessoa pode ser processada por crime de calúnia, por que ficaria o advogado imune a essa responsabilidade?

Outro aspecto deve o advogado levar em consideração: se ele calunia alguém e alega que agiu como advogado, agindo em nome de seu cliente, estará transferindo a responsabilidade para esse cliente, o que será uma deslealdade. Assim agindo, o advogado criará a possibilidade de um processo contra seu cliente, contra os interesses dele.

Conveniente se torna nova interpretação da imunidade profissional do advogado, adotando os seguintes princípios:

26 – o exercício da atividade advocatícia deve ser exercido com combatividade e rigor, mas sem excessos;

27 – a imunidade profissional não isenta o advogado da obrigação de respeitar as autoridades constituídas, seus colegas de profissão e até mesmo a parte adversária. A parte contrária poderá um dia tornar-se cliente do advogado "ex-adverso", o que deverá ser considerado por ele;

28 – se o advogado tiver imunidade profissional, seu cliente não tem, ficando a descoberto de possíveis processos e sanções;

29 – as lides forenses não devem deixar rastros de rancor, em decorrência do comportamento descortês do advogado.

8. O EXAME DE ORDEM

8.1. A participação no Exame de Ordem

8.2. As provas realizadas

8.3. Os critérios de correção

8.4. O programa

8.1. A participação no Exame de Ordem

O exercício da advocacia é privativo do advogado, e advogado é quem estiver inscrito nos quadros da OAB. Para a inscrição, o pretendente precisará ser formado em direito e submeter-se antes a uma prova de avaliação básica, denominada Exame de Ordem. É obrigatória aos bacharéis de direito a aprovação no Exame de Ordem para admissão ao quadro de advogados. A duração desse exame é normalmente de quatro horas.

Há algumas exceções, com a dispensa do exame; uma dessas exceções é para os membros da Magistratura e do Ministério Público, como por exemplo, os juízes aposentados, que resolvem ingressar na advocacia. Não teria sentido submeter um juiz com 35 anos de magistratura a um exame para averiguar se tem aptidão intelectual para o exercício da advocacia.

O Exame de Ordem é regulamentado pela seccional de cada Estado. É prestado só pelo bacharel de direito, na seccional do Estado em que tenha concluído o curso de graduação em direito ou na de seu domicílio comprovado. Nesses termos, o bacharel que tiver sido aprovado no curso de direito em outro Estado, poderá prestar exame em São Paulo, desde que comprove estar domiciliado definitivamente nessa cidade. Essa comprovação é rigorosa, para evitar fraude. Como o exame é realizado pela seccional da OAB em cada Estado, cada uma tem critérios de rigor variados, o que leva as mais liberais a atrair bacharéis de outros Estados, cuja seccional seja mais rigorosa.

É permitido prestar o exame da OAB e ser aprovado, mesmo para aqueles que estejam impedidos de inscrever-se nos quadros da OAB. É o caso de um policial ou de um escrivão judiciário, que não poderão advogar, mas prestam o exame. Quando eles se aposentarem, poderão requerer sua inscrição imediatamente, por já estarem aprovados no exame.

O exame de Ordem ocorrerá três vezes por ano, nos meses de abril, agosto e dezembro. O edital é publicado com o prazo mínimo de 30 dias de antecedência e será realizado simultaneamente em todas as subseções do mesmo Estado. É cobrada taxa de inscrição para o exame, publicada no edital, que não poderá ser superior a 30% da taxa de inscrição anual da OAB. A reprovação no Exame de Ordem não impedirá que o bacharel se inscreva nos próximos exames, até obter a aprovação.

8.2. As provas realizadas

O Exame de Ordem consta de duas provas: a Prova Objetiva e a Prova Prático-Profissional.

Prova Objetiva

Consta de 100 questões, a serem respondidas com quatro opções. Não é permitida consulta nesta prova. Tem ela caráter eliminatório, não podendo prestar a outra prova, quem não obtiver a nota mínima de cinco. As questões são extraídas do programa de ensino nas faculdades de direito, nas matérias obrigatórias que são: Direito Civil, Direito Comercial, Direito Constitucional, Direito Penal, Direito Tributário, Direito Administrativo, Direito do Trabalho, Processual Civil, Processual Penal, Processual do Trabalho.

Além das perguntas referentes às dez matérias acima referidas, haverá no mínimo dez perguntas sobre Ética Profissional do Advogado (Deontologia Jurídica), baseada principalmente nas normas que regem a advocacia e o comportamento do advogado; de forma precisa são as seguintes essas normas:

13 – Estatuto do Advogado e da OAB (Lei 8.906/96);

14 – Regulamento Geral do Estatuto do Advogado e da OAB (Conselho Federal da OAB);

15 – Código de Ética e Disciplina (Conselho Federal da OAB);

16 – Provimentos, resoluções e deliberações da OAB, especialmente:

17 – Provimento 109/05 do Conselho Federal da OAB

18 – Deliberação 11/96 da Comissão de Estágio e Exame de Ordem da OAB/Seção de São Paulo.

O tempo normal de duração é de quatro horas, das 8 às 12 horas. Poderá ser modificado este regime pela Comissão de Estágio e Exame de Ordem, mas sempre ficará no mínimo de quatro horas e no máximo de seis. A nota mínima para a aprovação é cinco.

No ato de realização da prova objetiva são fornecidos ao candidato o caderno de questões e o cartão-resposta. É proibido o porte de telefone celular e qualquer material de consulta ou de anotações pessoais no recinto de realização da prova. No caso de alguém sentir necessidade de ir à instalação sanitária, será acompanhado por representante da OAB.

Prova Prático-Profissional

Esta prova consta de duas partes:
– redação de peça profissional privativa de advogado, como petição ou parecer;
– respostas a até cinco questões práticas sobre situações-problemas.

Redação de Peça Profissional é a elaboração de uma petição ou recurso, parecer ou outra peça de trabalho privativo de advogado. O tempo de duração é o mesmo do da prova objetiva, ou seja, quatro horas, normalmente. Versará sobre as mesmas matérias, a saber: Direito Civil, Direito Comercial, Direito Penal, Direito do Trabalho, Direito Tributário ou Direito Administrativo.

Entretanto, no ato da inscrição, o candidato poderá optar por uma só matéria na prova, como por exemplo, o Direito Civil.

Para essa prova, a consulta será livre, como códigos, legislação, obras de doutrina, repertório de jurisprudência. Não será permitido qualquer escrito que contenha modelos de petição, ou recurso, parecer, ou demais peças privativas de advogado, como também serão vedadas peças de processos.

Para essa prova, a Prova Prático-Profissional, a nota mínima é seis.

8.3. Os critérios de correção

É o aspecto mais importante para a compreensão do candidato. A prova é examinada e corrigida sob cinco prismas, e sobre elas comentaremos em seguida:
– raciocínio jurídico;
– fundamentação e sua lógica;
– capacidade de interpretação e exposição;
    correção gramatical;
– técnica profissional demonstrada.

Raciocínio Jurídico

A ciência da lógica nos ensina que o pensamento é a operação mental do espírito humano, desdobrada em três fases: idéia, juízo e raciocínio. A idéia é a representação mental de uma coisa. O juízo é a combinação de ideias, estabelecendo entre elas uma relação de dependência, vale dizer, levando a um julgamento, como faz o juiz ao dizer que "o réu é inocente".

O raciocínio, porém, é operação mais complexa: consiste em combinar ideias e juízos, para se chegar a novo juízo e novas ideias. Parte do conhecido para se chegar ao desconhecido. Raciocinar é extrair ideias e algumas outras informações; exige espírito criativo.

A Fundamentação e Sua Consistência

O trabalho forense do advogado é fazer pedido, tanto que ao terminar uma petição, sempre há a expressão: "Pede deferimento". Aliás, o próprio termo "petição" origina-se do verbo latino *petire* = pedir. Ao fazer seu pedido, o advogado terá que justificar sua pretensão: precisará examinar os fatos e as disposições legais aplicáveis a esse fato: é a fundamentação legal de suas pretensões. Deverá apontar o direito dele, os artigos de cada lei aplicável, a opinião dos mestres, os costumes e outras fontes em que ele fulcrará sua petição.

Quanto melhor ele puder fundamentar seu pedido, melhor oportunidade terá ele de convencer o juiz. E a fundamentação deverá ser consistente (sólida e objetiva); não pode ser vaga e superficial, restringindo, o máximo possível, a contrafundamentação da parte contrária.

Capacidade de Interpretação e Exposição

Interpretar é ir além do que está posto à nossa frente. Ao interpretar a lei, o advogado procura descobrir a intenção do legislador, o espírito da lei, qual é a sua vontade e sua força. Só após interpretar a lei, conhecê-la, é que o advogado saberá aplicá-la nos seus argumentos. Consiste em ler a lei e concluir sobre o modo como poderá aproveitá-la.

Correção Gramatical

O conhecimento e o domínio do idioma é essencial para quem utilize a palavra escrita e falada no seu trabalho. Grande parte da atividade do advogado consiste em escrever e falar, mais escrever do que falar. Choca ao juiz receber uma petição com erros crassos gramaticais. Vários deles encaminham petições desse tipo à OAB e esta muitas vezes suspende a carteira do advogado, submetendo-o a novo Exame de Ordem.

A correção gramatical vai além do simples conhecimento das regras da linguagem. Alarga-se na capacidade de compor um texto, de redigir uma peça escrita, de expor ideias, fatos e sentimentos. Implica a combinação de palavras para a formação de uma frase, afirmar ou negar alguma coisa, de forma clara, correta e objetiva. É uma ciência e uma arte: a arte de expressar o pensamento por meio da palavra.

Para melhor avaliação desse requisito do advogado, vamos expor esse pitoresco diálogo entre um advogado e seu filho:

Filho: Pai, quais são as qualidades que um advogado deve ter?

Pai: O advogado precisa ter dez qualidades: a primeira delas é a de expor ideias com correção gramatical, com clareza e exatidão. Precisa dominar muito bem seu idioma, para não cair em erros de linguagem, conservando-a pura e fácil de ser entendida por quem ler o que ele escreve.

Filho: E as outras nove?

Pai: Não me lembro delas, mas não se incomode, que não tem importância.

Técnica Profissional Demonstrada

O candidato terá oportunidade, no Exame de Ordem, de revelar seus pendores para a advocacia. Essa revelação se faz pela perspicácia, pelo entusiasmo com que focaliza um problema e aponta soluções, pela forma com que se dirige ao Judiciário. É qualidade humana inata, mas deve ser burilada pelo estudo bem dirigido, pela motivação para o exercício da advocacia.

Essas faculdades são reveladas nos vários aspectos aqui analisados, de tal forma que os examinadores façam do candidato este juízo: "este será um bom advogado".

8.4. O programa

O programa da Prova Prático-Profissional apresentado pela Comissão do Exame de Ordem do Conselho Federal da OAB, contém o seguinte conteúdo programático:

Direito Processual:

1. Processo judicial: distribuição, autuação, citação, intimação, remessa, recebimento, juntada, vista, informação, certidão e conclusão.
2. Mandado, contrafé, carta precatória, carta rogatória, carta de ordem, edital, alvará, certidão, traslado, laudo, fotocópia e conferência.
3. Valor da causa, conta, cálculo, penhora, avaliação, carta de arrematação, carta de adjudicação, carta de remissão, carta de sentença.
4. Provas, depoimento pessoal, confissão, exibição de documento ou coisa, prova documental, prova testemunhal, prova pericial.
5. Petição inicial, contestação, exceções, reconvenção, litisconsórcio, intervenção de terceiro, assistência, impugnações, réplicas, pareceres, cotas, memoriais.
6. Despachos, sentenças, acórdãos, tutela antecipatória. Audiência: de conciliação, de instrução e julgamento.
7. Apelação, agravos, embargos. Reclamações e correições parciais.
8. Medidas cautelares.
9. Mandado de segurança: individual e coletivo.
10. Ação popular.
11. *Habeas corpus*.

Direito Tributário

12. Execução Fiscal. Ação de Repetição de Indébito. Ação Declaratória em Matéria Tributária. Ação Anulatória de Débito Fiscal.

Direito do Trabalho

13. Reclamação Trabalhista. Defesa Trabalhista. Recurso Ordinário.

Ações Especiais

14. Ação de Procedimento Ordinário e Sumário.
15. Ação Monitória.
16. Ação de Usucapião/Ações Possessórias.

17. Ação de Despejo /Ação Revisional de Aluguel / Ação Renovatória de Locação.
18. Ação de Consignação em Pagamento.
19. Processo de Execução/Embargos do Devedor.

Família e Sucessões

20. Inventário, arrolamento e partilha.
21. Separação Judicial e Divórcio.
22. Ação de Alimentos/Ação Revisional de Alimentos.

Direito Penal

23. Inquérito Policial/Ação Penal.
24. Queixa-crime e representação criminal.
25. Apelação e Recursos Criminais.

Direito Contratual

26. Contratos/Mandato e Procuração.

Direito Administrativo

27. Organização Judiciária Estadual.
28. Desapropriação. Procedimentos Administrativos.
29. Juizados Especiais Cíveis e Criminais.
30. Temas e problemas vinculados à peculiaridades de interesse regional, desde que especificados no Edital a que se refere o art. 4º do Provimento 81/96.

9. OS HONORÁRIOS ADVOCATÍCIOS

9.1. Direito a honorários

9.2. As bases de cálculo

9.3. A verba de sucumbência

9.4. A execução dos honorários

9.5. Prescrição em cinco anos

9.6. Valorização dos honorários

9.1. Direito a honorários

O advogado é um profissional, vive do seu trabalho, de sua profissão. Deve pois ser remunerado e será natural que procure ganhar o melhor possível. Outra característica do profissional é a de que ele se empenhe em especializar-se no seu mister. Esse aprimoramento exige investimentos em si mesmo, com a participação em seminários e outros eventos, aquisição de obras jurídicas. Para tanto, impõe-se remuneração condizente com a necessidade de especialização.

O Código de Ética e Disciplina tenta dosar os critérios de remuneração do advogado; não devem ser exagerados, nem aviltados. Para isso, a OAB elaborou tabela de preços, para servir de base. Será possível estabelecer acordos entre advogado e cliente, mas guardando, mais ou menos, os parâmetros da tabela. Para não haver mal-entendidos, será preferível combinar previamente as bases dos honorários em contrato escrito.

Os honorários advocatícios e sua eventual correção, bem como sua majoração decorrente do aumento dos atos judiciais que advierem como necessários, devem ser previstos em contrato escrito, qualquer que seja o objeto e o meio de prestação do serviço profissional, contendo todas as especificações e forma de pagamento, inclusive no caso de acordo. Não poderá assim haver queixas de parte a parte, pois estava prevista a remuneração de forma geral.

Alguns pormenores especiais devem também ser previstos. A compensação ou o desconto dos honorários contratados, e dos valores que devam ser entregues ao constituinte ou cliente, só podem ocorrer se houver prévia autorização ou previsão contratual. Referimo-nos aqui a potenciais alterações de cláusulas preestabelecidas; às vezes, justificam-se pequenas majorações ou diminuições da remuneração prevista, mas a possibilidade dessas alterações deve constar do contrato.

A forma e as condições de resgate dos encargos gerais, judiciais e extrajudiciais, inclusive eventual remuneração de outro profissional, advogado ou não, para desempenho de serviço auxiliar ou complementar técnico e especializado, ou com incumbência pertinente fora da Comarca, devem integrar as condições gerais do contrato.

Não é raro acontecer de um advogado precisar de outro, para algum encargo especial, como pesquisa em comarca distante. Essa possibilidade deve ser prevista no contrato de prestação de serviços advocatícios.

9.2. As bases de cálculo

Malgrado haja algumas regras para o orçamento dos honorários advocatícios, devem eles ser fixados com moderação, levando em conta certos aspectos da causa, como a relevância, o vulto, do interesse financeiro; esses fatores normalmente aumentam a complexidade das questões versadas. Numa execução, por exemplo, poderá haver necessidade de pesquisar possíveis bens que o executado oculte. O valor da causa, ou seja, o vulto do interesse financeiro normalmente aumenta a dificuldade do problema, o número das testemunhas e alongamento da fase probatória.

O tempo e o trabalho necessários devem ser levados em consideração. Processos há que duram de dez a vinte anos, com várias audiências, com a possível intervenção de terceiros; se a ação for sumária ou ordinária, tudo implicará a demora na solução final do processo. Há permanente preocupação do advogado no acompanhamento do processo pelos anos afora.

Influi também a possibilidade de ficar o advogado impedido de intervir em outros casos, ou de se desavir com outros clientes ou terceiros. É a delicadeza da questão, como o processo contra poderosos.

Pesa ainda no orçamento o caráter da intervenção conforme se trate de serviço a cliente avulso, habitual ou permanente. É possível que o cliente entregue várias questões ao advogado, o que poderá justificar abatimento de honorários. Existem clientes permanentes de advogado ou de sociedade de advogados, o que permite a fixação de bases especiais de remuneração; alguns desses clientes até pagam remuneração mensal ao advogado; para esses é possível conceder abatimento sobre a remuneração que costuma ser cobrada de cliente esporádico.

O local da prestação dos serviços legitima a variação dos honorários, mormente se for em outra comarca; não só cobrará ele as despesas do deslocamento mas um extra nos honorários.

O advogado tem o direito de valer-se de sua reputação e bom nome, de sua fama. Essa reputação é normalmente conseguida à custa de muito esforço, como os gastos de publicidade, o número de sucessos processuais, enfim, tudo dependente de sacrifícios do advogado.

É possível levar em conta os costumes adotados no foro de atuação do advogado. Inclui-se a praxe judiciária sobre trabalhos análogos, como as condenações ao pagamento de honorários pela parte sucumbente.

9.3. A verba de sucumbência

Questão causadora de muitas polêmicas, mas agora bem definidas é a dos honorários decorrentes da sucumbência. O juiz, ao decidir a questão, condena a parte sucumbente, ou seja, a parte perdedora, a pagar os gastos a que obrigou a parte vencedora, incluindo-se nesses gastos os honorários do advogado desta última.

A quem pertencem os honorários decorrentes da condenação? O cliente acha que pertencem a ele, pois é o ressarcimento de seus gastos. Da mesma forma pensam os bancos, empresas e outras entidades, com referência ao advogado seu empregado, já que este recebe salário como funcionário, para a prestação dos serviços. Após anos de luta, ficou assentado que pertencem ao advogado, ainda que seja ele funcionário do cliente e remunerado por este.

Algumas seções da OAB em alguns Estados já estabeleceram em seu regulamento esse direito do advogado. A Lei 8.906/94, que estabelece o Estatuto da Advocacia e da OAB, trouxe nos arts. 22 e 23 a seguinte norma:

> Art. 22
> A prestação de serviço profissional assegura aos inscritos na OAB o direito a honorários convencionados, aos fixados por arbitramento judicial e aos de sucumbência.

> Art. 23
> Os honorários incluídos na condenação, por arbitramento ou sucumbência, pertencem ao advogado, tendo este o direito autônomo para executar a sentença nessa parte, podendo requerer que o precatório, quando necessário, seja expedido em seu favor.

As disposições legais a favor do advogado já foram reconhecidas em jurisprudência já sedimentada. Exemplo é o acórdão do TJRS – EI. 5999097516:
"Com o advento da Lei 8.906/94, os honorários advocatícios decorrentes da sucumbência deixaram de ser reparação à parte vencedora da demanda, para se constituir em remuneração ao trabalho, sendo direito autônomo dele".

Vamos ressaltar outra questão: os honorários da sucumbência não excluem os contratados, porém devem ser levados em conta no acerto final com o cliente ou constituinte, tendo sempre presente o que foi ajustado na aceitação da causa.

São nulos quaisquer disposição, cláusula, regulamento ou convenção individual ou coletiva, que retire do advogado o direito ao recebimento dos honorários da sucumbência, de acordo com o art. 24-3º do EAOAB. Na hipótese de falecimento ou incapacidade civil do advogado, os honorários de sucumbência, proporcionais ao trabalho realizado, são recebidos por seus sucessores ou representantes legais.

Se tiver havido acordo feito pelo cliente do advogado e a parte contrária, salvo aquiescência do profissional, não lhe prejudica os honorários, quer os convencionados, quer os concedidos por sentença.

Já que falamos várias vezes em três tipos de remuneração do advogado, vamos consolidar nossa interpretação, distinguindo cada um deles:

CONVENCIONADOS – São os honorários combinados entre o advogado e o cliente.

ESTABELECIDOS POR ARBITRAMENTO – São os orçados pelo juiz.

DE SUCUMBÊNCIA – São os resultantes de condenação judicial à parte perdedora da questão defendida pelo advogado.

9.4. A execução dos honorários

A decisão judicial que fixar ou arbitrar honorários e o contrato que os estipular são títulos executivos e constituem crédito privilegiado em falência, recuperação judicial ou extrajudicial, concurso de credores, insolvência civil ou liquidação judicial. A execução dos honorários pode ser promovida nos mesmos autos em que tenha atuado o advogado, se assim lhe convier.

Havendo necessidade de arbitramento e cobrança judicial dos honorários advocatícios, deve o advogado renunciar ao patrocínio da causa, fazendo-se representar por um colega. Em outras palavras, não deve o advogado ser advogado dele próprio, para evitar maiores atritos.

A decisão judicial, atribuindo o direito do advogado a honorários advocatícios, já basta para autorizar a execução deles. O crédito por honorários advocatícios, seja do advogado autônomo, seja de sociedade de advogados, não autoriza o saque de duplicatas, letras de câmbio, ou qualquer outro título de crédito de natureza mercantil. Excetua-se a emissão de fatura, desde que esta constitua exigência do constituinte ou assistido, decorrente de contrato escrito, vedada a tiragem de protesto.

9.5. Prescrição em cinco anos

A ação de cobrança dos honorários advocatícios, como normalmente ocorre com as ações judiciais, tem prazo de prescrição. No caso de cobrança de honorários advocatícios, o prazo prescricional é de cinco anos. O ponto de partida do período prescricional, entretanto, varia:

40 – se o contrato tiver vencimento, começará daí a correr o período prescricional;

41 – do trânsito em julgado da decisão que os fixar;

42 – da desistência da ação ou da transação que provocar o encerramento do processo;

43 – da ultimação do serviço extrajudicial;

44 – da renúncia ou revogação do mandato.

9.6. Valorização dos honorários

A regulamentação desses direitos, o estabelecimento da tabela de preços mínimos e várias outras medidas tomadas pela OAB, revelam zelo pela remuneração devida ao trabalho do advogado. Por isso, a prestação de serviço profissional assegura aos inscritos na OAB o direito aos honorários convencionados, aos fixados por arbitramento e aos de sucumbência.

O advogado deve evitar o aviltamento de valores dos serviços profissionais, não os fixando de forma irrisória ou inferior aos da tabela de honorários elaborada pela OAB, salvo motivo plenamente justificável.

O advogado indicado para patrocinar causa de alguém juridicamente necessitado, no caso de impossibilidade da Defensoria Pública no local de prestação de serviço tem direito a honorários orçados pelo juiz, segundo a tabela organizada pelo Conselho Seccional da OAB e pagos pelo Estado. Fala-se aqui do advogado dativo, isto é, o advogado colocado pelo Estado para defender alguém que seja pobre e impedido economicamente de pagar honorários advocatícios. Nesse caso, cabe ao Estado pagar esses serviços, ainda que seja pelo mínimo previsto na tabela.

Na falta de estipulação ou de acordo, os honorários são fixados por arbitramento judicial, em remuneração compatível com o trabalho e o valor econômico da questão, não podendo ser inferiores aos estabelecidos na tabela da OAB. Os honorários devidos ou fixados em tabelas no regime de assistência judiciária podem ser alterados no *quantum* estabelecido; mas a verba honorária decorrente da sucumbência pertence ao advogado.

A celebração de convênios para a prestação de serviços jurídicos com redução dos valores estabelecidos na tabela dos honorários implica captação de clientes ou causa. Pode ser levada em consideração, todavia, se as condições peculiares da necessidade e dos carentes puderem ser demonstradas com a devida antecedência ao respectivo Tribunal de Ética e Disciplina, que deve analisar a sua oportunidade. É o caso de advogado que presta serviços a componentes de uma associação de auxílio mútuo, de pessoas pobres. Não poderia, porém, estipular honorários a componentes de condomínio para a aquisição de veículos.

Está prevista nas normas corporativas a situação de processo em que houve pacto de *quota litis* entre advogado e cliente. Esse instituto jurídico é um acordo pelo qual o advogado tem direito à participação no dinheiro que resultar da causa. Muitos condenam esse pacto, mas a lei não o proíbe; ao contrário, procura garantir o advogado. Não se trata então de honorários advocatícios, mas da participação do advogado no empreendimento judicial. Seria o advogado um sócio de seu cliente, pela analogia.

A tutela legal é no sentido de que, na hipótese de adoção de cláusula *quota litis*, os honorários devem ser necessariamente representados por pecúnia e, quando acrescidos dos de honorários da sucumbência, não podem ser superiores às vantagens advindas em favor do constituinte ou do cliente.

Salvo estipulação em contrário, um terço dos honorários é devido no início do serviço, outro terço até a decisão final de primeira instância e o restante no final.

Se o advogado fizer juntar aos autos o seu contrato de honorários antes de expedir-se o mandado de levantamento ou precatório, o juiz deve determinar que lhe sejam pagos diretamente, por dedução da quantia a ser recebida pelo constituinte, salvo se este provar que já os pagou. Normalmente, é o advogado que levanta o dinheiro depositado judicialmente em nome de seu cliente; ao recebê-lo o advogado embolsa seus honorários, para o que está legalmente autorizado.

As regalias do advogado são perdidas quando se tratar de mandato outorgado por advogado para defesa em processo oriundo de ato ou omissão praticado no exercício da profissão.

Não se pode radicalizar contudo os direitos do advogado com referência a seus honorários. Por exemplo, a participação do advogado em bens particulares de cliente, comprovadamente sem condições pecuniárias, só é tolerada em caráter excepcional, e desde que contratada por escrito.

Em causas complexas, em que haja diversas demandas conexas, é conveniente centralizá-las numa só, para estimativa dos honorários. Em face da imprevisibilidade do prazo de tramitação da demanda, devem ser delimitados os serviços profissionais a se prestarem nos procedimentos preliminares, judiciais ou conciliatórios. Evita-se assim que outras medidas, solicitadas ou necessárias, incidentais ou não, diretas ou indiretas, decorrentes da causa, possam ter novos honorários orçados. Evita-se ainda de pedir ao cliente nova concordância hábil.

Para que não paire dúvidas eventuais quanto aos direitos do advogado aos seus honorários, vamos transcrever o art. 23 do Estatuto da Advocacia e da OAB:

"Os honorários incluídos na condenação, por arbitramento ou sucumbência pertencem ao advogado, tendo este direito autônomo para executar a sentença nessa parte, podendo requerer que o precatório, quando necessário, seja expedido em seu favor".

10. A IDENTIDADE PROFISSIONAL

10.1. O cartão de identidade

O advogado, como também o estagiário, possui documentos próprios de identificação, emitidos pela OAB; é a "carteira de advogado", constituída da carteira e do cartão, sendo este último um cartão plástico. O uso do documento de identidade é obrigatório; numa audiência deve o cartão ser apresentado, sendo facultado ao juiz recusar a participação do advogado sem carteira. O escrivão pode recusar a exibição de autos de alguns processos se o advogado não se identificar com a carteira. Quando se fala em carteira, entende-se a carteira propriamente dita e o cartão.

A carteira de identidade do advogado é documento mais cerimonioso, com capa contendo as armas da República e duas expressões em letras douradas sobre fundo vermelho: "Ordem dos Advogados do Brasil" e "Carteira de Identidade do Advogado". A esfera armilar, símbolo do Brasil, dá a entender que se trata de documento oficial, com os mesmos efeitos jurídicos do RG. Não pode ser recusada como prova de identificação, mesmo fora do ambiente forense.

A primeira página, no verso da capa da frente, repete o conteúdo da capa, acrescentado da expressão: "Conselho Seccional de São Paulo". Para maior esclarecimento transcreve o art.13 do EAOAB-Estatuto da Advocacia e da OAB, que expomos a seguir:

> "O documento de identidade profissional, na forma prevista no Regulamento Geral, é de uso obrigatório no exercício da atividade de advogado ou de estagiário e constitui prova de identidade civil para todos os efeitos legais. (Art.13 da Lei 8.906, de 04.07.1994)"

A segunda página destina-se aos dados de identificação do advogado, na seguinte ordem: número de inscrição, filiação, naturalidade (local do nascimento), data do nascimento, nacionalidade, data da colação de grau na faculdade de direito em que se formou, data do compromisso na OAB (juramento de bem cumprir sua missão), data da expedição da carteira.

Vem assinada pelo Presidente seccional da OAB que emite a carteira.

A terceira página traz a foto 3x4 e a impressão digital do portador da carteira. Vai assinada pelo advogado. Traz ainda o número da carteira, que não corresponde ao número da inscrição.

As demais páginas seguintes vêm em branco e numeradas, com o dístico: "Anotações Gerais". Essas páginas destinam-se ao reconhecimento da firma dos signatários da carteira e às anotações da OAB, firmadas pelo Secretário Geral ou Adjunto, incluindo-se as incompatibilidades e os impedimentos, o exercício de mandatos, as designações para comissões, as funções na OAB, os serviços relevantes à profissão e os dados da inscrição suplementar, pelo Conselho que a deferir.

Nas páginas finais da carteira vem transcrito o art.7º do EAOAB, referente aos direitos do advogado.

10.1. O cartão de identidade

Trata-se de um cartão plástico, com os mesmos efeitos jurídicos da carteira e também com a carteira emitida pela autoridade policial (Registro Geral). Os dados são mais ou menos os mesmos das outras duas carteiras, mas com certas peculiaridades.

Na parte da frente (anverso) constam os seguintes dados: Ordem dos Advogados do Brasil, Conselho Seccional de São Paulo, número da inscrição na OAB, nome, filiação, naturalidade, data de nascimento, número do RG e do CPF, data da expedição da carteira e assinatura do Presidente seccional da OAB. Consta ainda se é doador de órgãos e tecidos.

Na parte traseira (verso) vêm o número da carteira (não da inscrição), a foto 3x4, a impressão digital e a assinatura do advogado. Consta ainda a validade do cartão. Muitos criticam essa validade, mas a alegação dada foi a de evitar fraudes, no caso de perda do cartão, falecimento do advogado e outras.

O cartão de identidade do estagiário tem o mesmo modelo e conteúdo do cartão de identidade do advogado, com a indicação de "Identidade de Estagiário" em destaque, e no prazo de validade, que não pode ultrapassar três anos nem ser prorrogado. O cartão de identidade do estagiário perde sua validade imediatamente após a prestação do compromisso como advogado.

Os Conselhos Federal e Seccionais podem emitir cartão de identidade para os seus membros e para os membros das Subseções, acrescentando abaixo do termo "Identidade de Advogado", sua qualificação de conselheiro ou dirigente da OAB e, no verso, o prazo de validade, coincidente com o mandato.

O suporte material do cartão de identidade é resistente ou envolvido em material plástico, de forma a evitar o esmaecimento dos dizeres impressos, datilografados ou manuscritos, ou a sua adulteração.

11. A INSCRIÇÃO NA OAB

11.1. Idoneidade moral

11.2. Local da inscrição

11.3. Licença do advogado

11.4. Inscrição de estagiário

De posse do diploma ou do certificado de conclusão do curso de direito e da aprovação no Exame de Ordem, o advogado poderá requerer seu registro na OAB e receber sua Carteira de Identidade do Advogado. O requerente à inscrição no quadro de advogados, na falta de diploma regularmente registrado, apresenta certidão de graduação em direito, acompanhada de cópia autenticada do respectivo histórico escolar. O estrangeiro ou brasileiro, quando não graduado em direito no Brasil, deve fazer prova do título de graduação, obtido em instituição estrangeira, devidamente revalidado, além de atender aos demais requisitos previstos no EAOAB.

11.1. Idoneidade moral

A questão da idoneidade moral do requerente não tem sido fácil para se avaliar. Declaração de advogados inscritos, declarando a idoneidade do potencial do advogado, tem apresentado falhas, mas sempre representa responsabilidade do declarante. Não atende ao requisito de idoneidade moral aquele que tiver sido condenado por crime infamante, salvo reabilitação judicial.

Como se pode impugnar o pedido de registro de alguém que tenha requerido sua inscrição na OAB? Deve ela ser feita junto ao Conselho competente da Seccional da OAB, em que o requerente se inscrever. A inidoneidade moral, suscitada por qualquer pessoa, deve ser declarada, mediante decisão que obtenha no mínimo dois terços dos votos de todos os membros do Conselho competente, em procedimento que observe os termos do processo disciplinar.

11.2. Local da inscrição

A inscrição principal do advogado deve ser feita no Conselho Seccional em cujo território pretende estabelecer o seu domicílio profissional na forma do Regulamento Geral. Considera-se domicílio profissional a sede principal da atividade de advocacia, prevalecendo, na dúvida, o domicílio da pessoa física do advogado.

Além da principal, o advogado deve promover a inscrição suplementar nos Conselhos Seccionais em cujos territórios passar a exercer habitualmente a profissão, considerando-se habitualidade a intervenção judicial que exceder a cinco causas por ano. Esses critérios aplicam-se a advogados que atuem em dois ou mais Estados; eles têm a sede principal num Estado, mas atuam de forma mais esporádica em outro Estado. Neste caso, ele pode atuar livremente, usando a carteira do Estado da sede principal. Todavia, se ele atuar em mais de cinco processos por ano, é considerada então atividade habitual; por isso, deverá inscrever-se na OAB desse Estado.

É possível que o advogado mude sua residência para outro Estado, e irá então atuar no Estado de seu novo domicílio. No caso de mudança efetiva de domicílio profissional para outra unidade federativa, o advogado deve requerer a transferência de sua inscrição para o Conselho Seccional correspondente.

A OAB observa com cuidado possíveis fraudes nessas transferências. Como a OAB de São Paulo é um tanto rigorosa no Exame de Ordem, faz o candidato prestá-lo em Estado mais liberal, inscrevendo-se nele e pedindo transferência para São Paulo. O Conselho Seccional deve suspender o pedido de transferência ou de inscrição suplementar, ao verificar a existência de vício ou ilegalidade na inscrição principal, contra ela representando ao Conselho Federal. Um vício de inscrição, por exemplo, é a declaração de falso domicílio.

Cancelamento da inscrição

A inscrição pode ser cancelada por vários motivos, quer por iniciativa do advogado, quer por ação externa. É a autonomia de sua vontade: se ele não quiser mais exercer a advocacia pede o cancelamento de sua inscrição. Se ele passar a exercer, em caráter definitivo, atividade incompatível com a advocacia, será obrigado a pedir o cancelamento; se não o fizer, poderá o cancelamento de sua inscrição ser pedido por qualquer pessoa ou por iniciativa da OAB.

Se ele falecer, o cancelamento poderá ser requerido por familiares, juntando certidão de óbito, ou de ofício pela OAB. Neste último caso, evita-se a eliminação por falta de pagamento. O advogado, regularmente notificado, deve quitar seu débito relativo às anuidades, no prazo de três meses da notificação, sob pena de suspensão, aplicada em processo disciplinar. Se houver três suspensões relativas ao não pagamento de anuidades distintas, opera-se o cancelamento. É pois conveniente que colegas ou amigos ou parentes do falecido façam a comunicação do falecimento, em favor a ele.

Outra causa de cancelamento da inscrição é a sua condenação, em processo disciplinar, com a pena de exclusão do quadro da OAB.

É motivo para o cancelamento de matrícula a perda de qualquer um dos requisitos para a inscrição, vale dizer, a perda da capacidade civil, como se for declarado judicialmente interdito, se for declarada sua inidoneidade moral, como se tiver sido condenado por crime infamante. Inclui-se o fato de haver ele iniciado atividade incompatível com a advocacia, como se ele for nomeado juiz ou promotor.

Ocorrendo o cancelamento da inscrição, ela não se restaura. Se posteriormente o advogado quiser voltar à atividade advocatícia, terá que requerer nova inscrição, juntando documentos que provem a capacidade civil, não exercer atividade incompatível e não ter sido declarado moralmente inidôneo. Não precisa juntar diploma, título de eleitor ou certificado militar, pois se ele já foi advogado é porque tem esses documentos. Deverá prestar novo compromisso. Haverá novo número da carteira. Se ele tiver sido excluído por indignidade, só poderá ter nova inscrição se provar ter sido reabilitado. Por isso, será preferível pedir licença, ao invés do cancelamento.

Uma vez inscrito, o advogado está obrigado a indicar o nome e o número de inscrição em todos os documentos assinados pelo advogado no exercício da atividade. É vedado anunciar ou divulgar qualquer atividade relacionada com o exercício da advocacia ou o uso da expressão "escritório de advocacia", sem indicação expressa do nome e no número de inscrição dos advogados que o integram, ou o número de registro da sociedade de advogados na OAB.

11.3. Licença do advogado

Quando houver possibilidade de retorno à ativa, ao invés de pedir o cancelamento da matrícula, pode o advogado requerer uma licença. É o caso de ser o advogado nomeado para um cargo público. Poderá ele licenciar-se até que se aposente ou termine seu impedimento.

Há também a possibilidade de estar o advogado acometido de doença que o impeça de trabalhar, embora seja curável, até que ele se cure e possa novamente advogar. Poderá haver qualquer outro motivo, como por exemplo, mudança para outro local ou outro país.

11.4. Inscrição de estagiário

Já realizamos estudo sobre os estagiários, mas, como nosso assunto é a inscrição na OAB, falaremos também de sua inscrição. Para inscrever-se como estagiário, são exigidos alguns requisitos próprios do advogado, como a capacidade civil, título de eleitor e certificado militar, não exercer atividade incompatível com a advocacia, e a comprovação de idoneidade moral. Também presta compromisso perante a OAB. Deve comprovar a realização de estágio profissional de advocacia, em escritório, faculdade ou órgão público conveniados com a OAB.

12. O DEVER DE URBANIDADE

A urbanidade implica a lhaneza de trato, a simpatia e respeito à pessoa alheia. As regras da boa educação são essenciais para mantermos ambiente agradável no meio ambiente em que somos obrigados a trabalhar e viver. O dicionário Caldas Aulete, o mais recomendado para os advogados, traz o significado de urbanidade e lhaneza:

URBANIDADE – cortesia entre pessoas civilizadas – delicadeza – polidez – civilidade adquirida pelo trato no mundo.

LHANEZA – simplicidade – candura – franqueza – sinceridade – singeleza – lisura.

Não é apenas no aspecto psicológico e moral que a urbanidade se impõe. A obrigatoriedade dela é imposta pelos arts. 44 a 45 do Código de Ética e Disciplina. Deve o advogado tratar o público, os colegas, as autoridades e os funcionários do Juízo com respeito, discrição e independência, exigindo igual tratamento e zelando pelas prerrogativas a que tem direito. Olhando pelo lado deles, constitui crime contra a administração pública maltratar ou ofender o funcionalismo público no seu serviço. Como homem da lei, o advogado está obrigado à observância dela.

Torna-se obrigatório ao advogado a lhaneza, emprego de linguagem escorreita e polida, esmero e disciplina na execução dos serviços. Faz parte do estilo forense a elegância da linguagem e a seriedade da advocacia. Nunca deve apelar para a ironia e a galhofa. Expressões agressivas, ofensivas ou grosseiras não só afrontam o dever de urbanidade, como podem ser riscadas por ordem do juiz, como poderá este encaminhá-las à OAB, para a abertura de processo disciplinar contra o advogado ofensor.

O advogado, na condição de defensor nomeado, conveniado ou dativo, deve comportar-se com zelo, empenhando-se para que o cliente se sinta amparado e tenha a expectativa de regular desenvolvimento da demanda. A lhaneza exigida para com as autoridades públicas deve ser dirigida também para com o cliente, malgrado seja dativo, atuando na defesa do réu pobre. O advogado, neste caso, deve revestir-se nas vestes de psicólogo. O simples fato de seu cliente ser pobre e não poder pagar a advogado, revela situação de inferioridade e possível depressão.

13. AS INFRAÇÕES E SANÇÕES DISCIPLINARES

13.1. O Código Penal do advogado

13.2. Infrações puníveis com censura

13.3. Infrações puníveis com suspensão

13.4. Infrações puníveis com exclusão

13.5. Multas

13.6. Circunstâncias atenuantes

13.7. Circunstâncias especiais

13.8. Reabilitação do punido

13.9. Prescrição em cinco anos

13.1. O Código Penal do advogado

O advogado está submetido a um mini Código Penal, capitulando as infrações aos seus deveres de advogado e ao CED - Código de Ética e Disciplina. Ficam previstas as sanções para cada tipo de infração: de acordo com elas, podemos fazer a classificação de quatro tipos de infração. As sanções disciplinares consistem em: censura, suspensão, exclusão, e multa.

13.2. Infrações puníveis com censura:

1. exercer a profissão, quando impedido de fazê-lo, ou facilitar, por qualquer meio, o seu exercício aos não inscritos;
2. manter sociedade profissional fora das normas e preceitos estabelecidos no EAOAB;
3. valer-se de agenciador de causas, mediante participação nos honorários a receber;
4. angariar ou captar causas, com ou sem a intervenção de terceiros;
5. assinar qualquer escrito destinado a processo judicial ou para fim extra-judicial que não tenha feito, ou em que não tenha colaborado;
6. advogar contra literal disposição de lei, presumindo-se a boa-fé quando fundamentado na inconstitucionalidade, na injustiça da lei ou em pro-nunciamento judicial anterior;
7. violar, sem justa causa, sigilo profissional;
8. estabelecer entendimento com a parte adversa sem autorização do cliente ou ciência do advogado contrário;
9. prejudicar, por culpa grave, interesse confiando ao seu patrocínio;
10. acarretar, conscientemente, por ato próprio, a anulação ou a nulidade do processo em que atue;
11. abandonar a causa sem justo motivo ou antes de decorrer dez dias da comunicação de renúncia;
12. recusar-se a prestar sem justo motivo, assistência jurídica, quando nomeado em virtude da impossibilidade da Defensoria Pública;
13. fazer publicar na imprensa, desnecessária e habitualmente, alegações forenses ou relativas a causas pendentes;
14. deturpar o teor de dispositivo da lei, de citação doutrinária ou de julgado, bem como de depoimentos, documentos e alegações da parte contrária, para confundir o adversário ou iludir o juiz da causa;

15. fazer, em nome do constituinte, sem autorização escrita deste, imputação a terceiro de fato definido como crime;
16. deixar de cumprir, no prazo estabelecido, determinação emanada de órgão ou de autoridade da Ordem, em matéria da competência desta, depois de regularmente notificado;
17. praticar, o estagiário, ato excedente de sua habilitação.

Nota-se que as infrações puníveis com censura formam o elenco mais numeroso e constituem faltas mais leves. São passíveis de censura os atos de violação a preceito do CED - Código de Ética e Disciplina, ou do EAOAB – Estatuto da Advocacia e da OAB, quando para a infração não se tenha estabelecido sanção mais grave.

As sanções devem constar dos assentamentos do inscrito, após o trânsito em julgado da decisão, não podendo ser objeto de publicidade a de censura. A censura pode ser convertida em advertência, em ofício reservado, sem registro nos assentamentos do inscrito, quando presente circunstância.

13.3. Infrações puníveis com suspensão

A pena de suspensão é mais forte do que a de censura e é também muito comum, embora em menor número do que a de censura. São apenadas com suspensão as seguintes infrações;

1. prestar concurso a clientes ou terceiros para a realização de atos contrários à lei ou destinado a fraudá-la;
2. solicitar ou receber de constituinte qualquer importância para aplicação ilícita ou desonesta;
3. receber valores da parte contrária ou de terceiro, relacionados com o objeto do mandato, sem expressa autorização do constituinte;
4. locupletar-se, por qualquer forma, à custa do cliente ou da parte adversa, por si ou por interposta pessoa;
5. recusar-se, injustificadamente, a prestar contas ao cliente de quantias recebidas dele ou de terceiros por conta dele. Essa suspensão perdura até que satisfaça integralmente a dívida, inclusive com correção monetária;
6. reter, abusivamente, ou extraviar autos recebidos com vista ou em confiança;
7. deixar de pagar as contribuições, multas e preços de serviços devidos à OAB, depois de regularmente notificado a fazê-lo;

8. incidir em erros reiterados que evidencia inépcia profissional. Essa suspensão pode ser levantada, desde que o advogado preste novas provas de habilitação, e faça novo Exame de Ordem;
9. manter comportamento incompatível com a advocacia; nesse comportamento incluem-se a prática reiterada de jogos de azar, não autorizado por lei; incontinência pública e escandalosa; embriaguez ou toxicomania habitual;
10. reincidência em infração disciplinar punível com censura.

A suspensão acarreta ao infrator a interdição do exercício profissional, em todo o território nacional, pelo prazo de trinta dias a doze meses, de acordo com os critérios de individualização previstos no EAOAB.

13.4. Infrações puníveis com exclusão

A exclusão é pena pesada, aplicada em casos excepcionais. Será necessária a manifestação de 2/3 dos membros do Conselho Seccional competente. Fica impedido de exercer mandato o profissional a quem foram aplicadas as sanções disciplinares de suspensão (temporária) e exclusão. São puníveis com exclusão:
1. sofrer por três vezes a pena de suspensão;
2. fazer falsa prova de qualquer dos requisitos para inscrição na OAB;
3. tornar-se moralmente inidôneo para o exercício da advocacia;
4. praticar crime infamante.

13.5. Multas

A multa, variável entre o mínimo ao valor de uma unidade e o máximo de seu décuplo, é aplicável cumulativamente com a censura ou suspensão, em havendo circunstâncias agravantes.

13.6. Circunstâncias atenuantes

Na aplicação das sanções disciplinares, são consideradas, para fins de atenuação, as seguintes circunstâncias, entre outras:

1. falta cometida na defesa de prerrogativa profissional;
2. ausência de punição disciplinar anterior, ou seja, se for primário;
3. exercício assíduo e proficiente de mandato ou cargo em qualquer órgão da OAB;
4. prestação de relevantes serviços à advocacia ou à causa pública.

13.7. Circunstâncias especiais

Os antecedentes profissionais do inscrito, as atenuantes, o grau de culpa por ele revelada, as circunstâncias e as consequências da infração são consideradas para o fim de decidir sobre a conveniência da aplicação cumulativa da multa ou de outra sanção disciplinar. Influi também sobre o tempo de suspensão e o valor da multa aplicáveis.

13.8. Reabilitação do punido

É permitido a quem tenha sofrido qualquer sanção disciplinar requerer, um ano após seu cumprimento, a reabilitação, em face de provas efetivas de bom comportamento. Quando a sanção disciplinar resultar da prática de crime, o pedido de reabilitação depende também de reabilitação criminal.

13.9. Prescrição em cinco anos

A pretensão à punibilidade das infrações disciplinares prescreve em cinco anos, contados da data da constatação do fato. Aplica-se a prescrição a todo processo disciplinar paralisado por mais de três anos, pendente de despacho ou julgamento, devendo ser arquivado de ofício, ou a requerimento da parte interessada, sem prejuízo de serem apuradas as responsabilidades pela paralisação. Portanto, a prescrição não se aplica apenas à parte prejudicada, mas também ao TED – Tribunal de Ética e Disciplina; se este não julgar o fato, provoca a prescrição dele.

Pode interromper-se o período prescricional. A prescrição interrompe-se pela instauração de processo disciplinar ou pela notificação válida feita diretamente ao representado. Interrompe-se ainda pela decisão condenatória de qualquer órgão julgador da OAB.

14. O TED – TRIBUNAL DE ÉTICA E DISCIPLINA DA OAB

14.1. Natureza jurídica do TED

14.2. Competência do TED

14.3. O processo disciplinar

14.4. Recursos

14.1. Natureza jurídica do TED

O TED é o poder judiciário da OAB. Trata-se de tribunal formado por advogados e destinado a aplicar o Código de Ética e Disciplina. Esse órgão pertence ao Conselho Seccional de cada Estado e, como órgão julgador, julga os autores de infrações aos deveres profissionais.

Sempre que tenha conhecimento de transgressão das normas do CED, do EAOAB, do Regulamento Geral do EAOAB e dos provimentos, o Presidente do Conselho Seccional, da Subseção, ou do TED, deve chamar a atenção do responsável para o dispositivo violado, sem prejuízo da instauração do competente procedimento para apuração das infrações e aplicação das penalidades cominadas. As regras do CED obrigam não só os advogados, mas também as sociedades de advogados e os estagiários, no que lhes forem aplicáveis.

O TED é também órgão consultor. A falta ou inexistência, no CED, de definição ou orientação sobre questão de ética profissional, que seja relevante para o exercício da advocacia ou dele advenha, enseja consulta ou manifestação do TED ou do Conselho Federal.

A pauta dos julgamentos do TED é publicada no órgão oficial e no quadro de avisos gerais, na sede do Conselho Seccional, com antecedência de sete dias, devendo ser dada prioridade nos julgamentos para os interessados que estiverem presentes.

14.2. Competência do TED

O TED é competente para orientar e aconselhar sobre ética profissional, respondendo às consultas em tese, e julgar os processos disciplinares. Note-se que há duas funções básicas, transformando-se não só em órgão julgador, mas também orientador, como se vê:

45 – julgar processos disciplinares;
46 – responder às consultas em tese.

Vai mais além a competência do TED, afora essas duas. Ao responder às consultas em tese, emite pareceres, o que forma autêntica doutrina. É não só órgão julgador e consultor, mas ainda legislador, pois lhe compete expedir provisões e resoluções sobre o modo de proceder em casos previstos nos regulamentos e costumes do foro.

Segundo o CED, o TED reunir-se-á mensalmente ou em menor período, se necessário, e todas as sessões serão plenárias. Dependerá do movimento, variando em cada Estado, ou seja, em cada Conselho Seccional. O TED de São Paulo, por exemplo, tem sessões diárias e vários plenários, vale dizer, vários grupos julgadores, chamados de "turmas".

A atividade primordial é a de instaurar, de ofício, processos competentes sobre ato ou matéria que considere passível de configurar, em tese, infração a princípio ou norma de ética profissional. As representações contra advogados são propostas pelos seus clientes, em maior número. Às vezes configuram querelas entre advogados, e também oferecidas pela OAB.

Quando se trata de querelas entre advogados e questões próprias de advogados, há possibilidade de o TED mediar e conciliar as partes nas questões que envolvam dúvidas e pendências entre advogados, ou então controvérsias surgidas quando da dissolução de sociedade de advogados. A mediação e a conciliação também são aplicadas no caso de partilha de honorários contratados em conjunto, ou mediante substabelecimento, ou decorrente de sucumbência.

Cabe ainda ao TED organizar, promover e desenvolver cursos, palestras, seminários e discussão a respeito de ética profissional, inclusive dos futuros profissionais para os problemas fundamentais da ética.

14.3. O processo disciplinar

O processo disciplinar instaura-se de ofício ou mediante representação dos interessados, que não pode ser anônima. Recebida a representação, o Presidente do Conselho Seccional ou da Subseção, quando esta dispuser de Conselho, designa relator um de seus integrantes, para presidir à instrução processual.

O Conselho Seccional fica em São Paulo, razão pela qual todos os processos em São Paulo correm nele. As Subseções no interior do Estado, se possuírem Conselho, resolverão seus processos.

O relator pode propor ao Presidente do Conselho Seccional ou da Subseção o arquivamento da representação, quando estiver desconstituída dos pressupostos de admissibilidade. É arquivado por inépcia da inicial. Se a representação for contra o Presidente do Conselho Seccional ou contra membros do Conselho Federal é processada e julgada pelo Conselho Federal.

112

Compete ao relator do processo disciplinar determinar a notificação dos interessados para esclarecimentos, ou do representado para a defesa prévia, em qualquer caso no prazo de quinze dias. A notificação é normalmente enviada por carta registrada. Se o representado não for encontrado ou for revel, o Presidente do Conselho ou da Subseção deve designar-lhe defensor dativo.

Oferecidos a defesa prévia, que deve estar acompanhada de todos os documentos, e o rol de testemunhas, até o máximo de cinco, é proferido o despacho saneador e designada a audiência para a oitiva do interessado e do representado. Tanto o interessado como o representado ou seu defensor devem incumbir-se do comparecimento de suas testemunhas na data e hora marcadas. Se, após a defesa prévia, o relator se manifestar pelo indeferimento liminar da representação, este deve ser decidido pelo Presidente do Conselho Seccional, para determinar seu arquivamento. O relator pode determinar a realização de diligências que julgar convenientes.

Concluída a instrução, será aberto o prazo sucessivo de quinze dias para a apresentação de razões finais pelo interessado e pelo representado, após a juntada da última intimação. Extinto o prazo das razões finais, o relator profere parecer preliminar, a ser submetido ao Tribunal.

O Presidente do Tribunal, após o processo devidamente instruído, designa relator para proferir o voto. O processo é inserido automaticamente na pauta da primeira sessão de julgamento, após o prazo de vinte dias de seu recebimento pelo Tribunal, para defesa oral na sessão, com quinze dias de antecedência.

A defesa oral é produzida na sessão de julgamento perante o Tribunal, após o voto do relator, no prazo de quinze minutos, pelo representado ou por seu advogado. Ocorrendo a hipótese de estar o representado suspenso preventivamente, na sessão especial designada pelo Presidente do Tribunal, são facultadas ao representado ou ao seu defensor a apresentação de defesa, a produção de prova e a sustentação oral, restritas, entretanto, à questão do cabimento, ou não, da suspensão preventiva. O prazo para defesa prévia pode ser prorrogado por motivo relevante, a juízo do relator.

Ao representado deve ser assegurado amplo direito de defesa, podendo acompanhar o processo em todos os termos, pessoalmente ou por intermédio do procurador, oferecendo defesa prévia após ser notificado, razões finais após a instrução e defesa oral perante o TED, por ocasião do julgamento.

O expediente submetido à apreciação do Tribunal é autuado pela Secretaria, registrado em livro próprio e distribuído às Seções ou Turmas julgadoras, quando houver. As consultas formuladas recebem autuação em apartado, e a esse processo são designados relator e revisor, pelo Presidente. O relator e o revisor têm prazo de dez dias, cada um, para elaboração de seus pareceres, apresentando-os na primeira sessão seguinte para julgamento. E por falar em relator e seu parecer, vamos recordar que surgem no processo dois relatores: um na fase instrutória e outro na fase do julgamento.

Qualquer dos membros pode pedir vista do processo pelo prazo de uma sessão e desde que a matéria não seja urgente, caso em que o exame deve ser procedido durante a mesma sessão. Sendo vários os pedidos, a Secretaria providencia distribuição do prazo, proporcionalmente, entre os interessados.

Durante o julgamento e para dirimir dúvidas, o relator e o revisor, nessa ordem, têm preferência nessa manifestação. Assim sendo, ao iniciar-se a sessão de julgamento, o primeiro a falar será o relator, que exporá o seu parecer. O relator permitirá aos interessados produzir provas, alegações e arrazoados, respeitado o rito sumário atribuído pelo Código de Ética e Disciplina.

Após o julgamento, os autos vão ao relator designado ou ao membro que tiver parecer vencedor para lavratura do acórdão contendo ementa a ser publicada no órgão oficial do Conselho Seccional. A decisão condenatória irrecorrível deve ser imediatamente comunicada ao Conselho Seccional em que o representado tinha inscrição principal, para constar dos respectivos assentamentos.

Se for comprovado que os interessados no processo nele tenham intervindo de modo temerário, com sentido de emulação ou procrastinação, tal fato caracteriza falta de ética, passível de punição. Considerada a natureza da infração ética cometida, o Tribunal pode suspender temporariamente a aplicação das penas de advertência e censura impostas, desde que o infrator primário, dentro do prazo de 120 dias, passe a freqüentar e conclua, comprovadamente, curso, simpósio, seminário ou atividade equivalente, sobre Ética Profissional do Advogado, realizados por entidade de notória idoneidade.

14.4. Recursos

É permitida a revisão do processo disciplinar, por erro de julgamento ou por condenação baseados em falsa prova. Afora o pedido de revisão, cabe recurso ao Conselho Federal de todas as decisões definitivas proferidas pelo Conselho Seccional, quando não tenham sido unânimes, que contrariem a Lei 8.906/94 (EAOAB), decisão do Conselho Federal ou de outro Conselho

Seccional e, ainda, o CED e os provimentos. Além dos interessados, o Presidente do Conselho Seccional é legitimado a interpor esse recurso.

Cabe recurso ao Conselho Seccional de todas as decisões proferidas por seu Presidente, pelo Tribunal de Ética e Disciplina – TED, ou pela diretoria da Subseção ou da Caixa de Assistência dos Advogados.

Todos os recursos têm efeito suspensivo, exceto quando tratarem de eleições dos membros dos órgãos da OAB, de suspensão preventiva decidida pelo TED e de cancelamento da inscrição obtida com falsa prova. O Regulamento Geral disciplina o cabimento de recursos específicos, no âmbito de cada órgão julgador.

Os recursos contra decisões do Tribunal de Ética e Disciplina – TED, ao Conselho Seccional, regem-se pelas disposições do Estatuto, do Regulamento Geral e do Regimento Interno do Conselho Seccional. O Tribunal dará conhecimento de todas as suas decisões ao Conselho Seccional, para que determine periodicamente a publicação de seus julgados.

15. A NOSSA CORPORAÇÃO: ORDEM DOS ADVOGADOS DO BRASIL

15.1. Aspectos conceituais

15.2. Histórico

15.3. Objetivos da OAB

15.1. Aspectos conceituais

A OAB é uma pessoa jurídica. Possui certas características que a distingue de outras pessoas jurídicas, quer as previstas no Código Civil, quer outros que não se adaptam totalmente aos modelos previstos em lei. Nosso Código Civil de 2002 previu a princípio três tipos de pessoas jurídicas: sociedade, associação, fundação. Posteriormente foram introduzidas mais duas: as organizações religiosas e os partidos políticos. A OAB forçosamente terá que se enquadrar em um desses cinco tipos.

Juridicamente, a OAB enquadra-se como associação. Possui características especiais que as outras não apresentam. Uma delas, por exemplo, é a obrigatoriedade de seus membros se associarem, o que não pode acontecer numa associação. Os componentes da OAB não se denominam nem sócios nem associados, mas apenas inscritos, o que revela ser um tipo especial de associação.

Assemelha-se um pouco ao sindicato, mas não é sindicato; este tipo de entidade jurídica é também uma pessoa jurídica, classificada como uma associação de natureza profissional, congregando pessoas da mesma profissão para a defesa de interesses comuns ou de sua classe. Importante característica do sindicato é a de ser o representante legal de seus membros ou de sua classe: poder representá-los perante a Justiça, ou, como acontece nas convenções coletivas de trabalho, perante órgãos públicos. Em São Paulo existe o Sindicato dos Advogados, congregando só os advogados empregados. A finalidade deste é diferente da cumprida pela OAB.

Outras pessoas jurídicas existem, formando associações com algumas semelhanças com a OAB. É o caso da confraria, uma associação de pessoas unidas por laços comuns, geralmente os religiosos. Tem como finalidade reunir pessoas para a discussão de assuntos de interesse delas; esses assuntos são geralmente religiosos, filosóficos, literários. Em São Paulo há a confraria dos diabéticos, dos poetas e outras mais. O antigo Código Comercial denominava esse tipo de associação como "corporações de mão-morta". Algumas são chamadas de irmandade. A OAB não se enquadra nesse modelo.

As entidades gregárias, com o nome de "corporação", surgiram na Idade Média para congregar pessoas que se dedicavam a uma profissão, como alfaiates, ferreiros, marceneiros, e outras. A corporação encarregava-se de formar um aprendiz e transformá-lo num profissional e exercia uma reserva de mercado; só quem fizesse parte de uma corporação poderia exercer a profissão que ela tutelava. Nesse aspecto, pode-se dizer que a

OAB seja uma corporação, pois exerce a reserva do mercado da advocacia. Dir-se-á pois que a OAB seja uma associação corporativa, destinada a supervisionar o exercício da advocacia. Seus objetivos estão expressos no seu estatuto e deles faremos exposição cuidadosa.

15.2. Histórico

A história da OAB acompanha a história da advocacia. Essa história apresenta três momentos importantes até chegar aos nossos dias:

11.8.1827 – Neste ano foram criados os cursos jurídicos no Brasil, com duas faculdades, uma em São Paulo e outra em Olinda, que, 27 anos depois se transferiu para Recife. Essas duas faculdades passaram a formar bacharéis que ingressaram na advocacia e essas levas de bacharéis foram engrossando o corpo advocatício. Esse corpo de advogados exigia a criação de um órgão que os congregasse. Note-se que "corporação" vem de "corpo", em nosso caso, o corpo de advogados do Brasil.

7.8.1843 – Foi criado nesta data o Instituto dos Advogados Brasileiros, o IAB, que antecedeu à OAB, tendo finalidades semelhantes. Os advogados puderam se congregar, definir sua profissão e defender seus direitos. O próprio IAB lutou pela criação da OAB, com poderes mais amplos e essa luta conseguiu derrubar os entraves legislativos, graças a ação de muitos advogados que entraram para o Poder Legislativo. As dificuldades porém foram muitas. Os acadêmicos eram mal olhados pelas camadas conservadoras, razão pela qual vários projetos de lei foram rechaçados. Os advogados lutavam pela abolição da escravatura, pela República, pelo Estado de Direito e pelas ideias liberais, chocando-se contra o regime absolutista da nobreza dominante.

Proclamada a República e abolida a escravidão, a classe jurídica começou a adquirir força, tanto que os primeiros presidentes da República eram advogados. Apesar disso, nos primeiros trinta anos do século XX vários projetos de criação da OAB foram rejeitados. Era o medo do progresso e do surgimento das instituições democráticas.

Até então, o Instituto dos Advogados Brasileiros atuava como se fosse uma espécie de OAB, embora ele lutasse pela criação de um órgão mais poderoso e amplo, que viria a ser criado só em 1930. A primeira advogada inscrita no IAB foi Myrthes Gomes dos Santos, em 1906. As primeiras mulheres acadêmicas foram de Recife em 1875 e a primeira acadêmica de São Paulo foi Maria Augusta Saraiva, que se matriculou em 1898, formando-se em 1903, mas não consta que tenha exercido a advocacia, continuando como professora.

A essas alturas, já tinha sido criado em 29.11.1874 o Instituto dos Advogados de São Paulo, fundado pelo Barão de Ramalho, que era o diretor da Faculdade de Direito de São Paulo. Há na Faculdade uma sala com seu nome. É ilustrativo frisar que tanto o Instituto dos Advogados Brasileiros, como o Instituto dos Advogados de São Paulo ainda existem, desenvolvendo atividades até hoje. O Instituto dos Advogados de São Paulo está sediado na Rua Libero Badaró.

Enfim é criada oficialmente a Ordem dos Advogados do Brasil, pelo Decreto 19.408. Foi quase um século de lutas. O primeiro presidente foi o jurista Levi Carneiro. É sugestivo o que diz o Decreto 19.408, de 18.11.1930:

> "É criada a Ordem dos Advogados brasileiros, órgão de disciplina e seleção de advogados, que se regerá pelos estatutos que forem votados pelo Instituto dos Advogados Brasileiros, com a colaboração dos Institutos dos Estados, e aprovados pelo Governo".

O Decreto 22.278, de 14.12.1931, aprovou o regulamento da OAB, sofrendo modificações no decorrer de 32 anos, até surgir a Lei 4.215, de 1963, estabelecendo novo regulamento jurídico que regeu as atividades da OAB. Finalmente, essa lei foi revogada e substituída pela Lei 8.906, de 4.7.94, que ainda hoje é a nossa lei, dispondo sobre o Estatuto da Advocacia e a OAB. Sobre essa lei decorremos amplamente neste nosso trabalho de Deontologia Jurídica.

15.3. Objetivos da OAB

As finalidades da OAB estão previstas no art. 44 do Estatuto, mas se alargam em muitas outras atividades no cumprimento de sua missão, principalmente pelas secções estaduais. Na secção paulista da OAB, por exemplo, desenvolvem-se inúmeras atividades culturais, como cursos, palestras, recepção de juristas ilustres. Há várias comissões sobre assuntos do momento, como o da mulher advogada, dos estagiários, das discriminações, do ensino do direito, da arbitragem e mediação, sobre leis específicas, direitos humanos, e várias outras.

Faz a seleção dos que ingressam na advocacia, pelo Exame de Ordem, barrando o ingresso na advocacia daqueles que não revelam condições mínimas de nela penetrar. Depura a classe, eliminando os que não são dignos dela. É portanto uma de suas finalidades manter o bom nível do corpo de advogados do país. Submetendo seus membros ao Código de Ética e Disciplina, reprime os deslizes profissionais e aplica penalidades aos que transgridem esse código, mantendo o nível técnico e moral desejado.

É um órgão de classe, visando a zelar por uma classe organizada, disciplinada e consciente de sua responsabilidade. Embora não seja autarquia nem entidade paraestatal, presta serviço público. Aliás, é o que diz o art. 44 do Estatuto da OAB:

> "A ordem dos Advogados do Brasil – OAB, serviço público, dotada de personalidade jurídica e forma federativa".

Vejamos as finalidades da OAB, previstas no art. 44, esclarecendo novamente que essas finalidades se subdividem em inúmeras outras, para que ela possa atingir seus objetivos:

1 – Defender a Constituição, a ordem jurídica do Estado democrático de direito, os direitos humanos, a justiça social, e pugnar pela boa aplicação das leis, pela rápida administração da justiça e pelo aperfeiçoamento da cultura e das instituições jurídicas;

2 – Promover, com exclusividade, a representação, a defesa, a seleção e a disciplina dos advogados em toda a República Federativa do Brasil.

Integram-se nesses objetivos os meios e instrumentos de que se serve a OAB para atingi-los. Assim, para pugnar pelo aperfeiçoamento da cultura e das instituições jurídicas, promove cursos, seminários e discussões várias sobre o direito. Mantém em São Paulo a Escola Superior de Advocacia, uma iniciativa para a especialização em certas áreas, constituindo-se numa autêntica pós-graduação. Mantém, em caráter permanente, cursos de idiomas estrangeiros destinados à área jurídica. Edita e distribui o Jornal do Advogado, com amplo noticiário sobre a vida jurídica, artigos doutrinários e informações sobre os assuntos que integram o advogado na sua profissão.

Sobre a seleção e disciplina dos advogados, já discorremos amplamente sobre as medidas e princípios desse objetivo, como a inscrição, o registro, o Estatuto do Advogado, e outros. A representação e defesa dos advogados estão patentes no zelo pelo estabelecimento da Tabela de Honorários Advocatícios, a identidade profissional, a defesa dos direitos e prerrogativas do advogado.

16. INCOMPATIBILIDADES E IMPEDIMENTOS PARA A ADVOCACIA

16.1. Incapacidades

16.2. Impedimentos

16.1. Incapacidades

O exercício da advocacia é aberto a todo cidadão dotado de capacidade civil. Há, porém, certas restrições, algumas de ordem pública, outras de ordem privada. A incapacidade é mais forte do que o impedimento já que a incapacidade determina a proibição total do exercício da atividade advocatícia, enquanto o impedimento implica a proibição apenas parcial.

Um caso de incapacidade é a do Presidente da República, Governador do Estado e Prefeito, bem como a dos membros da mesa do Poder Legislativo e seus substitutos legais. Há várias razões para esse tipo de incapacidade; o horário de trabalho do chefe do Poder Executivo é total e ele não pode se desviar de sua elevada missão. Se a advocacia rendesse bem, a Presidência da República seria um "bico". Por outro lado, romperia o equilíbrio de poderes, pois a mais alta autoridade do Poder Executivo tem elementos de pressão no processo. Digamos, ainda, que uma empresa interessada numa concorrência contratasse o prefeito como seu advogado, com elevados honorários!

Situação mais grave ainda é a de membros do órgão do Poder Judiciário, do Ministério Público, dos tribunais e conselhos de contas, dos juizados especiais, da justiça de paz, juízes classistas, bem como de todos os que exerçam função de julgamento em órgãos de deliberação coletiva da administração pública direta e indireta. Entende-se essa incompatibilidade a todos os ocupantes de cargos ou funções vinculados direta ou indiretamente a qualquer órgão do Poder Judiciário e os que exerçam serviços notariais ou de registro.

A razão da inconveniência do exercício da advocacia por todos os citados acima não atinge apenas casos muito frisantes, como o dos juízes, mas até um humilde funcionário. Por exemplo, um serventuário da Justiça tem acesso a muitas informações, que poderiam ser usadas por ele se fosse advogado. A vedação a esses serventuários da Justiça, não é estabelecida apenas pelo EAOAB (Estatuto da Advocacia e da OAB), mas também pela regulamentação dos funcionários públicos.

Excepcionalmente, os membros do Poder Judiciário, como juízes e promotores, podem exercer outra função, inclusive com emprego privado: o magistério jurídico. Aliás, muitos juízes são professores em nossas faculdades de direito. Levou-se em consideração que eles amealham, com o tempo de profissão, sugestiva cultura jurídica, que não deve ser desperdiçada, mas aproveitada em benefício da comunidade.

Pelas mesmas razões, ficam atingidos membros do Poder Executivo, os ocupantes de cargos ou funções de direção em órgãos da Administração

Pública direta ou indireta, em suas fundações e em suas empresas controladas ou concessionárias de serviços públicos. É o caso dos diretores da SABESP, da Empresa Brasileira de Correios e Telégrafos, Da CETESP, das autarquias como O Banco Central do Brasil, do CADE e outros.

Pertencem ainda ao Poder Executivo os ocupantes de cargos ou funções vinculados direta ou indiretamente à atividade policial, de qualquer natureza, e os militares de qualquer natureza na ativa. A posição deles é incompatível com a advocacia. Incluem-se ainda nessa vedação os ocupantes de cargos ou funções que tenham competência de lançamento, arrecadação ou fiscalização de tributos e contribuições parafiscais, como o INSS.

A incompatibilidade permanece mesmo que o ocupante do cargo ou função deixe de exercê-lo temporariamente.

São incompatíveis ainda de exercer a advocacia os ocupantes de funções de direção ou gerência em instituições financeiras, inclusive privadas. É o caso de diretores ou gerentes do Banco do Brasil, do BNDES, ou de bancos privados, como Bradesco, Itaú e UNIBANCO.

16.2. Impedimentos

Os impedidos de exercer a advocacia sofrem redução parcial na sua atividade, tendo algumas liberdades. É o caso dos servidores da administração direta, indireta e funcional, contra a Fazenda Pública que os remunere ou à qual seja vinculada a entidade empregadora. Se assim eles fizessem, estariam patrocinando causa contra seu empregador.

Sofrem impedimento os membros do Poder Legislativo em seus diferentes níveis, para exercer a advocacia contra ou a favor das pessoas jurídicas de direito público, empresas públicas, sociedades de economia mista, fundações públicas, entidades paraestatais ou empresas concessionárias ou permissionárias de serviço público. As razões do impedimento são as mesmas: é funcionário público patrocinando causas que ofendem os interesses de quem lhe paga. Nessas condições, estaria recebendo dinheiro das duas partes: do autor e do réu.

Os funcionários do Poder Executivo podem, entretanto, ser professores de direito, em faculdades públicas ou privadas.

Há uma exceção para esses funcionários do Poder Executivo; é para funcionários que ocupem cargos menores, os que não detenham poder de decisão relevante sobre interesses de terceiro. Deve haver consulta prévia ao conselho competente da OAB, bem como a administração acadêmica diretamente relacionada ao magistério jurídico.

Os Procuradores Gerais, Administradores Gerais e dirigentes de órgãos jurídicos da Administração Pública, direta, indireta e funcional, são exclusivamente legitimados para o exercício da advocacia vinculada à função que exercem, durante o período de investidura. Trata-se aqui dos advogados do Estado, aqueles que defendem o Governo. Eles são registrados na OAB e exercem a advocacia, mas devem se restringir à advocacia pública.

17. CAIXA DE ASSISTÊNCIA DOS ADVOGADOS

17.1. Constituição

17.2. Administração da CAASP

17.3. Manutenção financeira

17.4. Os beneficiários

17.5. Serviços oferecidos no ano de 2005

17.6. Promoção à saúde

17.1. Constituição

Trata-se de órgão da OAB. Existem quatro órgãos da OAB previstos no EAOAB - Estatuto da Advocacia e da OAB (Lei 8.906/94), que são: Conselho Federal, Conselho Seccional, Subseção e Caixa de Assistência dos Advogados. Parece soar mal essa expressão, em vista da assistência social prevista na lei ao trabalhador. A assistência social exercida pelo INSS é um serviço gratuito prestado pelo INSS às pessoas necessitadas e sem recursos. A CAASP é, contudo, entidade prestadora de serviços gerais de apoio aos advogados e estagiários, prevista no art. 62 do EAOAB, repetida no Regulamento Geral.

É entidade criada e mantida pelo Conselho Seccional da OAB, constituída por estatuto que será registrado no Conselho Seccional, e, ao ser aprovado, dará personalidade jurídica à CAASP. Necessário se torna, porém, que o Conselho Seccional conte com mais de 1.500 inscritos. Faz parte, portanto, da OAB e se ela for desativada ou extinta, seu patrimônio se incorpora ao do Conselho Seccional respectivo; algumas têm sugestivo patrimônio, como a de São Paulo, que possui prédio de dez andares no centro da cidade.

A caixa dos advogados só pode ser constituída por advogados e estagiários (art. 45, § 4º). É dirigida só por advogados, eleitos pelo voto direto. Os estagiários também podem fazer parte dela, uma vez que eles pagam a taxa anual da OAB e essa taxa é a principal fonte de renda que a mantém.

Afora a sede central, a CAASP, por ser a maior do Brasil, mantém ainda cinco sedes regionais na cidade de São Paulo e 25 nas cidades do interior do Estado.

17.2. Administração da CAASP

A CAASP é administrada por uma diretoria composta por: Presidente, Vice-Presidente, Secretário-Geral, Tesoureiro e Secretário Adjunto, eleitos na segunda quinzena do mês de novembro do último ano do mandato, juntamente com os membros do Conselho Seccional, por cédula única e votação direta dos advogados regularmente inscritos.

17.3. Manutenção financeira

Os serviços prestados pela CAASP não normalmente deficitários para ela, uma vez que não tem fins lucrativos. Todavia, ela é provida pelo Conselho Seccional da OAB, que lhe destina a metade da receita das anuidades recebidas, após as deduções regulamentares. Além dessa contribuição, a taxa judiciária da juntada de mandato também é destinada à CAASP. Como alguns serviços prestados pela CAASP são remunerados, como a assistência odontológica, essa remuneração integra o rendimento da entidade.

17.4. Os beneficiários

Todos os advogados e estagiários inscritos na OAB são beneficiários da CAASP, pois a inscrição na OAB implica a inscrição automática. Há, porém, alguns requisitos obrigatórios para que os advogados e estagiários possam usufruir os benefícios, como por exemplo, estarem quites com a Tesouraria da OAB. Não basta só a inscrição na OAB, mas é necessário o exercício da advocacia, ou seja, exercer regular e habitualmente a atividade advocacia.

Há período de carência de um ano, pelo menos, mas se computa o tempo de inscrição como estagiário para atingir o interstício. Desta forma, se o bacharel tiver seis meses de inscrição como estagiário e depois se inscreve como advogado, com mais seis meses completa a carência exigida.

Os dependentes diretos do advogado e do estagiário são vários: começando pelo cônjuge, incluindo companheiro ou companheira, seguindo-se os filhos menores de 21 anos. Se o filho for estudante universitário, o limite será de 24 anos. São equiparados aos filhos os incapazes cuja guarda tiver sido atribuída ao advogado ou estagiário por decisão judicial, como também os declarados pelo órgão de previdência oficial, desde que tenha havido, para tanto, processo regular. Para a inclusão de dependente o advogado ou estagiário deverá apresentar ao setor de Benefícios os documentos exigidos pelo estatuto da CAASP, que, após a devida autuação, devem ser objeto de análise por parte dos relatores nomeados pela Diretoria, com base nas regras contidas no regulamento para habilitação de dependentes.

17.5. Serviços oferecidos no ano de 2005

Bem variados são os serviços oferecidos pela CAASP, alguns permanentes e outros promocionais. Vamos citar alguns:

CONVÊNIO DE ASSISTÊNCIA MÉDICA - É talvez o mais importante deles. Não é gratuito, mas remunerado pelo advogado ou estagiário, gozando, porém, de desconto no preço. Fica então mais em conta do que o preço que seria pago se o advogado fosse procurar individualmente alguma empresa prestadora de serviços médicos.

ASSISTÊNCIA ODONTOLÓGICA - Também é serviço pago, mas a preços mais módicos do que os praticados pelos dentistas do mercado odontológico. As instalações são magníficas e os serviços prestados excelentes.

FARMÁCIA – A CAASP mantém ampla farmácia em sua sede e outras menores nas sedes regionais. Os medicamentos gozam de descontos.

LIVRARIA - É bem ampla a livraria da CAASP, que fornece obras jurídicas com desconto de 20 a 30% de desconto. Afora a livraria central, na sede da CAASP, existem algumas menores nas sedes regionais.

SEGUROS - A CAASP proporciona a todo advogado ou estagiário inscrito na OAB seguro de vida gratuito, que é pequeno, no início de 2005, de R$8.000,00. Mantém, contudo, convênio com seguradora para seguro bem mais reforçado, subsidiado em parte pelo segurado.

17.6. Promoção à saúde

Afora o convênio de assistência médica e independente dele, a CAASP promove várias campanhas com regularidade, com o objetivo de contribuir para a qualidade de vida do advogado e do estagiário e prevenir os males causados por algumas doenças, orientando sobre as melhores formas de prevenção. Vamos citar os mais regulares:

CAMPANHA PRÓ-VIDA - Avalia a ocorrência dos principais fatores de risco para doenças cardiovasculares em advogados e estagiários maiores de 40 anos.

CAMPANHA DE SAÚDE DA ADVOGADA – Prevenção de câncer de mama, do colo uterino e da osteoporose. A campanha é aberta às advogadas, estagiárias e às esposas de advogados e estagiários.

CAMPANHA DE HIPERTENSÃO, COLESTEROL E DIABETES – Campanha itinerante na qual são realizados exames para detecção da hipertensão e aferição dos índices de colesterol e diabetes.

CAMPANHA DE VACINAÇÃO CONTRA GRIPE – As vacinas são aplicadas anualmente, durante o outono, a preços subsidiados pela CAASP.

CAMPANHA DE SAÚDE BUCAL – Visa a prevenir doenças bucais como cárie e gengivite, por meio de consulta odontológica.

CURSO DE GESTANTES – Objetiva esclarecer dúvidas e fornecer informações sobre a gestação, sendo ministrado por uma equipe multi-disciplinar.

18. ADVOCACIA PÚBLICA

18.1. Aspectos conceituais

18.2. Previsão constitucional

18.3. Funções da competência da Advocacia Pública

18.4. A estrutura do órgão

18.1. Aspectos conceituais

Merece comentários mais abrangentes e aprofundados a atuação do "Advogado do Estado" ou "Advocacia Pública". São os advogados que defendem o Governo, o Poder Público, pois o Governo é uma pessoa jurídica, chamada pelo Código Civil de "pessoa jurídica de direito público interno", e, às vezes, chamado "pessoa jurídica de direito público externo", neste último caso, perante o Direito Internacional. O Estado tem responsabilidades e, por isso, pode o Estado ser processado por qualquer cidadão e outros interessados, sendo chamado à Justiça, necessitando assim de defender-se. Essa defesa se faz por meio de advogados pertencentes a um quadro especial: o dos advogados do Estado, chamado também de Advocacia Pública.

Quando se fala em Estado, fala-se em Poder Público, em Governo, que poderá ser federal, estadual e municipal, incluindo-se na categoria de estadual o Distrito Federal, sediado em Brasília. Os advogados do Poder Público situam-se em dupla posição: eles são advogados e, ao mesmo tempo, funcionários públicos, denominados ainda de servidores públicos. Sabe-se que o servidor público não pode advogar, mas este pode, já que a função dele é exatamente a de advogar para seu patrão, vale dizer, quem o remunera.

Se eles ocupam duas posições, duas são suas responsabilidades:

Como advogados, eles têm que se matricular na OAB, ter a carteira de advogado e estão sujeitos às regras éticas e disciplinares emanadas da OAB. Se houver eleições na OAB, eles podem votar e serem votados.

Como servidores públicos estão sujeitos ao Estatuto do Funcionário Público, observando as normas próprias da Administração Pública, sob a fiscalização de órgão próprio, denominado normalmente de Corregedoria. O ingresso deles se faz por concurso público, como acontece com outros servidores públicos, como juiz, promotor, delegado de polícia, e outros.

As Carreiras da Advocacia Pública possuem leis orgânicas específicas e integram as chamadas Carreiras de Estado. Realçam-se, assim, do plano geral do funcionalismo público, pois este é regulamentado por leis gerais, usualmente chamadas "estatutos", existentes na União, nos Estados e nos Municípios. Esse trato diferenciado conferido à Administração Pública registra-se no âmbito da Magistratura e do Ministério Público, conforme suas leis orgânicas, nos termos da Constituição.

18.2. Previsão constitucional

A advocacia Pública está prevista na própria Constituição Federal, cuidando da Advocacia Geral da União, mas estende suas disposições aos outros poderes. Vejamos o que diz nossa Magna Carta sobre essas funções essenciais da Justiça, em duas sessões:

Seção II – DA ADVOCACIA PÚBLICA

Art. 131
A Advocacia Geral da União é a instituição que, diretamente, ou através de órgão vinculado, representa a União, judicial e extrajudicialmente, cabendo-lhe, nos termos da lei complementar que dispuser sobre sua organização e funcionamento, as atividades de consultoria e assessoramento jurídico do Poder Executivo.

Art. 132
Os Procuradores dos Estados e do Distrito Federal, organizados em carreira, no qual o ingresso dependerá de concurso público de provas e títulos, com a participação da OAB em todas as suas fases, exercerão a representação judicial e a consultoria jurídica das respectivas unidades federadas.

Parágrafo único – Aos Procuradores referidos neste artigo é assegurada estabilidade após três anos de efetivo exercício, mediante avaliação de desempenho perante os órgãos próprios, após relatório circunstanciado das corregedorias.

Seção III – DA ADVOCACIA E DA DEFENSORIA PÚBLICA

Art. 133
O advogado é indispensável à administração da justiça, sendo inviolável por seus atos e manifestações no exercício da profissão, nos limites da lei.

Art. 134

A Defensoria Pública é instituição essencial à função jurisdicional do Estado, incumbindo-lhe a orientação jurídica e a defesa, em todos os graus, dos necessitados, na forma do art. 5º-LXXIV.

Como este último artigo faz remissão ao art.5º, vamos transcrevê-lo:

"LXXIV - O Estado prestará assistência jurídica integral e gratuita aos que comprovarem insuficiência de recursos".

Merecem alguns comentários esses artigos. Parece-nos ser inadequado o nome de Procurador dado a esse cargo. O advogado só pode agir munido de procuração de seu cliente; destarte, todo advogado é procurador. Muito sugestivo é o art. 133; não só o advogado público é essencial à administração da justiça, mas também o advogado particular, pois este é quem aciona os processos e sem ele a Justiça não pode andar.

Outro aspecto importante ressaltado é o da assistência judiciária gratuita aos que não dispuserem de meios para a contratação de advogado para a defesa de seus interesses feridos. Realmente, o Estado não atende satisfatoriamente a essa missão, mas ele é secundado por inúmeras outras entidades, como por exemplo, alguns diretórios acadêmicos.

18.3. Funções da competência da Advocacia Pública

Funções postulatórias

Vamos pormenorizar melhor a primeira das funções, ou seja, o advogado público atuando na defesa do Governo. Tem ele capacidade postulatória e atua nos processos movidos contra as entidades públicas. Porém, o Governo não é só parte passiva nas relações jurídicas, mas também ativa. Por isso, cabe à advocacia pública propor ações judiciais, visando à defesa do patrimônio e do interesse público, como por exemplo, ações indenizatórias, demarcações, reintegração de posse, rescisão contratual, desapropriações, etc.

Propõe ações civis públicas ou representa a entidade pública naquelas propostas pelo Ministério Público, quando o ente público nela atuar como litisconsorte de qualquer das partes. Propõe ações visando à cobrança de tributos dos inadimplentes; discute, em ações de natureza tributária, questões relativas a sanções, imunidades, existência de fato gerador; competência tributária, capacidade tributária, etc.

No exercício dessas atribuições, cabe ao advogado público promover a defesa do Estado, pessoa jurídica de direito público, conforme se deduz dos arts. 40 a 43 do Código Civil. Essa pessoa jurídica não se confunde com a pessoa de seus ocupantes, os governantes. Defende o Governo Federal e não o Presidente da República; defende o Estado de São Paulo e não o Governador do Estado; defende a Prefeitura e não o Prefeito.

Funções consultivas

Como consultor ou assessor, ou seja, na esfera administrativa, o advogado público promove a consultoria ou o assessoramento jurídico das entidades públicas em todas as matérias submetidas à sua apreciação, tais como as questões relativas a servidores públicos, desapropriações, licitações, postura a ser adotada pelo ente público em ações civis públicas e ações populares.

Deve defender o interesse público e o cumprimento das finalidades constitucionais e legais da entidade a que pertence. Pode-se afirmar que os advogados públicos são "os advogados da legalidade", na medida em que têm por dever não só agir em obediência à lei, mas assessorar a administração pública na edição de seus atos, para que estes estejam sempre em conformidade com a ordenação normativa. Defendem, em suma, os interesses permanentes do Estado, e não os interesses daqueles que transitoriamente ocupam o poder.

A missão mais elevada da Advocacia Pública ficou muito bem retratada num manifesto do IBAP – Instituto Brasileiro de Advocacia Pública:

"A Advocacia Pública no Brasil muitas vezes é confundida com a advocacia dos governantes. Conhece-se de forma equivocada, o advogado público como o advogado do Governo, o profissional que defende em juízo o prefeito, o governador ou o Presidente da República. A realidade, no entanto, não é essa. Ou não pode continuar a ser essa.

Advogar para o público é defender os seus interesses; é lutar em juízo ou fora dele pelo interesse público, pela população, pela comunidade, sempre com base na Constituição Federal e nas leis.

O Estado é permanente e os governos são transitórios. O advogado público deve obediência aos princípios e regras estampados na Carta Magna e na legislação, com o escopo de proteger um patrimônio que não pertence a um ou a alguns, mas a todo o povo brasileiro".

Há duas expressões designativas de ações análogas, mas referidas em nossa legislação com sentido diferente. Consultoria e assessoramento. Consultar é pedir conselho, opinião, parecer, instruções, como consultar um advogado, um médico, um dicionário, o oráculo. O consultor esclarece, informa, aconselha. É pessoa de saber experiência, procurando dar parecer sobre assunto ou matéria de sua especialidade. Exerce trabalho de natureza mais técnica e também efêmera.

Assessoramento ou assessoria é mais atividade de colaboração, de auxílio. O assessor ajuda alguém no exercício de um trabalho. Sua ação é permanente ou mais demorada, enquanto o consultor é momentâneo. É o caso da consulta médica. O advogado-assessor fica permanentemente à disposição de alguém para auxiliá-lo, o que não impede de dar uma consulta.

18.4. A estrutura do órgão

A Advocacia Pública é órgão existente nos três níveis da Administração Pública: Federal, Estadual, Municipal. Cada um tem estrutura própria, mas tomando por base o Governo Federal, havendo assim uma unidade organizacional. Os advogados públicos exercem suas atividades em diversas Carreiras e Instituições, em cada uma dessas esferas, a saber:

Federal

A Advocacia-Geral da União é órgão bem complexo e serve de modelo para os congêneres estaduais e municipais. Quando se fala em estadual, compreende-se também o do Distrito Federal, sediado em Brasília. Apontaremos suas divisões primordiais:
1. Advogado-Geral da União;
2. Corregedoria-Geral da Advocacia da União;
3. Conselho Superior da Advocacia-Geral da União;
4. Procuradoria-Geral da União;

5. Consultoria-Geral da União;
6. Procuradoria-Geral da Fazenda Pública.

1. Advogado-Geral da União

É o mais elevado órgão de assessoramento jurídico do Poder Executivo, submetido direta, pessoal e imediata supervisão do Presidente da República. Ele assessora o Presidente da República em assuntos de natureza jurídica, elaborando pareceres e estudos ou propondo normas, medidas e diretrizes. Ele despacha com o Presidente, ou seja, tem contato direto, assistindo-o no controle interno da legalidade dos atos da administração.

Sugere medidas de caráter jurídico reclamadas pelo interesse público. Fixa a interpretação da Constituição, das leis, dos tratados e demais atos normativos, a serem uniformemente seguidos pelos órgãos e entidades da Administração Federal. Verifica a jurisprudência administrativa, garante a correta aplicação das leis, previne e resolve as controvérsias entre os órgãos jurídicos da Administração Federal. Edita enunciados de súmulas administrativas, resultantes de jurisprudência repetida dos Tribunais. Exerce orientação normativa e supervisão técnica quanto aos órgãos jurídicos das entidades públicas.

Podemos apontar como exemplo de sua participação a recente promulgação da Lei de Recuperação de Empresas (Lei 11.101/05), em 9 de fevereiro de 2005. O projeto já fora aprovado pela Câmara dos Deputados e pelo Senado, tendo subido à sanção presidencial. Entretanto, a Advocacia-Geral da União aconselhou o Presidente a vetar três artigos, o que foi feito, submetendo-se os vetos ao Congresso Nacional, que os aceitou.

2. Corregedoria-Geral da Advocacia da União

Ela fiscaliza as atividades funcionais dos membros da Advocacia-Geral da União; promove correição nos órgãos jurídicos da AGU, visando à verificação da regularidade e eficácia dos serviços e à proposição de medidas, bem como à sugestão de providências necessárias ao seu aprimoramento. Aprecia as representações relativas à atuação dos membros da AGU. Supervisiona e promove correições nos órgãos vinculados à AGU. Instaura, de ofício ou por determinação superior, sindicâncias e processos administrativos contra os membros da AGU.

Ela acompanha o desempenho dos novos componentes da AGU no estágio probatório, emitindo parecer sobre a confirmação no cargo das Carreiras, após três anos de atividade. Conforme já fora falado, segundo o art.133 da Constituição, eles ficam três anos em período experimental e após esse prazo serão efetivados.

Corregedoria, do latim *corregere* = emendar, produziu o termo "corregedor", com sentido de censor, administrador, reformador. É o órgão destinado à fiscalização e disciplina dos serviços judiciários, com o fim de manter o bom funcionamento da justiça. A correição é o tipo de vistoria de algum órgão judiciário, uma auditoria para examinar possíveis falhas humanas ou técnicas.

3. Procuradoria-Geral da União

Subordinada direta e imediatamente À AGU, atua na linha de frente, representando o Governo Federal nos processos contra ele ou movidos por ele. Os Procuradores Federais atuam nas autarquias federais (INSS, IBAMA, etc.) e nas fundações públicas federais. Excepcionalmente, os Procuradores do Banco Central do Brasil não integram as carreiras dos Procuradores Federais, já que o Banco Central tem advogados próprios, embora seja ele uma autarquia federal.

4. Consultoria-Geral da União

É órgão subordinado ao AGU e presta-lhe assistência no seu trabalho de assessoramento. Há também consultorias setoriais, assessorando os Ministros de Estado.

5. Procuradoria-Geral da Fazenda Nacional

É órgão subordinado tecnicamente ao AGU, mas administrativamente ao Ministério da Fazenda, uma vez que atua na área tributária. Ele apura a liquidez e certeza da dívida ativa da União de natureza tributária, inscrevendo-o para fins de cobrança, amigável ou judicial. Representa privativamente a União, na execução de sua dívida ativa de caráter tributário. Também desempenha as atividades de consultoria e assessoramento jurídicos no âmbito do Ministério da Fazenda e seus órgãos autônomos ou tutelados.

Estadual

Os Procuradores do Estado, responsáveis pela defesa da administração direta (secretarias e órgãos estaduais), das autarquias e fundações públicas estaduais, integram o quadro de advogados públicos estaduais.

Municipal

O quadro municipal é formado pelos procuradores do Município (administração direta), das autarquias e das fundações públicas municipais.

19. A ARBITRAGEM CRIA NOVO CAMPO DE ATUAÇÃO PARA O ADVOGADO

19.1. A nova faceta da missão do advogado

19.2. O surgimento de litígios

19.3. Necessidade de fórmulas alternativas de solução de problemas

19.4. Características e vantagens da arbitragem

19.5. Tipos de arbitragem

19.6. Como se institui o juízo arbitral

19.7. O passivo judicial das empresas

19.8. A remuneração da arbitragem

19.9. As raízes brasileiras da arbitragem

19.10. As lições do passado

19.1. A nova faceta da missão do advogado

Vamos recordar nosso comentário constante do art. 1, item 1.4, nas páginas 16 e 20, referente ao mau uso da advocacia. Não há dúvida de que a missão do advogado é defender as ideias e os interesses de seu cliente. Muitas vezes, porém, a satisfação do *ego* do cliente lhe é indigesta; ele obriga o advogado a lançá-lo numa demanda demorada, custosa e acaba redundando em nada. Descobre o cliente que fez uma ideia errônea e se arremete contra o advogado que permitiu que o processo chegasse a nada, acusando-o então de ineficiente.

Por esta razão, deve o advogado induzir seu cliente a uma solução sensata, rápida e com menor desgaste. Esse tipo de solução existe e cada vez mais se impõe e se divulga, recebendo o nome de arbitragem. A maioria dos advogados a conhece, mas, muitos deles têm desconfiança, julgando essa inovação perigosa; que possa prejudicar nossa profissão. Entretanto, vamos demonstrar que a arbitragem cria um novo campo de trabalho, um novo tipo de jurisdição em que irá atuar, perante tribunais arbitrais. O trabalho advocatício será mais rápido, menos trabalhoso e, destarte, será mais produtivo. É uma jurisdição privada; criada e exercida pelos advogados. O trabalho advocatício será então, mais rápido, menos trabalhoso e, destarte, será mais produtivo.

Além disso, abre ao advogado a possibilidade de tornar-se juiz arbitral. Os advogados poderão formar tribunais arbitrais, em quem eles apontarão os juízes, que também serão advogados, ocupando o cargo de membros desses tribunais. É uma parcela do poder judiciário que é transferida aos advogados. O sucesso do sistema, da nova jurisdição, dependerá da capacidade, descortino e iniciativa dos próprios advogados; sem precisar de concursos, conchavos, apresentações e humilhações. É o advogado criando e comandando seu campo de trabalho, inovando e valorizando sua profissão.

Quem conhece a série de filmes sobre o famoso advogado Perry Mason, ou quem tiver assistido a filmes que retratem o trabalho dos advogados americanos podem observar como é diferente a atuação deles em relação ao nosso. É um trabalho mais liberal, de maior nível, isento da burocracia excessiva que caracteriza nosso Judiciário e nossa profissão. Por isso mesmo, 90% dos litígios nos EUA são resolvidos por arbitragem e não pela via judicial. Idêntico fenômeno ocorre no Canadá, Japão e nos países europeus.

Na comarca da Bragança Paulista, muitos processos encerrados há mais de 100 anos foram doados à Universidade São Francisco daquela cidade.

No exame desses processos poderemos constatar que há mais de um século atrás o trabalho do advogado era idêntico ao de hoje. Os autos eram furados e amarrados com barbante, como se faz ainda hoje. Nenhuma diferença existe entre os autos de processos de hoje e os de 150 anos atrás. Urge, pois, que os advogados modernizem a maneira de trabalhar e estamos aqui indicando uma das formas de melhoria.

Haverá algum advogado neste Brasil que esteja satisfeito com a evolução e o destino de sua profissão? Será lógico e racional ter que acompanhar um processo por dez ou mais anos, perambulando pelas varas distritais e constatando que nessas andanças ele gastou mais do que recebeu de seu cliente. E quando pede ao seu cliente a cobertura das inumeráveis custas processuais é recebido com bons olhos? A Justiça Pública será realmente gratuita? E por que o Juiz dá sempre seu clássico despacho: Sim, pagas as custas?

19.2. O surgimento de litígios

Cabe-nos levantar um problema que o mundo moderno reclama por uma resolução: como resolver os possíveis conflitos na área jurídica; e agora estamos tratando de controvérsias existentes ou que venham a existir no campo dos direitos patrimoniais disponíveis. Divergências entre pessoas envolvidas em torno de um relacionamento existem aos milhões e não deixarão de existir. O que, entretanto, é doloroso, é ver como esses conflitos entre pessoas emperram a vida das sociedades civis ou mercantis, bem como das pessoas privadas. E surgem não apenas no âmbito econômico, mas em todas as relações societárias, empresariais, econômicas, sociais, familiares, profissionais e nas demais áreas das relações humanas. Tantos nomes surgiram para designar esses choques de opiniões: litígio, controvérsia, disputa, contenda, discussão, combate, choque, altercação, luta, rixa, lide, briga, querela, pendência, queixa, questão, problema.

Bastaria um olhar sobre a Bíblia. Deus colocou Adão e Eva no paraíso, mas eles tiveram tantos desacertos de opiniões até chegar ao da maçã e Deus não mais teve paciência e o resultado do conflito foi a expulsão do paraíso. Adão e Eva tiveram, a princípio, dois filhos: Caím e Abel. Todos sabem o resultado dos entendimentos ou desentendimentos entre os dois irmãos. Seguiu-se daí uma sucessão de gerações, mas sempre envolvidas em desentendimentos, em litígios, chegando ao mundo de hoje, conservando o mesmo estado de espírito.

Uma empresa está constantemente às voltas com discussões entre ela e seus empregados, outras empresas, bancos que a servem, fornecedores, o Poder Público. Esses litígios, estas discussões não chegam a ser considerados uma briga no seu sentido exato, mas diferentes pontos de vista; cada parte interpreta uma questão, um contrato, um problema sob o ponto de vista dos seus interesses. Por mais clara e objetiva que seja uma lei, por mais cuidadosa que seja a elaboração de um contrato, não será evitada a interpretação própria e particular de cada parte, pois cada uma delas olha a questão de forma distorcida pelo interesse. E assim os litígios surgem, em vista das diferentes formas de se interpretar um problema.

19.3. Necessidade de fórmulas alternativas de solução de problemas

Se for certo que o ser humano sempre se envolveu em litígios, é igualmente certo que sempre procurou evitá-los, embora não o conseguisse. Sempre procurou encontrar fórmulas de resolução para esses litígios, até chegar ao sistema mais evoluído, que foi a jurisdição, promovida pelo Poder Público. Criou-se, para tanto, um poder; o Poder Judiciário. A Justiça Pública cumpriu o seu papel de órgão julgador das lides, durante vinte séculos. O advogado também foi preparado para atuar dentro desse sistema. De meio século para cá, todavia, a Justiça Pública começou a revelar sua inadequação ao mundo moderno; não conseguiu acompanhar os passos revolucionários dos problemas humanos e empresariais, deixando de resolver litígios, e criando outros. O Poder Judiciário não foi preparado para enfrentar os novos problemas que estariam para surgir a partir da metade do século XX.

Logo após a sua constituição, a CCI-Câmara de Comércio Internacional instalou, em 1922, o seu mais importante órgão: a CIA-Corte Internacional de Arbitragem. Não se trata apenas da montagem de um órgão judicante, mas da implantação de um sistema judiciário, com regras e princípios definidos e consolidados. Surgiu assim a primeira corte arbitral, que há mais de 80 anos presta serviços na área internacional e também na vida interna dos países. Serve de modelo para a criação de inúmeras outras cortes pelo mundo.

Não há um poder judiciário internacional, a justiça pública universal. O foro competente para julgar questões internacionais, com predominância na área contratual, é estabelecida pelas próprias partes na cláusula de eleição de foro. No plano nacional há certas limitações à eleição de foro pelas partes, pois o Código de Processo Civil impõe normas sobre o foro competente.

Nessas condições, empresas de países diferentes poderão celebrar contrato com a eleição do foro competente para dirimir quaisquer controvérsias entre elas perante a justiça de um dos países a que pertença algumas delas, ou então, no foro de qualquer dos países. Poderiam ainda concordar com que certas questões sejam resolvidas num país e outras em outro país. Entretanto, não seria apenas a escolha do foro a preocupação das empresas contratantes, mas também o direito a ser aplicado: de um país ou de outro? Se ambos ao mesmo tempo? De alguma convenção internacional? Dos costumes internacionais, como a "lex mercatoria?".

Outros problemas mais delicados envolvem a solução de litígios. As vias costumeiras de solução têm apresentado sensível inadequação para o exame de divergências entre empresas engajadas num contrato. Por estas e por outras razões, as normas internacionais penetram no Brasil, transformando-se em direito nacional, como foi o caso da arbitragem.

A moderna vida empresarial, desenvolvida no mundo caracterizado pela produção em série, pela aplicação da tecnologia nas atividades produtivas, pela informática, pela era da globalização e crescente internacionalização das atividades empresariais, pela formação de inúmeros contratos novos e complexos, pela formação de blocos econômicos, como o MERCOSUL e a UNIÃO EUROPÉIA, introduziu profundas modificações nas operações econômicas. Os modernos contratos empresariais desgarram-se dos modelos tradicionais, criados pelo direito romano. A cada dia que passa, alastra-se a aplicação do contrato de adesão, prática desconhecida há pouco tempo. Os contratos são híbridos, formados por pedaços de outros e cláusulas de moderna criação, como a "acceleration clause", de "hardiship", de "força maior". Basta examinar o "contrato de alienação fiduciária em garantia", calcado numa dezena de institutos jurídicos, mesmo tradicionais, mas de novos matizes. Os problemas são novos, imprevistos, inusitados.

Para a solução de problemas novos e inusitados, temos que criar mecanismos novos de solução. Não podemos resolver os modernos problemas utilizando-se de mecanismos seculares, criados para a resolução de conflitos do século passado. Nem tampouco o advogado pode continuar trabalhando como há séculos atrás. É de se criar fórmulas alternativas de resolução de pendências, aliás, já em aplicação e desenvolvimento no Brasil e no restante do mundo, com pleno sucesso.

Tradicionalmente, o esquema de solução de lides é por meio da justiça pública, exercida pelo Poder Judiciário. O direito em que se fulcra o julgamento judicial é o legislado, de inspiração romana, consubstanciado principalmente no antigo Código Comercial e no Código Civil. Esse esquema tradicional revela-se hoje inteiramente defasado, anacrônico e inadequado. Sua manutenção tem causado imensos prejuízos ao país, tornando a situação bastante grave, embora suportável. Dentro em breve, porém, a tolerância terá o seu fim. O Poder Judiciário no Brasil, como na maioria dos países, está acéfalo, sucatado e emperrado. Não cumpre a sua missão e nem terá condições de cumpri-la, uma vez que essa situação calamitosa agrava-se de forma assustadora. A demora na solução de tão angustiante problema vem causando inquietações, desavenças e até explosões de revolta.

Atualmente está em andamento a Comissão Parlamentar para encontrar soluções. E também precisamos analisar a missão do advogado para ver se lhe é conveniente o sistema de atuação. Os órgãos de comunicação expõem constantemente essas circunstâncias, de maneira às vezes bombástica e sensacionalista, abafando a divulgação de fórmulas sensatas e científicas, levantadas por juristas e magistrados. Em nosso parecer, tais comissões examinam um problema insolúvel; portanto será tempo perdido desenvolver tais estudos. Só após a adoção de arbitragem poder-se-á pensar no aprimoramento do Judiciário e na solução de seus problemas.

Urge, portanto, que doravante toda empresa que se constituir sob a forma de sociedade simples ou sociedade empresária preveja no seu contato social cláusula de eleição de foro, constando que as possíveis divergências na interpretação ou execução desse contrato sejam resolvidas pela arbitragem. Para as empresas já constituídas, deve o contrato social ser modificado, com a inclusão dessa cláusula.

No tocante ao relacionamento com terceiros, deve ser incluída essa mesma cláusula, dizendo que a parte interessada procurará resolver possíveis litígios por meio da arbitragem. Neste caso, não se pode impor obrigatoriedade, pois há questões que forçosamente exigirão processo judicial. Na arbitragem só poderão ser discutidos direitos patrimoniais disponíveis.

O próprio Brasil é fruto da arbitragem. Logo após a declaração da independência, em 7.9.1822, o Brasil tentou sua aceitação no concerto dos países, sendo repelido. Foi celebrado acordo entre o Imperador do Brasil e o Rei de Portugal, que afinal eram pai e filho, de constituir um tribunal arbitral para julgar se caberia o desmembramento. Esse tribunal, formado pelo Rei da Inglaterra, da França e da Áustria, julgou a questão em favor do Brasil, sendo então reconhecido.

19.4. Características e vantagens da arbitragem

A sensatez está, pois, em reconhecer a inviabilidade do esquema tradicional de solução de litígios e adotar novas fórmulas paralelas, consentâneas com o mundo moderno e as necessidades da sociedade, mormente no que tange às empresas. Os novos esquemas devem atender às características essenciais para que a justiça se exerça: rapidez, sigilo, adequação jurídica, confiabilidade, baixa contenciosidade, especialidade. São características exigidas pela nova ordem econômica e jurídica nacional e internacional e pela moderna orientação empresarial. O sistema tradicional de resolução de lides, vale dizer, a solução judiciária, não atende a qualquer dessas exigências fulminando as seculares formas processuais. Há necessidade de falarmos sobre as vantagens da arbitragem, como forma alternativa de resolução de disputas.

Rapidez

A primeira delas e por razões de importância é a rapidez na solução de problemas empresariais. Não pode a empresa moderna ficar na dependência de soluções judiciárias para continuar sua vida. O tempo normal da morosidade da justiça para a resolução definitiva de um processo é de dez anos, o que perturba e amarra o desenvolvimento das atividades empresariais.

Um importante conglomerado de órgãos de comunicação, verdadeiro império econômico, encontra-se em estado pré-falimentar, com impostos atrasados e salários sem pagar, ameaçado de fechamento com incontáveis prejuízos à coletividade. Várias soluções já foram apresentadas, mas todas esbarram na espera de certas soluções judiciais que se eternizam. Está "sub judice" o direito de propriedade da maioria das ações da empresa, aguardando o fim de processos que estão correndo há mais de dez anos. Inúmeras empresas encontram-se na mesma situação: não podem tomar importantes decisões, por aguardarem algum provimento judicial, com interminável espera.

A maioria das empresas brasileiras encontra-se em esquisita e delicada situação quanto ao cumprimento de contratos. Se duas empresas têm problemas a resolver, referente a um contrato que celebraram, necessário se torna que tais problemas sejam resolvidos de forma justa, adequada e rápida. Caso contrário, o relacionamento entre elas estará detido ou tumultuado e o cumprimento do contrato ameaçado. O velho brocardo de que "a justiça tarda, mas não falha" é uma falácia, uma enganação: se a justiça tarda, ela já é falha. Mais precisamente, a justiça tardia é a negação da justiça; é justiça inexistente.

É, pois, o apanágio da justiça moderna, de pretensão empresarial: a celeridade. E não se pode alegar o provérbio de que a pressa é inimiga da perfeição; não se requer pressa, mas presteza.

Só para dar uma ideia do que representa a morosidade na solução de problemas, vamos citar um exemplo ocorrido entre nós. No início do século XX, um grupo de proprietários rurais constituiu uma empresa para construir uma estrada de ferro, que se chamou Companhia Paulista de Estradas de Ferro. O Poder Público colaborou com a iniciativa, desapropriando longa faixa de terra em que a estrada passaria. Até hoje não foi pago o valor da desapropriação e o processo de cobrança corre na Justiça de São Paulo. Todos os desapropriados já morreram e também seus filhos. A terceira geração continua dando prosseguimento aos processos, que se arrastam há mais de um século, uma vez que foram já julgados há 40 anos atrás e o Poder Público foi condenado a pagar as indenizações, mas não foram pagas em virtude de minúcias judiciárias.

Sigilo

Examinemos a segunda exigência empresarial para a justiça considerada conveniente: o sigilo. Não é do interesse das empresas que suas divergências referentes à interpretação da execução de um contrato se tornem do domínio público. Nem é interesse delas que seus contratos fiquem no fórum, à disposição de quem possa se interessar. As discussões empresariais podem ter utilidade para a concorrência, mas, são de enorme inconveniência para as empresas. Predomina no processo judicial o princípio da publicidade, excetuando-se alguns casos de segredo de justiça. Discute-se num processo, muitas vezes, segredo de fábrica, como a fórmula de um remédio, comportamento financeiro de empresa, direitos reservados, tecnologia de produção, "know-how", dificuldades de caixa, cuja divulgação traz manifestos prejuízos para as partes.

Maleabilidade

Em terceiro lugar, podemos nos referir à maleabilidade da arbitragem na adoção do direito aplicável, sem a rigidez do direito comum, continuador da rigidez romana. As partes desfrutam de mais esta faculdade: além da livre escolha dos juízes arbitrais, fica-lhes reservada também a livre escolha do direito aplicável no julgamento. Cada caso examinado apresenta características próprias, afastando-se da aplicação de normas tradicionais do direito de inspiração romana. O juiz togado encontra-se inibido de adequar o direito à solução do processo em tela, apesar da Lei de Introdução ao Código Civil, no art. 5°, dar-lhe a faculdade de liberalizar a aplicação da lei, ao dizer que poderá ele levar em conta os fins sociais a que ela se dirige e as exigências do bem comum. O juiz arbitral está mais à vontade, desde que as partes tenham decidido lhe dar essa liberdade. É-lhe possível então se desvencilhar do anacrônico, superado e rígido direito criado há 2.000 anos e a dez mil quilômetros de São Paulo. No procedimento arbitral não há recursos judiciais, mandados de segurança e outros entraves ao encaminhamento da questão.

Confiabilidade

Outro aspecto a ser considerado é o da confiabilidade do julgamento arbitral. O árbitro, ou os árbitros, são escolhidos pelas partes, sendo-lhes, portanto, facultado arredar do julgamento de sua questão quem não lhe mereça confiança. Não poderá qualquer das partes reclamar da decisão arbitral, visto que o prolator da sentença teve a sua aprovação antes de iniciar-se o processo. Durante o processo poderão ser levantadas exceções. Se o árbitro se revela moroso, complicado ou não cumpre seus deveres, as partes o destituem de imediato e nomeiam outro.

Especialidade

Como quinta característica desse esquema de solução de litígios empresariais deve ser citada a especialidade. A complexidade das modernas relações empresariais criou um novo direito e os problemas são de tal maneira "sui generis" que dificilmente poderão ser analisados, compreendidos e julgados a não ser por pessoas especializadas. Apontemos, como exemplo, o que ocorre com numerosos julgamentos referentes à prestação de serviços médicos: são problemas de tal maneira especializados, que só poderão ser julgados por pessoas especializadas. Como exemplo, podemos citar a ARBITRAGIO, que instalou um tribunal especializado em questões imobiliárias, em conexão com o órgão representativo dos corretores de imóveis.

O juiz, de formação jurídica, pode-se servir de laudos técnicos, apresentados pelas partes e por assistente técnico da escolha judicial, conforme preceitua o Código de Processo Civil. Esse sistema é superado e ineficaz há muitos anos, razão pela qual se eternizam as questões em julgamento.

Baixa contenciosidade

Chegamos agora à última das seis características levantadas, como as mais importantes, malgrado haja muitas outras deixadas de lado, por não apresentarem a mesma relevância. É o alto nível das discussões, a baixa contenciosidade. Problema sério do direito atual e da vida forense, causando dificuldade e ineficácia ao próprio Poder Judiciário, é a elevada contenciosidade dos processos judiciais. Longa série de fatores acirram o ânimo das partes, fazendo-as descer ao nível dos insultos e revelações inconvenientes. O pretório transformou-se numa arena de digladiadores em luta encarniçada. Essas circunstâncias dificultam o andamento do processo, o julgamento da questão e a eficácia da solução. Urge encontrarmos o meio adequado de arrefecimento dos ânimos, sem o que não se poderá chegar a soluções adequadas. Essa troca de farpas e insultos não pode caber em discussões de problemas empresariais. Empresas não têm sentimentos feridos; não têm honra e outros sentimentos próprios de pessoa natural. Empresas têm interesses a tratar; direitos a defender. Seu interesse é a justa composição da lide e minimização de prejuízos.

19.5. Tipos de arbitragem

É conveniente referir-se aos vários tipos de arbitragem. São de direito público ou de direito privado, nacional ou internacional, civil ou empresarial. A arbitragem de direito público é a que se aplica ao julgamento de divergências entre países ou pelo Estatuto da Corte Permanente de Arbitragem, órgão sediado em Haia (Holanda), existente há mais de um século. Não é desse tipo de arbitragem, a que estamos nos referindo, mas trataremos da arbitragem empresarial. A arbitragem pode ser nacional e internacional. Será nacional, se dirimir controvérsias entre empresas nacionais ou quando aplicar a lei de um só país. A internacional julga questões que exijam a aplicação da lei de dois ou mais países.

O que estamos examinando, porém, é a arbitragem empresarial, de direito privado e essencialmente nacional. É ela regulamentada pela Lei 9.307/96, chamada de Lei da Arbitragem ou Lei Marco Maciel, por ter sido da iniciativa do Vice-presidente da República daquela época. Trata-se de lei de boa feitura, ampla na sua disposição, dando eficácia à arbitragem. Regulamenta, em vários capítulos, a instauração da arbitragem, os árbitros, o procedimento arbitral, as normas aplicáveis, a sentença arbitral, a homologação de sentenças estrangeiras.

Para melhor compreensão dessa lei, temos, entretanto, de nos referir a outros diplomas jurídicos que a inspiraram, mesmo porque possuem eficácia no Brasil. A primeira invocação, no nosso caso, é o Regulamento da CIA-Corte Internacional de Arbitragem, órgão pertencente à CCI-Câmara de Comércio Internacional.

A maioria dos contratos internacionais trazem cláusula de eleição de foro, escolhendo a CIA como órgão julgador, ou então, aplicando o estatuto desta, ainda que esteja o julgamento a cargo de outra câmara arbitral.

Duas convenções internacionais regulamentaram a arbitragem num sentido geral, celebradas em Genebra em 1923 e 1928. O Brasil participou dessas convenções, transformadas em leis brasileiras. Importantíssima foi a Convenção de Nova York, regulamentando a arbitragem privada, a que o Brasil aderiu. Como, entretanto, se trata de convenção adotada pelos principais países, devemos obedecê-la se ela for invocada em contratos empresariais.

Importante ainda é a Lei Modelo da UNCITRAL, de que faremos algumas referências. A ONU vem divulgando em todos os países a cultura da arbitragem, trabalhando intensamente para manter certa uniformidade na legislação arbitral dos países que a adotarem. Este trabalho processa-se graças a dois órgãos da ONU:

UNCITRAL-UNITED NATIONS CONFERENCE ON INTERNATIONAL TRADE LAW

Este órgão tem várias funções. A principal delas é a elaboração de um código comercial internacional, visando à harmonização e uniformização do direito empresarial no mundo todo. Enquanto esse código não sai, a UNCITRAL desenvolve ação divulgando a regulamentação de contratos internacionais e colaborando com os países, no estabelecimento de legislação de direito empresarial, atendendo a essa uniformização.

A UNCITRAL conta com a assistência técnica da CCI, na elaboração de normas a serem aplicadas na regulamentação do comércio internacional (TRADE). Se fôssemos considerar esse órgão da ONU em nosso idioma, chama-lo-íamos: CNUDCI-Conferência das Nações Unidas para o Direito do Comércio Internacional. A ação de maior interesse no que tange à arbitragem é que a UNCITRAL elaborou a lei-modelo de arbitragem, com a colaboração técnica da CCI. Essa lei-modelo é bem ampla e genérica, de tal forma que a arbitragem pode ser adaptada em qualquer país. Vários países reformularam sua legislação, com base nela. Foi o que aconteceu com o Brasil, cuja lei básica da arbitragem, a Lei 9.307/96, incorpora muitas disposições da lei-modelo da UNCITRAL e de convenções internacionais.

UNCTAD-UNITED NATIONS CONFERECE ON TRADE AND DEVELOPMENT

Este órgão da ONU atua paralelamente à UNCITRAL, mas esta é um órgão jurídico, enquanto a UNCTAD ocupa-se das práticas do comércio internacional, procurando regulamentar as operações econômicas internacionais, visando a desenvolvê-las e harmonizá-las. Uma das formas para atender a esse objetivo é a da aplicação da arbitragem para a resolução de disputas no comércio internacional.

19.6. Como se institui o juízo arbitral

É preciso que as partes estejam de acordo; é uma opção das partes. Podem elas apelar para a justiça pública, mas, se não quiserem assim, apelarão para a arbitragem. Não pode haver imposição da arbitragem; ela depende de uma convenção entre as partes: é, portanto, uma justiça convencional. Essa convenção é chamada de convenção arbitral.

Quem poderá requerer a arbitragem e em quais casos é o que a lei vai dispor. Segundo o art. 1° da Lei Arbitragem:

> "As pessoas capazes de contratar poderão valer-se da arbitragem para dirimir litígios relativos a direitos patrimoniais disponíveis".

Toda empresa registrada na Junta Comercial será parte capaz de contratar. O registro no órgão público competente dá à empresa personalidade jurídica, ou seja, capacita-a a adquirir direitos e contrair obrigações. Poderá, portanto, celebrar a convenção arbitral, que apresenta as características de um contrato. Todos os direitos de uma empresa são disponíveis, vale dizer, admitem transação. Por tais razões, a arbitragem é um instituto tipicamente empresarial, malgrado seja aplicado a relacionamentos jurídicos na órbita civil. É também capaz, a sociedade civil.

A convenção arbitral pode ser porém de dois tipos, os quais determinarão dois tipos de arbitragem.

Compromisso

É a convenção celebrada pelas partes para a resolução de uma controvérsia já existente entre elas, questão esta que poderá até mesmo estar sendo discutida na justiça. Haverá, então, o compromisso judicial e o extrajudicial.

O compromisso arbitral judicial será celebrado por termo nos autos, perante o juízo ou tribunal em que tem curso a demanda. Neste caso, o juiz extinguirá o processo, liberando os autos para as partes, a fim de serem encaminhados ao juízo arbitral. Aliás, o Código de Processo Civil prevê como uma das causas para a extinção do processo, no inciso VII, a convenção de arbitragem.

Cláusula compromissória

Esta convenção arbitral é uma cláusula inserida num contrato. Os contratos trazem normalmente a cláusula denominada "eleição de foro". Poderá também esta cláusula estabelecer que possíveis divergências entre as empresas contratantes devam ser resolvidas por arbitragem, indicando, ainda, a que órgão arbitral institucional ou entidade especializada perante os quais a arbitragem será instituída e processada. Como órgão arbitral institucional, podemos apontar, como exemplo, a CIA-Corte Internacional de Arbitragem e como entidade especializada a Associação Brasileira de Arbitragem-ABAR. Há muitas outras cortes arbitrais em São Paulo e em várias cidades brasileiras, estando registradas em São Paulo mais de duzentas câmaras arbitrais, como por exemplo, a *Arbitragio – Câmara de Mediação e Arbitragem em Relações Negociais.*

Fala a cláusula compromissória de um potencial litígio; ele ainda não existe, mas poderá surgir a qualquer momento. Esse tipo de convenção antecede ao litígio, tendo, pois, um caráter preventivo. A solução de uma controvérsia ficou prevista pela cláusula compromissória, constando no próprio contrato sobre o qual passa a haver alguma dúvida futura. Esta cláusula deve ser estipulada por escrito, podendo estar inserta no próprio contrato ou em documento apartado, que se refira a esse contrato. É de natureza contratual, pois é estabelecida por comum acordo e só se refere a um contrato. É mais uma razão para apoiar a ideia de que a arbitragem é aplicável marcantemente na área contratual. Não existe no direito brasileiro cláusula compromissória a não ser referente a um contrato e estabelecida de forma contratual.

Procurou precaver-se a lei brasileira quanto aos abusos que possam originar-se do contrato de adesão, tipo de contrato muito em moda hoje em dia e de crescente domínio. O contrato de adesão é elaborado por uma das partes, estabelecendo todas as cláusulas. A proposta desse contrato é apresentada pela parte elaboradora, de posição claramente forte e predominante, à outra parte, que se vê na posição de aceitar as cláusulas em bloco, ou não celebrará o contrato.

No contrato de adesão, a cláusula compromissória só terá eficácia se for escrita em letras bem realçadas, distinguindo-se das demais cláusulas. Ou, então, se for celebrada em documento à parte, como aditivo ao contrato. Poderá ainda vir após a assinatura do contrato, com letras mais salientes e com nova assinatura. Assim deve ser feito no contrato de trabalho, de seguros, contratos bancários e outros em que são celebrados em impresso próprio.

Poderão as partes indicar na convenção, além da adoção da arbitragem, também o nome do árbitro que deverá julgar a questão, ou o órgão arbitral ou entidade especializada, como, por exemplo, a Associação Brasileira de Arbitragem-ABAR.

19.7. O passivo judicial das empresas

Realidade pouco divulgada na vida empresarial é a vultosa dívida decorrente de processos judiciais, colocando em situação instável as empresas brasileiras. Bastaria citar o passivo trabalhista formado pelas reclamações de empregados na Justiça do Trabalho. Em todo o Brasil correm mais de dois milhões de processos trabalhistas, cujos valores cobrados atingem patamares bem acima de todo o meio circulante no país. Verdade é que a maioria desses processos não chegam ao fim e os valores reclamados constituem mera ficção. Todavia, são valores "sub judice", documentados pelo próprio processo e poderão ser julgados procedentes.

Muitas empresas sofrem processos cujo montante reclamado ultrapassa todo o seu capital e seu patrimônio. A procedência de uma só ação poderia engolir seu capital. Se uma empresa exerce ação judicial, o valor defendido é sempre contabilizado e lastreado por documentos, como, por exemplo, duplicata. As cobranças contra ela, mormente as trabalhistas, contudo, não são contabilizadas, malgrado tenha sido ela citada para os termos dessa ação. Se fosse ela contabilizar esses débitos, estaria ela financeiramente estourada. É esse o estado da maioria das empresas do Brasil. Embora seja um estado artificial, não deixa de ser alarmante.

Saindo, porém, da área trabalhista, encontrar-nos-emos defronte a uma situação constrangedora. Muitas empresas necessitam de tomar decisões importantes, mas se encontram inibidas de tomar qualquer iniciativa, por dependerem de decisões judiciais, aguardadas há muitos anos. Os processos judiciais tolhem as iniciativas empresariais, emperram o desenvolvimento econômico, acirram litígios de toda espécie e estimulam as fraudes e as aventuras. Não há, portanto, justiça, pois justiça tardia é a negação da justiça. O juiz que retarda o exercício de suas funções jurisdicionais está negando a justiça. A velha e surrada frase de que "a justiça tarda, mas não falha" é uma falácia, uma enganação; se a justiça tarda, ela já é falha.

Há um desassossego, um estado de angústia empresarial. Sabe todo empresário que a espada de Dâmocles pende sobre sua cabeça. Cabe ao Direito Empresarial encontrar a solução para essa angústia que está se tornando insuportável para as empresas do Brasil. E a solução está apresentada pela Lei 9.307/96, dando novos contornos e eficácia à arbitragem. Urge a imediata adoção de meios alternativos para a solução de controvérsias empresariais. De nada poderia adiantar a modernização do Direito Empresarial, se este não tiver mecanismos adequados de aplicação.

19.8. A remuneração da arbitragem

Sendo a arbitragem uma justiça privada, exercida por juízes privados, não há participação estatal. Os árbitros são indicados pelas partes contendentes ou elas escolhem qual o tribunal arbitral a encarregar-se do julgamento. Cabe, então, a elas a remuneração do serviço prestado e a remuneração dos árbitros. Essa remuneração será combinada entre as partes litigantes e o árbitro, caso se trate de árbitro singular. Caso, entretanto, se trate de um tribunal institucionalizado, ou seja, uma entidade especializada em arbitragem, cada uma tem sua tabela de preços. Geralmente é uma porcentagem sobre o valor da causa, havendo um limite mínimo e máximo.

Essa jurisdição paga contrapõe-se à jurisdição gratuita. Há várias ponderações necessárias a este respeito. A justiça pública não é totalmente gratuita: há custas do processo, a juntada de mandato, da diligência do oficial de justiça, publicação de editais e muitas outras. As cópias de peças processuais são de preço elevado. Deve-se levar em conta os inúmeros gastos de idas e vindas ao fórum, de audiências, que vão se acumulando pelos anos afora. É dispendiosa para as empresas a manutenção de um advogado ou departamento jurídico. Ao final, o processo custou preço bem elevado.

Não é o que ocorre na arbitragem. O advogado tem um prazo bem curto para o seu trabalho, que é mais facilitado e produtivo. Segundo o artigo 23 da Lei da Arbitragem, as partes em litígio poderão prever o prazo desejado por elas, como, por exemplo, um mês. Caso não fique estabelecido esse prazo, vigora então o prazo legal, que é de seis meses. Se o juízo arbitral não prolatar a sentença no prazo legal, ou no prazo convencionado pelas partes, poderá responder civil e criminalmente por essa desídia, podendo até ser alvo de ação de reparação de danos, se a falha tiver causado danos para uma ou ambas as partes.

Sendo o trabalho do advogado bem mais rápido e facilitado, sua remuneração poderá ser bem menor. O trabalho exercido durante um mês é menos dispendioso do que o exercício durante dez anos. De forma alguma será o advogado prejudicado. Nas atuais circunstâncias, é por demais ilusória a remuneração do trabalho advocatício: recebe o advogado previamente sua remuneração e por ela terá de trabalhar anos a fio; será cobrado pela sua cliente a solução do feito e terá gastos de condução e recolhimento de custas. Cedo verá o advogado que sua remuneração foi corroída por gastos contínuos, enquanto se esfalfa e se desgasta.

Numa análise mais profunda, ver-se-á que a arbitragem racionaliza o trabalho de uma empresa, diminuindo seus custos operacionais. Por outro lado, racionaliza também o trabalho do advogado, valorizando sua remuneração. Poderá ele, assim, apresentar menores exigências, provocando maior volume de ações.

19.9. As raízes brasileiras da arbitragem

O Brasil nunca foi indiferente à arbitragem, malgrado tenha ela emergido com vigor apenas com o advento da Lei 9.307, de 23/09/96. Durante o Império e mesmo nos primórdios de nossa vida como nação independente e soberana, antes que se elaborasse legislação nativa, vigoravam as Ordenações do Reino, em que a arbitragem era admitida. Proclamada a Independência, surgiu nossa primeira constituição, em 1824, prevendo a resolução de divergências jurídicas civis por meio da arbitragem.

Em 1850, porém, passa a vigorar o nosso Código Comercial, apontando a arbitragem como fórmula de solução para vários tipos de controvérsias no âmbito empresarial. Incisivo é o art. 783, ao apontar a arbitragem para a solução de divergências em operações de comércio marítimo. O art. 302, na alínea 5, diz que o ato constitutivo de uma sociedade mercantil deve trazer a "forma da nomeação dos árbitros para juízes das dúvidas sociais". O art. 294 é ainda mais peremptório:

> "Todas as questões sociais que se suscitarem entre sócios durante a existência da sociedade ou companhia, sua liquidação ou partilha, serão decididas em juízo arbitral".

Posteriormente, a arbitragem foi regulamentada de forma ampla pelo Código Civil de 1916, nos arts. 1040 a 1047 e seu "modus faciendi" no Código de Progresso Civil de 1939, confirmado pelo atual CPC, de 1973. Essas partes foram derrogadas pela atual Lei de Arbitragem, mais propriamente dizendo, as disposições do Código Civil e do CPC não foram revogadas, mas incorporadas na nova Lei da Arbitragem.

Havia, portanto, um substrato legislativo da arbitragem antes que a nova lei fosse elaborada. Não estão sendo aqui invocadas as raízes internacionais, mas apenas as nacionais. Podemos ainda citar a prática da arbitragem no Brasil, como, por exemplo, as resoluções dos problemas relacionados ao Território do Acre e ao das Missões e o estabelecimento dos limites territoriais do Brasil e países limítrofes, todos resolvidos por arbitragem. Foi no julgamento arbitral dessas questões que se realçou a atuação do Barão do Rio Branco, como advogado do Brasil.

Podemos, ainda, fazer referência ao fato de o Brasil, além de submeter-se à arbitragem, atuou também como árbitro em certas questões internacionais ocorridas no século passado.

19.10. As lições do passado

E não se trata de nenhuma novidade. A arbitragem tinha sido prevista no Código de Hamurabi, da antiga Babilônia, há 2.800 antes de Cristo. Foi decantada pelos grandes filósofos gregos e na antiga Roma foi regulamentada por leis diversas, e assim hoje essa regulamentação prevalece, tendo sido mais aplicada do que a Justiça romana. Na Idade Média ela predominou porquanto as nações emergentes da conquista do Império Romano custaram para formar o Poder Judiciário. Ela venceu airosamente em todos esses séculos, provando sua eficácia.

No mundo moderno, a arbitragem predomina em grande parte dos países mais adiantados, como os países europeus. Nos Estados Unidos da América 80% dos litígios são resolvidos por arbitragem. No Canadá, a incidência é ainda maior. Nas duas Coréias, de regimes tão diferentes, vigora a mesma lei arbitral. Na antiga União Soviética, de regime centralizador, em que tudo é concentrado nas mãos do Estado, este abriu mão do monopólio estatal da justiça e reservou poderes à arbitragem, que passou a manter posição de superioridade até mesmo ante a justiça do Estado.

A preponderância da arbitragem no Japão é absoluta; bastaria dizer que normalmente correm no judiciário japonês 2.000 processos de natureza trabalhista, enquanto no Brasil correm mais de dois milhões. Um desses países deve estar errado, pois não se pode compreender tamanho paradoxo.

APÊNDICE

ESTATUTO DA ADVOCACIA E DA OAB

LEI Nº 8.906,
DE 04 DE JULHO DE 1994

*Dispõe sobre o Estatuto da Advocacia e a Ordem dos
Advogados do Brasil – OAB*

O PRESIDENTE DA REPÚBLICA Faço saber que o Congresso
Nacional decreta e eu sanciono a seguinte Lei:

TÍTULO I
DA ADVOCACIA

CAPÍTULO I
DA ATIVIDADE DE ADVOCACIA

Art. 1º São atividades privativas de advocacia:

I – a postulação a qualquer órgão do Poder Judiciário e aos juizados
especiais;

II – as atividades de consultoria, assessoria e direção jurídicas.

§ 1º Não se inclui na atividade privativa de advocacia a impetração de *habeas corpus* em qualquer instância ou tribunal.

§ 2º Os atos e contratos constitutivos de pessoas jurídicas, sob pena de nulidade, só podem ser admitidos a registro, nos órgãos competentes, quando visados por advogados.
Ver art. 2º, parágrafo único do Regulamento Geral; Provimento nº 49/81.

§ 3º É vedada a divulgação de advocacia em conjunto com outra atividade.
Ver Provimento nº 94/2000 – Regula publicidade e propaganda da advocacia.

Art. 2º O advogado é indispensável à administração da justiça.
Ver Provimento nº 97/2002 – Constitui infra-estrutura de Chaves Públicas da OAB.

§ 1º No seu ministério privado, o advogado presta serviço público e exerce função social.

§ 2º No processo judicial, o advogado contribui, na postulação de decisão favorável ao seu constituinte, ao convencimento do julgador, e seus atos constituem múnus público.

§ 3º No exercício da profissão, o advogado é inviolável por seus atos e manifestações, nos limites desta Lei.

Art. 3º O exercício da atividade de advocacia no território brasileiro e a denominação de advogado são privativos dos inscritos na Ordem dos Advogados do Brasil – OAB.
Ver Provimento nº 37/69 – Inscrição de advogados portugueses.

˘ Publicada no Diário Oficial, de 5 de julho de 1994, Seção 1, pp. 10.093-10.099.

§ 1º Exercem atividade de advocacia, sujeitando-se ao regime desta Lei, além do regime próprio a que se subordinem, os integrantes da Advocacia-Geral da União, da Procuradoria da Fazenda Nacional, da Defensoria Pública e das Procuradorias e Consultorias Jurídicas dos Estados, do Distrito Federal, dos Municípios e das respectivas entidades de administração indireta e fundacional.

§ 2º O estagiário de advocacia, regularmente inscrito, pode praticar os atos previstos no art. 1º, na forma do Regulamento Geral, em conjunto com advogado e sob responsabilidade deste.

Art. 4º São nulos os atos privativos de advogado praticados por pessoa não inscrita na OAB, sem prejuízo das sanções civis, penais e administrativas.

Parágrafo único. São também nulos os atos praticados por advogado impedido – no âmbito do impedimento – suspenso, licenciado ou que passar a exercer atividade incompatível com a advocacia.

Art. 5º O advogado postula, em juízo ou fora dele, fazendo prova do mandato.

§ 1º O advogado, afirmando urgência, pode atuar sem procuração, obrigando-se a apresentá-la no prazo de quinze dias, prorrogável por igual período.

§ 2º A procuração para o foro em geral habilita o advogado a praticar todos os atos judiciais, em qualquer juízo ou instância, salvo os que exijam poderes especiais.

§ 3º O advogado que renunciar ao mandato continuará, durante os dez dias seguintes à notificação da renúncia, a representar o mandante, salvo se for substituído antes do término desse prazo.

CAPÍTULO II
DOS DIREITOS DO ADVOGADO

Art. 6º Não há hierarquia nem subordinação entre advogados, magistrados e membros do Ministério Público, devendo todos tratar-se com consideração e respeito recíprocos.

Parágrafo único. As autoridades, os servidores públicos e os serventuários da justiça devem dispensar ao advogado, no exercício da profissão, tratamento compatível com a dignidade da advocacia e condições adequadas a seu desempenho.

Art. 7º São direitos do advogado:

I – exercer, com liberdade, a profissão em todo o território nacional;

II – ter respeitada, em nome da liberdade de defesa e do sigilo profissional, a inviolabilidade de seu escritório ou local de trabalho, de seus arquivos e dados, de sua correspondência e de suas comunicações, inclusive telefônicas ou afins, salvo caso de busca ou apreensão determinada por magistrado e acompanhada de representante da OAB;

III – comunicar-se com seus clientes, pessoal e reservadamente, mesmo sem procuração, quando estes se acharem presos, detidos ou recolhidos em estabelecimentos civis ou militares, ainda que considerados incomunicáveis;

IV – ter a presença de representante da OAB, quando preso em flagrante, por motivo ligado ao exercício da advocacia, para lavratura do auto respectivo, sob pena de nulidade e, nos demais casos, a comunicação expressa à seccional da OAB;

V – não ser recolhido preso, antes de sentença transitada em julgado, senão em sala de Estado-Maior, com instalações e comodidades condignas, assim reconhecidas pela OAB, e, na sua falta, em prisão domiciliar;

VI – ingressar livremente:
a) nas salas de sessões dos tribunais, mesmo além dos cancelos que separam a parte reservada aos magistrados;
b) nas salas e dependências de audiências, secretarias, cartórios, ofícios de justiça, serviços notariais e de registro, e, no caso de delegacias e prisões, mesmo fora da hora de expediente e independentemente da presença de seus titulares;
c) em qualquer edifício ou recinto em que funcione repartição judicial ou outro serviço público onde o advogado deva praticar ato ou colher prova ou informação útil ao exercício da atividade profissional, dentro do expediente

ou fora dele, e ser atendido, desde que se ache presente qualquer servidor ou empregado;

d) em qualquer assembléia ou reunião de que participe ou possa participar o seu cliente, ou perante a qual este deve comparecer, desde que munido de poderes especiais;

VII – permanecer sentado ou em pé e retirar-se de quaisquer locais indicados no inciso anterior, independentemente de licença;

VIII – dirigir-se diretamente aos magistrados nas salas e gabinetes de trabalho, independentemente de horário previamente marcado ou outra condição, observando-se a ordem de chegada;

IX – sustentar oralmente as razões de qualquer recurso ou processo, nas sessões de julgamento, após o voto do relator, em instância judicial ou administrativa, pelo prazo de quinze minutos, salvo se prazo maior for concedido;

X – usar da palavra, pela ordem, em qualquer juízo ou tribunal, mediante intervenção sumária, para esclarecer equívoco ou dúvida surgida em relação a fatos, documentos ou afirmações que influam no julgamento, bem como para replicar acusação ou censura que lhe forem feitas;

XI – reclamar, verbalmente ou por escrito, perante qualquer juízo, tribunal ou autoridade, contra a inobservância de preceito de lei, regulamento ou regimento;

XII – falar, sentado ou em pé, em juízo, tribunal ou órgão de deliberação coletiva da Administração Pública ou do Poder Legislativo;

XIII – examinar, em qualquer órgão dos Poderes Judiciário e Legislativo, ou da Administração Pública em geral, autos de processos findos ou em andamento, mesmo sem procuração, quando não estejam sujeitos a sigilo, assegurada a obtenção de cópias, podendo tomar apontamentos;

XIV – examinar em qualquer repartição policial, mesmo sem procuração, autos de flagrante e de inquérito, findos ou em andamento, ainda que conclusos à autoridade, podendo copiar peças e tomar apontamentos;

XV – ter vista dos processos judiciais ou administrativos de qualquer natureza, em cartório ou na repartição competente, ou retirá-los pelos prazos legais;

XVI – retirar autos de processos findos, mesmo sem procuração, pelo prazo de dez dias;

XVII – ser publicamente desagravado, quando ofendido no exercício da profissão ou em razão dela;

Ver arts. 18 e 19 do Regulamento Geral – Procedimento do Desagravo Público.

XVIII – usar os símbolos privativos da profissão de advogado;

Ver Provimento nº 8/64 – Vestes talares e insígnias privativas do advogado.

XIX – recusar-se a depor como testemunha em processo no qual funcionou ou deva funcionar, ou sobre fato relacionado com pessoa de quem seja ou foi advogado, mesmo quando autorizado ou solicitado pelo constituinte, bem como sobre fato que constitua sigilo profissional;

XX – retirar-se do recinto onde se encontre aguardando pregão para ato judicial, após trinta minutos do horário designado e ao qual ainda não tenha comparecido a autoridade que deva presidir a ele, mediante comunicação protocolizada em juízo.

§ 1º Não se aplica o disposto nos incisos XV e XVI:

1) aos processos sob regime de segredo de justiça;
2) quando existirem nos autos documentos originais de difícil restauração ou ocorrer circunstância relevante que justifique a permanência dos autos no cartório, secretaria ou repartição, reconhecida pela autoridade em despacho motivado, proferido de ofício, mediante representação ou a requerimento da parte interessada;
3) até o encerramento do processo, ao advogado que houver deixado de devolver os respectivos autos no prazo legal, e só o fizer depois de intimado.

§ 2º O advogado tem imunidade profissional, não constituindo injúria, difamação ou desacato puníveis qualquer manifestação de sua parte, no exercício de sua atividade, em juízo ou fora dele, sem prejuízo das sanções disciplinares perante a OAB, pelos excessos que cometer.

§ 3º O advogado somente poderá ser preso em flagrante, por motivo de exercício da profissão, em caso de crime inafiançável, observado o disposto no inciso IV deste artigo.

§ 4º O Poder Judiciário e o Poder Executivo devem instalar, em todos os juizados, fóruns, tribunais, delegacias de polícia e presídios, salas especiais permanentes para os advogados, com uso e controle assegurados à OAB.

§ 5º No caso de ofensa a inscrito na OAB, no exercício da profissão ou de cargo ou função de órgão da OAB, o conselho competente deve promover o desagravo público do ofendido, sem prejuízo da responsabilidade criminal em que incorrer o infrator.

CAPÍTULO III
DA INSCRIÇÃO

Art. 8º Para inscrição como advogado é necessário:

I – capacidade civil;

II – diploma ou certidão de graduação em direito, obtido em instituição de ensino oficialmente autorizada e credenciada;

III – título de eleitor e quitação do serviço militar, se brasileiro;

IV – aprovação em Exame de Ordem;

V – não exercer atividade incompatível com a advocacia;

VI – idoneidade moral;

VII – prestar compromisso perante o Conselho.

§ 1º O Exame de Ordem é regulamentado em provimento do Conselho Federal da OAB.

Ver Provimentos nºs 109/2005 – Dispõe sobre o Exame de Ordem, 53/82 - Manutenção de inscrição de integrantes do Ministério Público e 72/90 – Dispõe sobre certidões destinadas a inscrição de advogados em entidades congêneres no exterior.

§ 2º O estrangeiro ou brasileiro, quando não graduado em direito no Brasil, deve fazer prova do título de graduação, obtido em instituição estrangeira, devidamente revalidado, além de atender aos demais requisitos previstos neste artigo.

Ver Provimento nº 91/2000 – Exercício da atividade de consultores e sociedades de consultores em direito estrangeiro.

§ 3º A inidoneidade moral, suscitada por qualquer pessoa, deve ser declarada mediante decisão que obtenha no mínimo dois terços dos votos de todos os membros do conselho competente, em procedimento que observe os termos do processo disciplinar.

§ 4º Não atende ao requisito de idoneidade moral aquele que tiver sido condenado por crime infamante, salvo reabilitação judicial.

Art. 9º Para inscrição como estagiário é necessário:
Ver arts. 27 e seguintes do Regulamento Geral.

I – preencher os requisitos mencionados nos incisos I, III, V, VI e VII do art. 8º;

II – ter sido admitido em estágio profissional de advocacia.

§ 1º O estágio profissional de advocacia, com duração de dois anos, realizado nos últimos anos do curso jurídico, pode ser mantido pelas respectivas instituições de ensino superior, pelos Conselhos da OAB, ou por setores, órgãos jurídicos e escritórios de advocacia credenciados pela OAB, sendo obrigatório o estudo deste Estatuto e do Código de Ética e Disciplina.

§ 2º A inscrição do estagiário é feita no Conselho Seccional em cujo território se localize seu curso jurídico.

§ 3º O aluno de curso jurídico que exerça atividade incompatível com a advocacia pode freqüentar o estágio ministrado pela respectiva instituição de ensino superior, para fins de aprendizagem, vedada a inscrição na OAB.

§ 4º O estágio profissional poderá ser cumprido por bacharel em Direito que queira se inscrever na Ordem.

Art. 10. A inscrição principal do advogado deve ser feita no Conselho Seccional em cujo território pretende estabelecer o seu domicílio profissional, na forma do Regulamento Geral.
Ver arts. 20 e seguintes do Regulamento Geral.

§ 1º Considera-se domicílio profissional a sede principal da atividade de advocacia, prevalecendo, na dúvida, o domicílio da pessoa física do advogado.

§ 2º Além da principal, o advogado deve promover a inscrição suplementar nos Conselhos Seccionais em cujos territórios passar a exercer habitualmente a profissão, considerando-se habitualidade a intervenção judicial que exceder de cinco causas por ano.
Ver art. 5º e parágrafo único do Regulamento Geral.
Ver Provimento nº 45/78 – Inadmissibilidade de inscrição suplementar para provisionado.

§ 3º No caso de mudança efetiva de domicílio profissional para outra unidade federativa, deve o advogado requerer a transferência de sua inscrição para o Conselho Seccional correspondente.
Ver Provimento nº 42/78 – Uniformização de normas para exame pelas Seções da Ordem dos Advogados do Brasil nos pedidos de transferência de inscrições de advogados.

§ 4º O Conselho Seccional deve suspender o pedido de transferência ou inscrição suplementar, ao verificar a existência de vício ou ilegalidade na inscrição principal, contra ela representando ao Conselho Federal.

Art. 11. Cancela-se a inscrição do profissional que:

I – assim o requerer;

II – sofrer penalidade de exclusão;

III – falecer;

IV – passar a exercer, em caráter definitivo, atividade incompatível com a advocacia;

V – perder qualquer um dos requisitos necessários para inscrição.

§ 1º Ocorrendo uma das hipóteses dos incisos II, III e IV, o cancelamento deve ser promovido, de ofício, pelo Conselho competente ou em virtude de comunicação por qualquer pessoa.

§ 2º Na hipótese de novo pedido de inscrição – que não restaura o número de inscrição anterior – deve o interessado fazer prova dos requisitos dos incisos I, V, VI e VII do art. 8º.

§ 3º Na hipótese do inciso II deste artigo, o novo pedido de inscrição também deve ser acompanhado de provas de reabilitação.

Art. 12. Licencia-se o profissional que:

I – assim o requerer, por motivo justificado;

II – passar a exercer, em caráter temporário, atividade incompatível com o exercício da advocacia;

III – sofrer doença mental considerada curável.

Art. 13. O documento de identidade profissional, na forma prevista no Regulamento Geral, é de uso obrigatório no exercício da atividade de advogado ou de estagiário e constitui prova de identidade civil para todos os fins legais.
Ver arts. 32 a 36 do Regulamento Geral – Regulamenta a identidade profissional.

Art. 14. É obrigatória a indicação do nome e do número de inscrição em todos os documentos assinados pelo advogado, no exercício de sua atividade.

Parágrafo único. É vedado anunciar ou divulgar qualquer atividade relacionada com o exercício da advocacia ou o uso da expressão "escritório

174

de advocacia", sem indicação expressa do nome e do número de inscrição dos advogados que o integrem ou o número de registro da sociedade de advogados na OAB.

CAPÍTULO IV
DA SOCIEDADE DE ADVOGADOS

Art. 15. Os advogados podem reunir-se em sociedade civil de prestação de serviço de advocacia, na forma disciplinada nesta Lei e no Regulamento Geral.

§ 1º A sociedade de advogados adquire personalidade jurídica com o registro aprovado dos seus atos constitutivos no Conselho Seccional da OAB em cuja base territorial tiver sede.

§ 2º Aplica-se à sociedade de advogados o Código de Ética e Disciplina, no que couber.

§ 3º As procurações devem ser outorgadas individualmente aos advogados e indicar a sociedade de que façam parte.

§ 4º Nenhum advogado pode integrar mais de uma sociedade de advogados, com sede ou filial na mesma área territorial do respectivo Conselho Seccional.

§ 5º O ato de constituição de filial deve ser averbado no registro da sociedade e arquivado junto ao Conselho Seccional onde se instalar, ficando os sócios obrigados a inscrição suplementar.

§ 6º Os advogados sócios de uma mesma sociedade profissional não podem representar em juízo clientes de interesses opostos.

Art. 16. Não são admitidas a registro, nem podem funcionar, as sociedades de advogados que apresentem forma ou características mercantis, que adotem denominação de fantasia, que realizem atividades estranhas à advocacia, que incluam sócio não inscrito como advogado ou totalmente proibido de advogar.

§ 1º A razão social deve ter, obrigatoriamente, o nome de, pelo menos, um advogado responsável pela sociedade, podendo permanecer o de sócio falecido, desde que prevista tal possibilidade no ato constitutivo.

§ 2º O licenciamento do sócio para exercer atividade incompatível com a advocacia em caráter temporário deve ser averbado no registro da sociedade, não alterando sua constituição.

§ 3º É proibido o registro, nos cartórios de registro civil de pessoas jurídicas e nas juntas comerciais, de sociedade que inclua, entre outras finalidades, a atividade de advocacia.

Art. 17. Além da sociedade, o sócio responde subsidiária e ilimitadamente pelos danos causados aos clientes por ação ou omissão no exercício da advocacia, sem prejuízo da responsabilidade disciplinar em que possa incorrer.

CAPÍTULO V
DO ADVOGADO EMPREGADO

Art. 18. A relação de emprego, na qualidade de advogado, não retira a isenção técnica nem reduz a independência profissional inerentes à advocacia.

Parágrafo único. O advogado empregado não está obrigado à prestação de serviços profissionais de interesse pessoal dos empregadores, fora da relação de emprego.

Art. 19. O salário mínimo profissional do advogado será fixado em sentença normativa, salvo se ajustado em acordo ou convenção coletiva de trabalho.

Art. 20. A jornada de trabalho do advogado empregado, no exercício da profissão, não poderá exceder a duração diária de quatro horas contínuas e a de vinte horas semanais, salvo acordo ou convenção coletiva ou em caso de dedicação exclusiva.
Sobre dedicação exclusiva ver art. 12 do Regulamento Geral.

§ 1º Para efeitos deste artigo, considera-se como período de trabalho o tempo em que o advogado estiver à disposição do empregador, aguardando ou executando ordens, no seu escritório ou em atividades externas, sendo-lhe reembolsadas as despesas feitas com transporte, hospedagem e alimentação.

§ 2º As horas trabalhadas que excederem a jornada normal são remuneradas por um adicional não inferior a cem por cento sobre o valor da hora normal, mesmo havendo contrato escrito.

§ 3º As horas trabalhadas no período das vinte horas de um dia até as cinco horas do dia seguinte são remuneradas como noturnas, acrescidas do adicional de vinte e cinco por cento.

Art. 21. Nas causas em que for parte o empregador, ou pessoa por este representada, os honorários de sucumbência são devidos aos advogados empregados.

Parágrafo único. Os honorários de sucumbência, percebidos por advogado empregado de sociedade de advogados são partilhados entre ele e a empregadora, na forma estabelecida em acordo.

CAPÍTULO VI
DOS HONORÁRIOS ADVOCATÍCIOS

Art. 22. A prestação de serviço profissional assegura aos inscritos na OAB o direito aos honorários convencionados, aos fixados por arbitramento judicial e aos de sucumbência.

§ 1º O advogado, quando indicado para patrocinar causa de juridica-mente necessitado, no caso de impossibilidade da Defensoria Pública no local da prestação de serviço, tem direito aos honorários fixados pelo juiz, segundo tabela organizada pelo Conselho Seccional da OAB, e pagos pelo Estado.

§ 2º Na falta de estipulação ou de acordo, os honorários são fixados por arbitramento judicial, em remuneração compatível com o trabalho e o valor econômico da questão, não podendo ser inferiores aos estabelecidos na tabela organizada pelo Conselho Seccional da OAB.

§ 3º Salvo estipulação em contrário, um terço dos honorários é devido no início do serviço, outro terço até a decisão de primeira instância e o restante no final.

§ 4º Se o advogado fizer juntar aos autos o seu contrato de honorários antes de expedir-se o mandado de levantamento ou precatório, o juiz deve determinar que lhe sejam pagos diretamente, por dedução da quantia a ser recebida pelo constituinte, salvo se este provar que já os pagou.

§ 5º O disposto neste artigo não se aplica quando se tratar de mandato outorgado por advogado para defesa em processo oriundo de ato ou omissão praticada no exercício da profissão.

Art. 23. Os honorários incluídos na condenação, por arbitramento ou sucumbência, pertencem ao advogado, tendo este direito autônomo para executar a sentença nesta parte, podendo requerer que o precatório, quando necessário, seja expedido em seu favor.

Art. 24. A decisão judicial que fixar ou arbitrar honorários e o contrato escrito que os estipular são títulos executivos e constituem crédito privilegiado na falência, concordata, concurso de credores, insolvência civil e liquidação extrajudicial.

§ 1º A execução dos honorários pode ser promovida nos mesmos autos da ação em que tenha atuado o advogado, se assim lhe convier.

§ 2º Na hipótese de falecimento ou incapacidade civil do advogado, os honorários de sucumbência, proporcionais ao trabalho realizado, são recebidos por seus sucessores ou representantes legais.

§ 3º É nula qualquer disposição, cláusula, regulamento ou convenção individual ou coletiva que retire do advogado o direito ao recebimento dos honorários de sucumbência.

§ 4º O acordo feito pelo cliente do advogado e a parte contrária, salvo aquiescência do profissional, não lhe prejudica os honorários, quer os convencionados, quer os concedidos por sentença.

Art. 25. Prescreve em cinco anos a ação de cobrança de honorários de advogado, contado o prazo:

I – do vencimento do contrato, se houver;

II – do trânsito em julgado da decisão que os fixar;

III – da ultimação do serviço extrajudicial;

IV – da desistência ou transação;

V – da renúncia ou revogação do mandato.

Art. 26. O advogado substabelecido, com reserva de poderes, não pode cobrar honorários sem a intervenção daquele que lhe conferiu o substabelecimento.

CAPÍTULO VII
DAS INCOMPATIBILIDADES E IMPEDIMENTOS

Art. 27. A incompatibilidade determina a proibição total, e o impedimento, a proibição parcial do exercício da advocacia.

Art. 28. A advocacia é incompatível, mesmo em causa própria, com as seguintes atividades:

I – chefe do Poder Executivo e membros da Mesa do Poder Legislativo e seus substitutos legais;

II – membros de órgãos do Poder Judiciário, do Ministério Público, dos tribunais e conselhos de contas, dos juizados especiais, da justiça de paz, juízes classistas, bem como de todos os que exerçam função de julgamento em órgãos de deliberação coletiva da administração pública direta ou indireta;

Ver art. 8º, *caput*, e parágrafos do Regulamento Geral.

III – ocupantes de cargos ou funções de direção em órgãos da Administração Pública direta ou indireta, em suas fundações e em suas empresas controladas ou concessionárias de serviço público;

IV – ocupantes de cargos ou funções vinculados direta ou indiretamente a qualquer órgão do Poder Judiciário e os que exercem serviços notariais e de registro;

V – ocupantes de cargos ou funções vinculados direta ou indiretamente a atividade policial de qualquer natureza;

VI – militares de qualquer natureza, na ativa;

VII – ocupantes de cargos ou funções que tenham competência de lançamento, arrecadação ou fiscalização de tributos e contribuições parafiscais;

VIII – ocupantes de funções de direção e gerência em instituições financeiras, inclusive privadas.

§ 1º A incompatibilidade permanece mesmo que o ocupante do cargo ou função deixe de exercê-lo temporariamente.

§ 2º Não se incluem nas hipóteses do inciso III os que não detenham poder de decisão relevante sobre interesses de terceiro, a juízo do Conselho competente da OAB, bem como a administração acadêmica diretamente relacionada ao magistério jurídico.

Art. 29. Os Procuradores Gerais, Advogados Gerais, Defensores Gerais e dirigentes de órgãos jurídicos da Administração Pública direta, indireta e fundacional são exclusivamente legitimados para o exercício da advocacia vinculada à função que exerçam, durante o período da investidura.

Art. 30. São impedidos de exercer a advocacia:
Ver art. 2º e parágrafo único do Regulamento Geral.

I – os servidores da administração direta, indireta ou fundacional, contra a Fazenda Pública que os remunere ou à qual seja vinculada a entidade empregadora;

II – os membros do Poder Legislativo, em seus diferentes níveis, contra ou a favor das pessoas jurídicas de direito público, empresas públicas, sociedades de economia mista, fundações públicas, entidades paraestatais ou empresas concessionárias ou permissionárias de serviço público.

Parágrafo único. Não se incluem nas hipóteses do inciso I os docentes dos cursos jurídicos.

CAPÍTULO VIII
DA ÉTICA DO ADVOGADO

Art. 31. O advogado deve proceder de forma que o torne merecedor de respeito e que contribua para o prestígio da classe e da advocacia.

§ 1º O advogado, no exercício da profissão, deve manter independência em qualquer circunstância.

§ 2º Nenhum receio de desagradar a magistrado ou a qualquer autoridade, nem de incorrer em impopularidade, deve deter o advogado no exercício da profissão.

Art. 32. O advogado é responsável pelos atos que, no exercício profissional, praticar com dolo ou culpa.

Parágrafo único. Em caso de lide temerária, o advogado será solidariamente responsável com seu cliente, desde que coligado com este para lesar a parte contrária, o que será apurado em ação própria.

Art. 33. O advogado obriga-se a cumprir rigorosamente os deveres consignados no Código de Ética e Disciplina.

Parágrafo único. O Código de Ética e Disciplina regula os deveres do advogado para com a comunidade, o cliente, o outro profissional e, ainda, a publicidade, a recusa do patrocínio, o dever de assistência jurídica, o dever geral de urbanidade e os respectivos procedimentos disciplinares.

CAPÍTULO IX
DAS INFRAÇÕES E SANÇÕES DISCIPLINARES

Art. 34. Constitui infração disciplinar:

I – exercer a profissão, quando impedido de fazê-lo, ou facilitar, por qualquer meio, o seu exercício aos não inscritos, proibidos ou impedidos;

II – manter sociedade profissional fora das normas e preceitos estabelecidos nesta Lei;
Ver Provimento nº 69/89 – Prática de atos privativos por sociedades não registradas na Ordem.

III – valer-se de agenciador de causas, mediante participação nos honorários a receber;

IV – angariar ou captar causas, com ou sem a intervenção de terceiros;

V – assinar qualquer escrito destinado a processo judicial ou para fim extrajudicial que não tenha feito, ou em que não tenha colaborado;

VI – advogar contra literal disposição de lei, presumindo-se a boa-fé quando fundamentado na inconstitucionalidade, na injustiça da lei ou em pronunciamento judicial anterior;

VII – violar, sem justa causa, sigilo profissional;

VIII – estabelecer entendimento com a parte adversa sem autorização do cliente ou ciência do advogado contrário;

IX – prejudicar, por culpa grave, interesse confiado ao seu patrocínio;

X – acarretar, conscientemente, por ato próprio, a anulação ou a nulidade do processo em que funcione;

XI – abandonar a causa sem justo motivo ou antes de decorridos dez dias da comunicação da renúncia;

XII – recusar-se a prestar, sem justo motivo, assistência jurídica, quando nomeado em virtude de impossibilidade da Defensoria Pública;

XIII – fazer publicar na imprensa, desnecessária e habitualmente, alegações forenses ou relativas a causas pendentes;

XIV – deturpar o teor de dispositivo de lei, de citação doutrinária e de julgado, bem como de depoimentos, documentos e alegações da parte contrária, para confundir o adversário ou iludir o juiz da causa;

XV – fazer, em nome do constituinte, sem autorização escrita deste, imputação a terceiro de fato definido como crime;

XVI – deixar de cumprir, no prazo estabelecido, determinação emanada do órgão ou autoridade da Ordem, em matéria da competência desta, depois de regularmente notificado;

XVII – prestar concurso a clientes ou a terceiros para realização de ato contrário à lei ou destinado a fraudá-la;

XVIII – solicitar ou receber de constituinte qualquer importância para aplicação ilícita ou desonesta;

XIX – receber valores, da parte contrária ou de terceiro, relacionados com o objeto do mandato, sem expressa autorização do constituinte;

XX – locupletar-se, por qualquer forma, à custa do cliente ou da parte adversa, por si ou interposta pessoa;

XXI – recusar-se, injustificadamente, a prestar contas ao cliente de quantias recebidas dele ou de terceiros por conta dele;
Ver Provimento nº 70/89 – Prestação de contas por quantias recebidas.

XXII – reter, abusivamente, ou extraviar autos recebidos com vista ou em confiança;

XXIII – deixar de pagar as contribuições, multas e preços de serviços devidos à OAB, depois de regularmente notificado a fazê-lo;

XXIV – incidir em erros reiterados que evidenciem inépcia profissional;

XXV – manter conduta incompatível com a advocacia;

XXVI – fazer falsa prova de qualquer dos requisitos para inscrição na OAB;

XXVII – tornar-se moralmente inidôneo para o exercício da advocacia;

XXVIII – praticar crime infamante;

XXIX – praticar, o estagiário, ato excedente de sua habilitação.

Parágrafo único. Inclui-se na conduta incompatível:
a) prática reiterada de jogo de azar, não autorizado por lei;
b) incontinência pública e escandalosa;
c) embriaguez ou toxicomania habituais.

Art. 35. As sanções disciplinares consistem em:

I – censura;

II – suspensão;

III – exclusão;

IV – multa.

Parágrafo único. As sanções devem constar dos assentamentos do inscrito, após o trânsito em julgado da decisão, não podendo ser objeto da publicidade a de censura.

Art. 36. A censura é aplicável nos casos de:

I – infrações definidas nos incisos I a XVI e XXIX do art. 34;

II – violação a preceito do Código de Ética e Disciplina;

III – violação a preceito desta Lei, quando para a infração não se tenha estabelecido sanção mais grave.

Parágrafo único. A censura pode ser convertida em advertência, em ofício reservado, sem registro nos assentamentos do inscrito, quando presente circunstância atenuante.

Art. 37. A suspensão é aplicável nos casos de:

I – infrações definidas nos incisos XVII a XXV do art. 34;

II – reincidência em infração disciplinar.

§ 1º A suspensão acarreta ao infrator a interdição do exercício profissional, em todo o território nacional, pelo prazo de trinta dias a doze meses, de acordo com os critérios de individualização previstos neste capítulo.

§ 2º Nas hipóteses dos incisos XXI e XXIII do art. 34, a suspensão perdura até que satisfaça integralmente a dívida, inclusive com a correção monetária.

§ 3º Na hipótese do inciso XXIV do art. 34, a suspensão perdura até que preste novas provas de habilitação.

Art. 38. A exclusão é aplicável nos casos de:

I – aplicação, por três vezes, de suspensão;

II – infrações definidas nos incisos XXVI a XXVIII do art. 34.

Parágrafo único. Para a aplicação da sanção disciplinar de exclusão é necessária a manifestação favorável de dois terços dos membros do Conselho Seccional competente.

Art. 39. A multa, variável entre o mínimo correspondente ao valor de uma anuidade e o máximo de seu décuplo, é aplicável cumulativamente com a censura ou suspensão, em havendo circunstâncias agravantes.

Art. 40. Na aplicação das sanções disciplinares são consideradas, para fins de atenuação, as seguintes circunstâncias, entre outras:

I – falta cometida na defesa de prerrogativa profissional;

II – ausência de punição disciplinar anterior;

III – exercício assíduo e proficiente de mandato ou cargo em qualquer órgão da OAB;

IV – prestação de relevantes serviços à advocacia ou à causa pública.

Parágrafo único. Os antecedentes profissionais do inscrito, as atenuantes, o grau de culpa por ele revelada, as circunstâncias e as conseqüências da infração são considerados para o fim de decidir:
a) sobre a conveniência da aplicação cumulativa da multa e de outra sanção disciplinar;
b) sobre o tempo de suspensão e o valor da multa aplicáveis.

Art. 41. É permitido ao que tenha sofrido qualquer sanção disciplinar requerer, um ano após seu cumprimento, a reabilitação, em face de provas efetivas de bom comportamento.

Parágrafo único. Quando a sanção disciplinar resultar da prática de crime, o pedido de reabilitação depende também da correspondente reabilitação criminal.

Art. 42. Fica impedido de exercer o mandato o profissional a quem forem aplicadas as sanções disciplinares de suspensão ou exclusão.

Art. 43. A pretensão à punibilidade das infrações disciplinares prescreve em cinco anos, contados da data da constatação oficial do fato.

§ 1º Aplica-se a prescrição a todo processo disciplinar paralisado por mais de três anos, pendente de despacho ou julgamento, devendo ser arquivado de ofício, ou a requerimento da parte interessada, sem prejuízo de serem apuradas as responsabilidades pela paralisação.

§ 2º A prescrição interrompe-se:

I – pela instauração de processo disciplinar ou pela notificação válida feita diretamente ao representado;

II – pela decisão condenatória recorrível de qualquer órgão julgador da OAB.

TÍTULO II
DA ORDEM DOS ADVOGADOS DO BRASIL

CAPÍTULO I
DOS FINS E DA ORGANIZAÇÃO

Art. 44. A Ordem dos Advogados do Brasil – OAB, serviço público, dotada de personalidade jurídica e forma federativa, tem por finalidade:

I – defender a Constituição, a ordem jurídica do Estado democrático de direito, os direitos humanos, a justiça social, e pugnar pela boa aplicação das leis, pela rápida administração da justiça e pelo aperfeiçoamento da cultura e das instituições jurídicas;

II – promover, com exclusividade, a representação, a defesa, a seleção e a disciplina dos advogados em toda a República Federativa do Brasil.
Ver art. 45 do Regulamento Geral.

§ 1º A OAB não mantém com órgãos da Administração Pública qualquer vínculo funcional ou hierárquico.

§ 2º O uso da sigla "OAB" é privativo da Ordem dos Advogados do Brasil.

Art. 45. São órgãos da OAB:

I – o Conselho Federal;

II – os Conselhos Seccionais;
Ver art. 46 do Regulamento Geral.
Provimento nº 43/78 e Provimento nº 68/89, que criaram, respectivamente, as seccionais de Mato Grosso do Sul e Tocantins.

III – as Subseções;
Ver art. 60 do Estatuto – Competência do Conselho Seccional para criação de subseções e os requisitos necessários.
Ver Capítulo V do Regulamento Geral (arts. 115 e seguintes) – Da subseção.

IV – as Caixas de Assistência dos Advogados.

§ 1º O Conselho Federal, dotado de personalidade jurídica própria, com sede na capital da República, é o órgão supremo da OAB.
Patrimônio dos órgãos da OAB – arts. 47 e 48 do Regulamento Geral.

§ 2º Os Conselhos Seccionais, dotados de personalidade jurídica própria, têm jurisdição sobre os respectivos territórios dos Estados-membros, do Distrito Federal e dos Territórios.

§ 3º As Subseções são partes autônomas do Conselho Seccional, na forma desta Lei e de seu ato constitutivo.

§ 4º As Caixas de Assistência dos Advogados, dotadas de personalidade jurídica própria, são criadas pelos Conselhos Seccionais, quando estes contarem com mais de mil e quinhentos inscritos.

§ 5º A OAB, por constituir serviço público, goza de imunidade tributária total em relação a seus bens, rendas e serviços.

§ 6º Os atos conclusivos dos órgãos da OAB, salvo quando reservados ou de administração interna, devem ser publicados na imprensa oficial ou afixados no fórum, na íntegra ou em resumo.

Art. 46. Compete à OAB fixar e cobrar, de seus inscritos, contribuições, preços de serviços e multas.

Ver arts. 55 e seguintes do Regulamento Geral – Dispõem sobre Receita da OAB. Sobre orçamento, balanço e prestação de contas: arts. 58 a 61 do Regulamento Geral e Provimento n° 101/2003, que substituiu o Provimento n° 44/78 e suas alterações, bem como o Provimento n° 104 /2004, que derrogou itens do art. 4° do Provimento n° 101/2003.

Parágrafo único. Constitui título executivo extrajudicial a certidão passada pela diretoria do Conselho competente, relativa a crédito previsto neste artigo.

Art. 47. O pagamento da contribuição anual a OAB isenta os inscritos nos seus quadros do pagamento obrigatório da contribuição sindical.

Art. 48. O cargo de conselheiro ou de membro de diretoria de órgão da OAB é de exercício gratuito e obrigatório, considerado serviço público relevante, inclusive para fins de disponibilidade e aposentadoria.

Ver sobre compromisso: art. 53 do Regulamento Geral; sobre vacância de membro da Diretoria dos conselhos: art. 50 do Regulamento Geral.

Art. 49. Os Presidentes dos Conselhos e das Subseções da OAB têm legitimidade para agir, judicial e extrajudicialmente, contra qualquer pessoa que infringir as disposições ou os fins desta Lei.

Parágrafo único. As autoridades mencionadas no *caput* deste artigo têm, ainda, legitimidade para intervir, inclusive como assistentes, nos inquéritos e processos em que sejam indiciados, acusados ou ofendidos os inscritos na OAB.

Art. 50. Para os fins desta Lei, os Presidentes dos Conselhos da OAB e das Subseções podem requisitar cópias de peças de autos e documentos a qualquer tribunal, magistrado, cartório e órgão da Administração Pública direta, indireta e fundacional.

CAPÍTULO II
DO CONSELHO FEDERAL

Art. 51. O Conselho Federal compõe-se:

I – dos conselheiros federais, integrantes das delegações de cada unidade federativa;

II – dos seus ex-presidentes, na qualidade de membros honorários vitalícios.

§ 1º Cada delegação é formada por três conselheiros federais.

§ 2º Os ex-presidentes têm direito apenas a voz nas sessões.

Art. 52. Os presidentes dos Conselhos Seccionais, nas sessões do Conselho Federal, têm lugar reservado junto à delegação respectiva e direito somente a voz.

Art. 53. O Conselho Federal tem sua estrutura e funcionamento definidos no Regulamento Geral da OAB.

> Ver Regulamento Geral: estrutura e funcionamento (arts. 62 a 73), Conselho Pleno (arts.74 a 83); Órgão Especial (arts. 84 a 86); Câmaras (arts. 87 a 90); Sessões dos órgãos colegiados (arts. 91 a 97); Provimento nº 76/92 – Comissões Permanentes do Conselho Federal (p.126), alterado pelos Provimentos nºs 78/95 e 87/97.

> Sobre Comissões Permanentes ver Provimentos nºs 79/95, 82/96 e 90/99.

§ 1º O Presidente, nas deliberações do Conselho, tem apenas o voto de qualidade.

§ 2º O voto é tomado por delegação, e não pode ser exercido nas matérias de interesse da unidade que represente.

§ 3º Na eleição para a escolha da Diretoria do Conselho Federal, cada membro da delegação terá direito a 1 (um) voto, vedado aos membros honorários vitalícios (NR dada pela Lei 11.179, de 22 de setembro de 2005, publicada no DOU de 23.09.2005, p. 1, S 1).

Art. 54. Compete ao Conselho Federal:

I – dar cumprimento efetivo às finalidades da OAB;

II – representar, em juízo ou fora dele, os interesses coletivos ou individuais dos advogados;

III – velar pela dignidade, independência, prerrogativas e valorização da advocacia;

IV – representar, com exclusividade, os advogados brasileiros nos órgãos e eventos internacionais da advocacia;

V – editar e alterar o Regulamento Geral, o Código de Ética e Disciplina, e os Provimentos que julgar necessários;
> Ver Regulamento Geral; Código de Ética e Disciplina; Provimento nº 26/66 – Publicação local, pelos Conselhos Seccionais, de todos os Provimentos baixados pela Ordem dos advogados do Brasil, alterado pelo Provimento nº 47/79.

VI – adotar medidas para assegurar o regular funcionamento dos Conselhos Seccionais;

VII – intervir nos Conselhos Seccionais, onde e quando constatar grave violação desta Lei ou do Regulamento Geral;

VIII – cassar ou modificar, de ofício ou mediante representação, qualquer ato, de órgão ou autoridade da OAB, contrário a esta Lei, ao Regulamento Geral, ao Código de Ética e Disciplina, e aos Provimentos, ouvida a autoridade ou o órgão em causa;

IX – julgar, em grau de recurso, as questões decididas pelos Conselhos Seccionais, nos casos previstos neste Estatuto e no Regulamento Geral;
Ver competência das Câmaras e Órgão Especial: arts. 85, 88, 89 e 90 do Regulamento Geral.

X – dispor sobre a identificação dos inscritos na OAB e sobre os respectivos símbolos privativos;

Ver arts. 32 e seguintes do Regulamento Geral e Provimento nº 8/64 – Vestes talares e insígnias privativas do advogado.

XI – apreciar o relatório anual e deliberar sobre o balanço e as contas de sua diretoria;

XII – homologar ou mandar suprir relatório anual, o balanço e as contas dos Conselhos Seccionais;
Ver Provimento nº 101/2003, com alterações do Provimento nº 104/2004 – Relatório e contas dos Conselhos seccionais (substituindo o Provimento nº 44/78 e alterações).

XIII – elaborar as listas constitucionalmente previstas, para o preenchimento dos cargos nos tribunais judiciários de âmbito nacional ou interestadual, com advogados que estejam em pleno exercício da profissão, vedada a inclusão de nome de membro do próprio Conselho ou de outro órgão da OAB;
Ver Provimento nº 102/2004 – Regula a elaboração das listas sêxtuplas.

XIV – ajuizar ação direta de inconstitucionalidade de normas legais e atos normativos, ação civil pública, mandado de segurança coletivo, mandado de injunção e demais ações cuja legitimação lhe seja outorgada por lei;
Ver art. 82 do Regulamento Geral.

XV – colaborar com o aperfeiçoamento dos cursos jurídicos, e opinar, previamente, nos pedidos apresentados aos órgãos competentes para criação, reconhecimento ou credenciamento desses cursos;
Ver art. 83 do Regulamento Geral.

XVI – autorizar, pela maioria absoluta das delegações, a oneração ou alienação de seus bens imóveis;

XVII – participar de concursos públicos, nos casos previstos na Constituição e na lei, em todas as suas fases, quando tiverem abrangência nacional ou interestadual;
Ver art. 52 do Regulamento Geral.

XVIII – resolver os casos omissos neste Estatuto.

Parágrafo único. A intervenção referida no inciso VII deste artigo depende de prévia aprovação por dois terços das delegações, garantido o amplo direito de defesa do Conselho Seccional respectivo, nomeando-se diretoria provisória para o prazo que se fixar.

Art. 55. A diretoria do Conselho Federal é composta de um Presidente, de um Vice-Presidente, de um Secretário-Geral, de um Secretário-Geral Adjunto e de um Tesoureiro.

§ 1º O Presidente exerce a representação nacional e internacional da OAB, competindo-lhe convocar o Conselho Federal, presidi-lo, representá-lo ativa e passivamente, em juízo ou fora dele, promover-lhe a administração patrimonial e dar execução às suas decisões.

§ 2º O Regulamento Geral define as atribuições dos membros da Diretoria e a ordem de substituição em caso de vacância, licença, falta ou impedimento.
Ver arts. 98 a 104 do Regulamento Geral.

§ 3º Nas deliberações do Conselho Federal, os membros da diretoria votam como membros de suas delegações, cabendo ao Presidente, apenas o voto de qualidade e o direito de embargar a decisão, se esta não for unânime.
Ver arts. 68 a 73 do Regulamento Geral.

CAPÍTULO III
DO CONSELHO SECCIONAL

Art. 56. O Conselho Seccional compõe-se de conselheiros em número proporcional ao de seus inscritos, segundo critérios estabelecidos no Regulamento Geral.

§ 1º São membros honorários vitalícios os seus ex-presidentes, somente com direito a voz em suas sessões.

§ 2º O Presidente do Instituto dos Advogados local é membro honorário, somente com direito a voz nas sessões do Conselho.

§ 3º Quando presentes às sessões do Conselho Seccional, o Presidente do Conselho Federal, os Conselheiros Federais integrantes da respectiva delegação, o Presidente da Caixa de Assistência dos Advogados e os Presidentes das Subseções, têm direito a voz.

Art. 57. O Conselho Seccional exerce e observa, no respectivo território, as competências, vedações e funções atribuídas ao Conselho Federal, no que couber e no âmbito de sua competência material e territorial, e as normas gerais estabelecidas nesta Lei, no Regulamento Geral, no Código de Ética e Disciplina, e nos Provimentos.

Art. 58. Compete privativamente ao Conselho Seccional:

I – editar seu Regimento Interno e Resoluções;

II – criar as Subseções e a Caixa de Assistência dos Advogados;

III – julgar, em grau de recurso, as questões decididas por seu Presidente, por sua diretoria, pelo Tribunal de Ética e Disciplina, pelas diretorias das Subseções e da Caixa de Assistência dos Advogados;

IV – fiscalizar a aplicação da receita, apreciar o relatório anual e deliberar sobre o balanço e as contas de sua diretoria, das diretorias das Subseções e da Caixa de Assistência dos Advogados;
Sobre orçamento, receita, prestação de contas, ver anotações ao art. 46 deste Estatuto.

V – fixar a tabela de honorários, válida para todo o território estadual;
Ver art. 111 do Regulamento Geral.

VI – realizar o Exame de Ordem;
Ver Provimento nº 109/2005 – Regula o Exame de Ordem.

VII – decidir os pedidos de inscrição nos quadros de advogados e estagiários;
Sobre inscrição, ver anotação ao Capítulo III do Título I deste Estatuto.

VIII – manter cadastro de seus inscritos;

Ver art. 24 do Regulamento Geral; Provimentos nºs 95/2000 - Regula o Cadastro Nacional dos Advogados, alterado pelo Provimento nº 103/2004, e 98/2002 – Regula o Cadastro Nacional das Sociedades de Advogados.

IX – fixar, alterar e receber contribuições obrigatórias, preços de serviços e multas;
Ver anotação no inciso IV deste artigo.

X – participar da elaboração dos concursos públicos, em todas as suas fases, nos casos previstos na Constituição e nas leis, no âmbito do seu território;

XI – determinar, com exclusividade, critérios para o traje dos advogados, no exercício profissional;

XII – aprovar e modificar seu orçamento anual;

XIII – definir a composição e o funcionamento do Tribunal de Ética e Disciplina, e escolher seus membros;
Ver art. 114 do Regulamento Geral; Código de Ética e Disciplina – CED.

XIV – eleger as listas, constitucionalmente previstas, para preenchimento dos cargos nos tribunais judiciários, no âmbito de sua competência e na forma do Provimento do Conselho Federal, vedada a inclusão de membros do próprio Conselho e de qualquer órgão da OAB;
Ver Provimento nº 102/2004 – Regula a elaboração das listas sêxtuplas.

XV – intervir nas Subseções e na Caixa de Assistência dos Advogados;
Ver art. 112 do Regulamento Geral.

XVI – desempenhar outras atribuições previstas no Regulamento Geral.

Art. 59. A diretoria do Conselho Seccional tem composição idêntica e atribuições equivalentes às do Conselho Federal, na forma do Regimento Interno daquele.

CAPÍTULO IV
DA SUBSEÇÃO

Art. 60. A Subseção pode ser criada pelo Conselho Seccional, que fixa sua área territorial e seus limites de competência e autonomia.

§ 1º A área territorial da Subseção pode abranger um ou mais municípios, ou parte de município, inclusive da capital do Estado, contando com um mínimo de quinze advogados, nela profissionalmente domiciliados.

§ 2º A Subseção é administrada por uma diretoria, com atribuições e composição equivalentes às da diretoria do Conselho Seccional.

§ 3º Havendo mais de cem advogados, a Subseção pode ser integrada, também, por um Conselho em número de membros fixado pelo Conselho Seccional.

§ 4º Os quantitativos referidos nos parágrafos primeiro e terceiro deste artigo podem ser ampliados, na forma do Regimento Interno do Conselho Seccional.

§ 5º Cabe ao Conselho Seccional fixar, em seu orçamento, dotações específicas destinadas à manutenção das Subseções.

§ 6º O Conselho Seccional, mediante o voto de dois terços de seus membros, pode intervir nas Subseções, onde constatar grave violação desta Lei ou do Regimento Interno daquele.

Art. 61. Compete à Subseção, no âmbito de seu território:

I – dar cumprimento efetivo às finalidades da OAB;

II – velar pela dignidade, independência e valorização da advocacia, e fazer valer as prerrogativas do advogado;

III – representar a OAB perante os poderes constituídos;

IV – desempenhar as atribuições previstas no Regulamento Geral ou por delegação de competência do Conselho Seccional.

Parágrafo único. Ao Conselho da Subseção, quando houver, compete exercer as funções e atribuições do Conselho Seccional, na forma do Regimento Interno deste, e ainda:

a) editar seu Regimento Interno, a ser referendado pelo Conselho Seccional;
b) editar resoluções, no âmbito de sua competência;
c) instaurar e instruir processos disciplinares, para julgamento pelo Tribunal de Ética e Disciplina;
d) receber pedido de inscrição nos quadros de advogado e estagiário, instruindo e emitindo parecer prévio, para decisão do Conselho Seccional.

CAPÍTULO V
DA CAIXA DE ASSISTÊNCIA DOS ADVOGADOS

Art. 62. A Caixa de Assistência dos Advogados, com personalidade jurídica própria, destina-se a prestar assistência aos inscritos no Conselho Seccional a que se vincule.

§ 1º A Caixa é criada e adquire personalidade jurídica com a aprovação e registro de seu Estatuto pelo respectivo Conselho Seccional da OAB, na forma do Regulamento Geral.

§ 2º A Caixa pode, em benefício dos advogados, promover a seguridade complementar.

§ 3º Compete ao Conselho Seccional fixar contribuição obrigatória devida por seus inscritos, destinada à manutenção do disposto no parágrafo anterior, incidente sobre atos decorrentes do efetivo exercício da advocacia.

§ 4º A diretoria da Caixa é composta de cinco membros, com atribuições definidas no seu Regimento Interno.

§ 5º Cabe à Caixa a metade da receita das anuidades recebidas pelo Conselho Seccional, considerado o valor resultante após as deduções regulamentares obrigatórias.

Ver art. 56 do Regulamento Geral.

§ 6º Em caso de extinção ou desativação da Caixa, seu patrimônio se incorpora ao do Conselho Seccional respectivo.

§ 7º O Conselho Seccional, mediante voto de dois terços de seus membros, pode intervir na Caixa de Assistência dos Advogados, no caso de descumprimento de suas finalidades, designando diretoria provisória, enquanto durar a intervenção.

CAPÍTULO VI
DAS ELEIÇÕES E DOS MANDATOS

Art. 63. A eleição dos membros de todos os órgãos da OAB será realizada na segunda quinzena do mês de novembro, do último ano do mandato, mediante cédula única e votação direta dos advogados regularmente inscritos.

§ 1º A eleição, na forma e segundo os critérios e procedimentos estabelecidos no Regulamento Geral, é de comparecimento obrigatório para todos os advogados inscritos na OAB.

§ 2º O candidato deve comprovar situação regular junto à OAB, não ocupar cargo exonerável *ad nutum*, não ter sido condenado por infração disciplinar, salvo reabilitação, e exercer efetivamente a profissão há mais de cinco anos.

Art. 64. Consideram-se eleitos os candidatos integrantes da chapa que obtiver a maioria dos votos válidos.

§ 1º A chapa para o Conselho Seccional deve ser composta dos candidatos ao Conselho e à sua Diretoria e, ainda, à delegação ao Conselho Federal e à Diretoria da Caixa de Assistência dos Advogados para eleição conjunta.

§ 2º A chapa para a Subseção deve ser composta com os candidatos à diretoria, e de seu Conselho quando houver.

Art. 65. O mandato em qualquer órgão da OAB é de três anos, iniciando-se em primeiro de janeiro do ano seguinte ao da eleição, salvo o Conselho Federal.

Parágrafo único. Os conselheiros federais eleitos iniciam seus mandatos em primeiro de fevereiro do ano seguinte ao da eleição.

Art. 66. Extingue-se o mandato automaticamente, antes do seu término, quando:
Ver art. 54 do Regulamento Geral.

I – ocorrer qualquer hipótese de cancelamento de inscrição ou de licenciamento do profissional;

II – o titular sofrer condenação disciplinar;

III – o titular faltar, sem motivo justificado, a três reuniões ordinárias consecutivas de cada órgão deliberativo do Conselho ou da diretoria da Subseção ou da Caixa de Assistência dos Advogados, não podendo ser reconduzido no mesmo período de mandato.

Parágrafo único. Extinto qualquer mandato, nas hipóteses deste artigo, cabe ao Conselho Seccional escolher o substituto, caso não haja suplente.

Art. 67. A eleição da Diretoria do Conselho Federal, que tomará posse no dia 1º de fevereiro, obedecerá às seguintes regras:
Ver Provimento nº 86/97 – Uniformiza a eleição para a Diretoria do Conselho Federal.

I – será admitido registro, junto ao Conselho Federal, de candidatura à presidência, desde seis meses até um mês antes da eleição;

II – o requerimento de registro deverá vir acompanhado do apoiamento de, no mínimo, seis Conselhos Seccionais;

III – até um mês antes das eleições, deverá ser requerido o registro da chapa completa, sob pena de cancelamento da candidatura respectiva;

IV – no dia 31 de janeiro do ano seguinte ao da eleição, o Conselho Federal elegerá, em reunião presidida pelo conselheiro mais antigo, por voto secreto e para mandato de 3 (três) anos, sua diretoria, que tomará posse no dia seguinte; (NR dada pela Lei 11.179, de 22 de setembro de 2005, publicada no DOU de 23.09.2005, p. 1, S 1).

V – será considerada eleita a chapa que obtiver maioria simples dos votos dos Conselheiros Federais, presente a metade mais 1 (um) de seus membros. (NR dada pela Lei 11.179, de 22 de setembro de 2005, publicada no DOU de 23.09.2005, p. 1, S 1).

Parágrafo único. Com exceção do candidato a Presidente, os demais integrantes da chapa deverão ser conselheiros federais eleitos.

TÍTULO III
DO PROCESSO NA OAB

CAPÍTULO I
DISPOSIÇÕES GERAIS

Art. 68. Salvo disposição em contrário, aplicam-se subsidiariamente ao processo disciplinar as regras da legislação processual penal comum e, aos demais processos, as regras gerais do procedimento administrativo comum e da legislação processual civil, nessa ordem.

Art. 69. Todos os prazos necessários à manifestação de advogados, estagiários e terceiros, nos processos em geral da OAB, são de quinze dias, inclusive para interposição de recursos.

§ 1º Nos casos de comunicação por ofício reservado, ou de notificação pessoal, o prazo se conta a partir do dia útil imediato ao da notificação do recebimento.

§ 2º Nos casos de publicação na imprensa oficial do ato ou da decisão, o prazo inicia-se no primeiro dia útil seguinte.

CAPÍTULO II
DO PROCESSO DISCIPLINAR

Art. 70. O poder de punir disciplinarmente os inscritos na OAB compete exclusivamente ao Conselho Seccional em cuja base territorial tenha ocorrido a infração, salvo se a falta for cometida perante o Conselho Federal.

§ 1º Cabe ao Tribunal de Ética e Disciplina, do Conselho Seccional competente, julgar os processos disciplinares, instruídos pelas Subseções ou por relatores do próprio Conselho.

§ 2º A decisão condenatória irrecorrível deve ser imediatamente comunicada ao Conselho Seccional onde o representado tenha inscrição principal, para constar dos respectivos assentamentos.

§ 3º O Tribunal de Ética e Disciplina do Conselho onde o acusado tenha inscrição principal pode suspendê-lo preventivamente, em caso de repercussão prejudicial à dignidade da advocacia, depois de ouvi-lo em sessão especial para a qual deve ser notificado a comparecer, salvo se não atender à notificação. Neste caso, o processo disciplinar deve ser concluído no prazo máximo de noventa dias.

Art. 71. A jurisdição disciplinar não exclui a comum e, quando o fato constituir crime ou contravenção, deve ser comunicado às autoridades competentes.

Art. 72. O processo disciplinar instaura-se de ofício ou mediante representação de qualquer autoridade ou pessoa interessada.

§ 1º O Código de Ética e Disciplina estabelece os critérios de admissibilidade da representação e os procedimentos disciplinares.

§ 2º O processo disciplinar tramita em sigilo, até o seu término, só tendo acesso às suas informações as partes, seus defensores e a autoridade judiciária competente.

Art. 73. Recebida a representação, o Presidente deve designar relator, a quem compete instrução do processo e o oferecimento de parecer preliminar a ser submetido ao Tribunal de Ética e Disciplina.

§ 1º Ao representado deve ser assegurado amplo direito de defesa, podendo acompanhar o processo em todos os termos, pessoalmente ou por intermédio de procurador, oferecendo defesa prévia após ser notificado, razões finais após a instrução e defesa oral perante o Tribunal de Ética e Disciplina, por ocasião do julgamento.

§ 2º Se, após a defesa prévia, o relator se manifestar pelo indeferimento liminar da representação, este deve ser decidido pelo Presidente do Conselho Seccional, para determinar seu arquivamento.

§ 3º O prazo para defesa prévia pode ser prorrogado por motivo relevante, a juízo do relator.

§ 4º Se o representado não for encontrado, ou for revel, o Presidente do Conselho ou da Subseção deve designar-lhe defensor dativo;

§ 5º É também permitida a revisão do processo disciplinar, por erro de julgamento ou por condenação baseada em falsa prova.

Art. 74. O Conselho Seccional pode adotar as medidas administrativas e judiciais pertinentes, objetivando a que o profissional suspenso ou excluído devolva os documentos de identificação.

CAPÍTULO III
DOS RECURSOS

Art. 75. Cabe recurso ao Conselho Federal de todas as decisões definitivas proferidas pelo Conselho Seccional, quando não tenham sido unânimes ou, sendo unânimes, contrariem esta Lei, decisão do Conselho Federal ou de outro Conselho Seccional e, ainda, o Regulamento Geral, o Código de Ética e Disciplina e os Provimentos.

Parágrafo único. Além dos interessados, o Presidente do Conselho Seccional é legitimado a interpor o recurso referido neste artigo.

Art. 76. Cabe recurso ao Conselho Seccional de todas as decisões proferidas por seu Presidente, pelo Tribunal de Ética e Disciplina, ou pela diretoria da Subseção ou da Caixa de Assistência dos Advogados.

Art. 77. Todos os recursos têm efeito suspensivo, exceto quando tratarem de eleições (arts. 63 e seguintes), de suspensão preventiva decidida pelo Tribunal de Ética e Disciplina, e de cancelamento da inscrição obtida com falsa prova.

Parágrafo único. O Regulamento Geral disciplina o cabimento de recursos específicos, no âmbito de cada órgão julgador.

TÍTULO IV
DAS DISPOSIÇÕES GERAIS E TRANSITÓRIAS

Art. 78. Cabe ao Conselho Federal da OAB, por deliberação de dois terços, pelo menos, das delegações, editar o Regulamento Geral deste Estatuto, no prazo de seis meses, contados da publicação desta Lei.

O Regulamento Geral foi aprovado nas sessões plenárias de 16.10.94 e 06.11.94 e publicado no Diário da Justiça, Seção I, de 16.11.94 (pp. 31.210 a 31.220).

Art. 79. Aos servidores da OAB, aplica-se o regime trabalhista.
Ver Provimento nº 84/96 – Combate ao nepotismo no âmbito da OAB.

§ 1º Aos servidores da OAB, sujeitos ao regime da Lei nº 8.112, de 11 de dezembro de 1990, é concedido o direito de opção pelo regime trabalhista, no prazo de noventa dias a partir da vigência desta Lei, sendo assegurado aos optantes o pagamento de indenização, quando da aposentadoria, correspondente a cinco vezes o valor da última remuneração.

§ 2º Os servidores que não optarem pelo regime trabalhista serão posicionados no quadro em extinção, assegurado o direito adquirido ao regime legal anterior.

Art. 80. Os Conselhos Federal e Seccionais devem promover trienalmente as respectivas Conferências, em data não coincidente com o ano eleitoral, e, periodicamente, reunião do colégio de presidentes a eles vinculados, com finalidade consultiva.

Ver arts. 145 a 149 do Regulamento Geral; Provimento n° 96/2001-Cerimonial da OAB.

Art. 81. Não se aplicam aos que tenham assumido originariamente o cargo de Presidente do Conselho Federal ou dos Conselhos Seccionais, até a data da publicação desta Lei, as normas contidas no Título II, acerca da composição desses Conselhos, ficando assegurado o pleno direito de voz e voto em suas sessões.

Art. 82. Aplicam-se as alterações previstas nesta Lei, quanto a mandatos, eleições, composições e atribuições dos órgãos da OAB, a partir do término do mandato dos atuais membros, devendo os Conselhos Federal e Seccionais disciplinarem os respectivos procedimentos de adaptação.

Parágrafo único. Os mandatos dos membros dos órgãos da OAB, eleitos na primeira eleição sob a vigência desta Lei, e na forma do Capítulo VI do Título II, terão início no dia seguinte ao término dos atuais mandatos, encerrando-se em 31 de dezembro do terceiro ano do mandato e em 31 de janeiro do terceiro ano do mandato, neste caso com relação ao Conselho Federal.

Art. 83. Não se aplica o disposto no art. 28, inciso II, desta Lei, aos membros do Ministério Público que, na data de promulgação da Constituição, se incluam na previsão do art. 29, § 3°, do seu Ato das Disposições Constitucionais Transitórias.

Art. 84. O estagiário, inscrito no respectivo quadro, fica dispensado do Exame da Ordem, desde que comprove, em até dois anos da promulgação desta Lei, o exercício e resultado do estágio profissional ou a conclusão, com aproveitamento, do estágio de "Prática Forense e Organização Judiciária", realizado junto à respectiva faculdade, na forma da legislação em vigor.

Art. 85. O Instituto dos Advogados Brasileiros e as instituições a ele filiadas têm qualidade para promover perante a OAB o que julgarem do interesse dos advogados em geral ou de qualquer dos seus membros.

Art. 86. Esta Lei entra em vigor na data de sua publicação.

Art. 87. Revogam-se as disposições em contrário, especialmente a Lei nº 4.215, de 27 de abril de 1963, a Lei nº 5.390, de 23 de fevereiro de 1968, o Decreto-lei nº 505, de 18 de março de 1969, a Lei nº 5.681, de 20 de julho de 1971, a Lei nº 5.842, de 6 de dezembro de 1972, a Lei nº 5.960, de 10 de dezembro de 1973, a Lei nº 6.743, de 5 de dezembro de 1979, a Lei nº 6.884, de 9 de dezembro de 1980, a Lei nº 6.994, de 26 de maio de 1982, mantidos os efeitos da Lei nº 7.346, de 22 de julho de 1985.

Brasília, 4 de julho de 1994; 173º da Independência e 106º da República.

ITAMAR FRANCO

Alexandre de Paula Dupeyrat Martins

REGULAMENTO GERAL DO ESTATUTO DA ADVOCACIA E DA OAB

Dispõe sobre o Regulamento Geral previsto na Lei 8.906, de 4 de julho de 1994.

O Conselho Federal da Ordem dos Advogados do Brasil, no uso das atribuições conferidas pelos arts. 54, V, e 78 da Lei 8.906, de 4 de julho de 1994, resolve:

TÍTULO I
DA ADVOCACIA

[...]

CAPÍTULO IV
DO ESTÁGIO PROFISSIONAL

Art. 27. O estágio profissional de advocacia, inclusive para graduados, é requisito necessário à inscrição no quadro de estagiários da OAB e meio adequado de aprendizagem prática.

§ 1º O estágio profissional de advocacia pode ser oferecido pela instituição de ensino superior autorizada e credenciada, em convênio com a OAB, complementando-se a carga horária do estágio curricular supervisionado com atividades práticas típicas de advogado e de estudo do Estatuto e do Código de Ética e Disciplina, observado o tempo conjunto mínimo de 300 (trezentas) horas, distribuído em 2 (dois) ou mais anos.

§ 2º A complementação da carga horária, no total estabelecido no convênio, pode ser efetivada na forma de atividades jurídicas no núcleo de prática jurídica da instituição de ensino, na Defensoria Pública, em escritórios de advocacia ou em setores jurídicos públicos ou privados, credenciados e fiscalizados pela OAB.

§ 3º As atividades de estágio ministrado por instituição de ensino, para fins de convênio com a OAB, são exclusivamente práticas, incluindo a redação de atos processuais e profissionais, as rotinas processuais, a assistência e a atuação em audiências e sessões, as visitas a órgãos judiciários, a prestação de serviços jurídicos e as técnicas de negociação coletiva, de arbitragem e de conciliação.

Art. 28. O estágio realizado na Defensoria Pública da União, do Distrito Federal ou dos Estados, na forma do art. 145 da Lei Complementar 80, de 12 de janeiro de 1994, é considerado válido para fins de inscrição no quadro de estagiários da OAB.

Art. 29. Os atos de advocacia, previstos no art. 1º do Estatuto, podem ser subscritos por estagiário inscrito na OAB, em conjunto com o advogado ou o defensor público.

§ 1º O estagiário inscrito na OAB pode praticar isoladamente os seguintes atos, sob a responsabilidade do advogado:

I – retirar e devolver autos em cartório, assinando a respectiva carga;

II – obter junto aos escrivães e chefes de secretarias certidões de peças ou autos de processos em curso ou findos;

III – assinar petições de juntada de documentos a processos judiciais ou administrativos.

§ 2º Para o exercício de atos extrajudiciais, o estagiário pode comparecer isoladamente, quando receber autorização ou substabelecimento do advogado.

Art. 30. O estágio profissional de advocacia, realizado integralmente fora da instituição de ensino, compreende as atividades fixadas em convênio entre o escritório de advocacia ou entidade que receba o estagiário e a OAB.

Art. 31. Cada Conselho Seccional mantém uma Comissão de Estágio e Exame de Ordem, a quem incumbe coordenar, fiscalizar e executar as atividades decorrentes.

§ 1º Os convênios e suas alterações, firmados pelo Presidente do Conselho ou da Subseção, quando esta receber delegação de competência, são previamente elaborados pela Comissão, que tem poderes para negociá-los com os interessados.

§ 2º A Comissão pode instituir subcomissões nas Subseções.

§ 3º O Presidente da Comissão integra a Coordenação Nacional de Exame de Ordem, do Conselho Federal da OAB.

§ 4º Compete ao Presidente do Conselho Seccional designar a Comissão, que pode ser composta por advogados não integrantes do Conselho.

CAPÍTULO V
DA IDENTIDADE PROFISSIONAL

Art. 32. São documentos de identidade profissional a carteira e o cartao emitidos pela OAB, de uso obrigatório pelos advogados e estagiários inscritos, para o exercício de suas atividades.

Parágrafo único. O uso do cartão dispensa o da carteira.
[...]

Art. 35. O cartão de identidade do estagiário tem o mesmo modelo e conteúdo do cartão de identidade do advogado, com a indicação de "Identidade de Estagiário", em destaque, e do prazo de validade, que não pode ultrapassar 3 (três) anos nem ser prorrogado.

Parágrafo único. O cartão de identidade do estagiário perde sua validade imediatamente após a prestação do compromisso como advogado.
* Parágrafo único com redação determinada pelo Conselho Pleno do Conselho Federal da Ordem dos Advogados do Brasil, *DJU* 24.11.1997.

[...]

TÍTULO II
DA ORDEM DOS ADVOGADOS DO BRASIL (OAB)

[...]

CAPÍTULO III
DO CONSELHO FEDERAL

[...]

Seção IV
Das Câmaras

[...]

Art. 88. Compete à Primeira Câmara:

I – decidir os recursos sobre:
a) atividade de advocacia e direitos e prerrogativas dos advogados e estagiários;
b) inscrição nos quadros da OAB;
c) incompatibilidades e impedimentos.

II – expedir resoluções regulamentando o Exame de Ordem, para garantir sua eficiência e padronização nacional, ouvida a Comissão Nacional de Exame de Ordem;

* Inciso II com redação determinada pelo Conselho Pleno do Conselho Federal da Ordem dos Advogados do Brasil, *DJU* 12.12.2000.

[...]

Seção VI
Da Diretoria do Conselho Federal

[...]

Art. 103. Compete ao Secretário-Geral Adjunto:

[...]

II – organizar e manter o cadastro nacional dos advogados e estagiários, requisitando os dados e informações necessários aos Conselhos Seccionais e promovendo as medidas necessárias;

[...]

CAPÍTULO IV
DO CONSELHO SECCIONAL

[...]

Art. 112. O Exame de Ordem é organizado pela Comissão de Estágio e Exame de Ordem do Conselho Seccional, na forma do Provimento e das Resoluções do Conselho Federal, segundo padrão nacional uniforme de qualidade, critérios e programas.

§ 1º Cabe à Comissão fixar o calendário anual do Exame.

§ 2º O recurso contra decisão da Comissão ao Conselho Seccional observa os critérios previstos no Provimento do Conselho Federal e no regulamento do Conselho Seccional.

[...]

CAPÍTULO IX
DAS CONFERÊNCIAS E DOS COLÉGIOS DE PRESIDENTES

[...]

Art. 146. São membros das Conferências:

I – efetivos: os Conselheiros e Presidentes dos órgãos da OAB presentes, os advogados e estagiários inscritos na Conferência, todos com direito a voto;

[...]

§ 2º Os estudantes de direito, mesmo inscritos como estagiários na OAB, são membros ouvintes, escolhendo um porta-voz entre os presentes em cada sessão da Conferência.

[...]

Art. 158. Este Regulamento Geral entra em vigor na data de sua publicação.

Sala das Sessões, em Brasília, 16 de outubro e 6 de novembro de 1994.

José Roberto Batochio

Presidente
Paulo Luiz Netto Lôbo

Relator
(*DJU* 16.11.1994)

CÓDIGO DE ÉTICA
E DISCIPLINA DA OAB

O CONSELHO FEDERAL DA ORDEM DOS ADVOGADOS DO BRASIL, ao instituir o Código de Ética e Disciplina, norteou-se por princípios que formam a consciência profissional do advogado e representam imperativos de sua conduta, tais como: os de lutar sem receio pelo primado da Justiça; pugnar pelo cumprimento da Constituição e pelo respeito à Lei, fazendo com que esta seja interpretada com retidão, em perfeita sintonia com os fins sociais a que se dirige e as exigências do bem comum; ser fiel à verdade para poder servir à Justiça como um de seus elementos essenciais; proceder com lealdade e boa-fé em suas relações profissionais e em todos os atos do seu ofício; empenhar-se na defesa das causas confiadas ao seu patrocínio, dando ao constituinte o amparo do Direito, e proporcionando-lhe a realização prática de seus legítimos interesses; comportar-se, nesse mister, com independência e altivez, defendendo com o mesmo denodo humildes e poderosos; exercer a advocacia com o indispensável senso profissional, mas também com desprendimento, jamais permitindo que o anseio de ganho material sobreleve à finalidade social do seu trabalho; aprimorar-se no culto dos princípios éticos e no domínio da ciência jurídica, de modo a tornar-se merecedor da confiança do cliente e da sociedade como um todo, pelos atributos intelectuais e pela probidade pessoal; agir, em suma, com a dignidade das pessoas de bem e a correção dos profissionais que honram e engrandecem a sua classe.

Inspirado nesses postulados é que o Conselho Federal da Ordem dos Advogados do Brasil, no uso das atribuições que lhe são conferidas pelos arts. 33 e 54, V, da Lei nº 8.906, de 4 de julho de 1994, aprova e edita este Código, exortando os advogados brasileiros à sua fiel observância.

TÍTULO I
DA ÉTICA DO ADVOGADO

CAPÍTULO I
DAS REGRAS DEONTOLÓGICAS FUNDAMENTAIS

Art. 1º O exercício da advocacia exige conduta compatível com os preceitos deste Código, do Estatuto, do Regulamento Geral, dos Provimentos e com os demais princípios da moral individual, social e profissional.

Art. 2º O advogado, indispensável à administração da Justiça, é defensor do estado democrático de direito, da cidadania, da moralidade pública, da Justiça e da paz social, subordinando a atividade do seu Ministério Privado à elevada função pública que exerce.

Parágrafo único. São deveres do advogado:

I - preservar, em sua conduta, a honra, a nobreza e a dignidade da profissão, zelando pelo seu caráter de essencialidade e indispensabilidade;

II - atuar com destemor, independência, honestidade, decoro, veracidade, lealdade, dignidade e boa-fé;

Publicado no Diário da Justiça, Seção I, do dia 01.03.95, pp. 4.000 a 4.004.

III - velar por sua reputação pessoal e profissional;

IV - empenhar-se, permanentemente, em seu aperfeiçoamento pessoal e profissional;

V - contribuir para o aprimoramento das instituições, do Direito e das leis;

VI - estimular a conciliação entre os litigantes, prevenindo, sempre que possível, a instauração de litígios;

VII - aconselhar o cliente a não ingressar em aventura judicial;

VIII - abster-se de:
a) utilizar de influência indevida, em seu benefício ou do cliente;
b) patrocinar interesses ligados a outras atividades estranhas à advocacia, em que também atue;
c) vincular o seu nome a empreendimentos de cunho manifestamente duvidoso;
d) emprestar concurso aos que atentem contra a ética, a moral, a honestidade e a dignidade da pessoa humana;
e) entender-se diretamente com a parte adversa que tenha patrono constituído, sem o assentimento deste.

IX - pugnar pela solução dos problemas da cidadania e pela efetivação dos seus direitos individuais, coletivos e difusos, no âmbito da comunidade.

Art. 3º O advogado deve ter consciência de que o Direito é um meio de mitigar as desigualdades para o encontro de soluções justas e que a lei é um instrumento para garantir a igualdade de todos.

Art. 4º O advogado vinculado ao cliente ou constituinte, mediante relação empregatícia ou por contrato de prestação permanente de serviços, integrante de departamento jurídico, ou órgão de assessoria jurídica, público ou privado, deve zelar pela sua liberdade e independência.

Parágrafo único. É legítima a recusa, pelo advogado, do patrocínio de pretensão concernente a lei ou direito que também lhe seja aplicável, ou contrarie expressa orientação sua, manifestada anteriormente.

Art. 5º O exercício da advocacia é incompatível com qualquer procedimento de mercantilização.

Art. 6º É defeso ao advogado expor os fatos em Juízo falseando deliberadamente a verdade ou estribando-se na má-fé.

215

Art. 7º É vedado o oferecimento de serviços profissionais que impliquem, direta ou indiretamente, inculcação ou captação de clientela.

CAPÍTULO II
DAS RELAÇÕES COM O CLIENTE

Art. 8º O advogado deve informar o cliente, de forma clara e inequívoca, quanto a eventuais riscos da sua pretensão, e das conseqüências que poderão advir da demanda.

Art. 9º A conclusão ou desistência da causa, com ou sem a extinção do mandato, obriga o advogado à devolução de bens, valores e documentos recebidos no exercício do mandato, e à pormenorizada prestação de contas, não excluindo outras prestações solicitadas, pelo cliente, a qualquer momento.

Art. 10. Concluída a causa ou arquivado o processo, presumem-se o cumprimento e a cessação do mandato.

Art. 11. O advogado não deve aceitar procuração de quem já tenha patrono constituído, sem prévio conhecimento deste, salvo por motivo justo ou para adoção de medidas judiciais urgentes e inadiáveis.

Art. 12. O advogado não deve deixar ao abandono ou ao desamparo os feitos, sem motivo justo e comprovada ciência do constituinte.

Art. 13. A renúncia ao patrocínio implica omissão do motivo e a continuidade da responsabilidade profissional do advogado ou escritório de advocacia, durante o prazo estabelecido em lei; não exclui, todavia, a responsabilidade pelos danos causados dolosa ou culposamente aos clientes ou a terceiros.

Art. 14. A revogação do mandato judicial por vontade do cliente não o desobriga do pagamento das verbas honorárias contratadas, bem como não retira o direito do advogado de receber o quanto lhe seja devido em eventual verba honorária de sucumbência, calculada proporcionalmente, em face do serviço efetivamente prestado.

Art. 15. O mandato judicial ou extrajudicial deve ser outorgado individualmente aos advogados que integrem sociedade de que façam parte, e será exercido no interesse do cliente, respeitada a liberdade de defesa.

Art. 16. O mandato judicial ou extrajudicial não se extingue pelo decurso de tempo, desde que permaneça a confiança recíproca entre o outorgante e o seu patrono no interesse da causa.

Art. 17. Os advogados integrantes da mesma sociedade profissional, ou reunidos em caráter permanente para cooperação recíproca, não podem representar em juízo clientes com interesses opostos.

Art. 18. Sobrevindo conflitos de interesse entre seus constituintes, e não estando acordes os interessados, com a devida prudência e discernimento, optará o advogado por um dos mandatos, renunciando aos demais, resguardado o sigilo profissional.

Art. 19. O advogado, ao postular em nome de terceiros, contra ex-cliente ou ex-empregador, judicial e extrajudicialmente, deve resguardar o segredo profissional e as informações reservadas ou privilegiadas que lhe tenham sido confiadas.

Art. 20. O advogado deve abster-se de patrocinar causa contrária à ética, à moral ou à validade de ato jurídico em que tenha colaborado, orientado ou conhecido em consulta; da mesma forma, deve declinar seu impedimento ético quando tenha sido convidado pela outra parte, se esta lhe houver revelado segredos ou obtido seu parecer.

Art. 21. É direito e dever do advogado assumir a defesa criminal, sem considerar sua própria opinião sobre a culpa do acusado.

Art. 22. O advogado não é obrigado a aceitar a imposição de seu cliente que pretenda ver com ele atuando outros advogados, nem aceitar a indicação de outro profissional para com ele trabalhar no processo.

Art. 23. É defeso ao advogado funcionar no mesmo processo, simultaneamente, como patrono e preposto do empregador ou cliente.

Art. 24. O substabelecimento do mandato, com reserva de poderes, é ato pessoal do advogado da causa.

§1º. O substabelecimento do mandato sem reservas de poderes exige o prévio e inequívoco conhecimento do cliente.

§2º O substabelecido com reserva de poderes deve ajustar antecipadamente seus honorários com o substabelecente.

CAPÍTULO III
DO SIGILO PROFISSIONAL

Art. 25. O sigilo profissional é inerente à profissão, impondo-se o seu respeito, salvo grave ameaça ao direito à vida, à honra, ou quando o advogado se veja afrontado pelo próprio cliente e, em defesa própria, tenha que revelar segredo, porém sempre restrito ao interesse da causa.

Art. 26. O advogado deve guardar sigilo, mesmo em depoimento judicial, sobre o que saiba em razão de seu ofício, cabendo-lhe recusar-se a depor como testemunha em processo no qual funcionou ou deva funcionar, ou sobre fato relacionado com pessoa de quem seja ou tenha sido advogado, mesmo que autorizado ou solicitado pelo constituinte.

Art. 27. As confidências feitas ao advogado pelo cliente podem ser utilizadas nos limites da necessidade da defesa, desde que autorizado aquele pelo constituinte.

Parágrafo único. Presumem-se confidenciais as comunicações epistolares entre advogado e cliente, as quais não podem ser reveladas a terceiros.

CAPÍTULO IV
DA PUBLICIDADE

Art. 28. O advogado pode anunciar os seus serviços profissionais, individual ou coletivamente, com discrição e moderação, para finalidade exclusivamente informativa, vedada a divulgação em conjunto com outra atividade.

Art. 29. O anúncio deve mencionar o nome completo do advogado e o número da inscrição na OAB, podendo fazer referência a títulos ou qualificações profissionais, especialização técnico-científica e associações culturais e científicas, endereços, horário do expediente e meios de comunicação, vedadas a sua veiculação pelo rádio e televisão e a denominação de fantasia.

§1º Títulos ou qualificações profissionais são os relativos à profissão de advogado, conferidos por universidades ou instituições de ensino superior, reconhecidas.

§2º Especialidades são os ramos do Direito, assim entendidos pelos doutrinadores ou legalmente reconhecidos.

§3º Correspondências, comunicados e publicações, versando sobre constituição, colaboração, composição e qualificação de componentes de escritório e especificação de especialidades profissionais, bem como boletins informativos e comentários sobre legislação, somente podem ser fornecidos a colegas, clientes, ou pessoas que os solicitem ou os autorizem previamente.

§4º O anúncio de advogado não deve mencionar, direta ou indiretamente, qualquer cargo, função pública ou relação de emprego e patrocínio que tenha exercido, passível de captar clientela.

§5º O uso das expressões "escritório de advocacia" ou "sociedade de advogados" deve estar acompanhado da indicação de número de registro na OAB ou do nome e do número de inscrição dos advogados que o integrem.

§6º O anúncio, no Brasil, deve adotar o idioma português, e, quando em idioma estrangeiro, deve estar acompanhado da respectiva tradução.

Art. 30. O anúncio sob a forma de placas, na sede profissional ou na residência do advogado, deve observar discrição quanto ao conteúdo, forma e dimensões, sem qualquer aspecto mercantilista, vedada a utilização de "outdoor" ou equivalente.

Art. 31. O anúncio não deve conter fotografias, ilustrações, cores, figuras, desenhos, logotipos, marcas ou símbolos incompatíveis com a sobriedade da advocacia, sendo proibido o uso dos símbolos oficiais e dos que sejam utilizados pela Ordem dos Advogados do Brasil.

§1º São vedadas referências a valores dos serviços, tabelas, gratuidade ou forma de pagamento, termos ou expressões que possam iludir ou confundir o público, informações de serviços jurídicos suscetíveis de implicar, direta ou indiretamente, captação de causa ou clientes, bem como menção ao tamanho, qualidade e estrutura da sede profissional.

§2º Considera-se imoderado o anúncio profissional do advogado mediante remessa de correspondência a uma coletividade, salvo para comunicar a clientes e colegas a instalação ou mudança de endereço, a indicação expressa do seu nome e escritório em partes externas de veículo, ou a inserção de seu nome em anúncio relativo a outras atividades não advocatícias, faça delas parte ou não.

Art. 32. O advogado que eventualmente participar de programa de televisão ou de rádio, de entrevista na imprensa, de reportagem televisionada ou de qualquer outro meio, para manifestação profissional, deve visar a objetivos exclusivamente ilustrativos, educacionais e instrutivos, sem propósito de promoção pessoal ou profissional, vedados pronunciamentos sobre métodos de trabalho usados por seus colegas de profissão.

Parágrafo único. Quando convidado para manifestação pública, por qualquer modo e forma, visando ao esclarecimento de tema jurídico de interesse geral, deve o advogado evitar insinuações a promoção pessoal ou profissional, bem como o debate de caráter sensacionalista.

Art. 33. O advogado deve abster-se de:

I - responder com habitualidade consulta sobre matéria jurídica, nos meios de comunicação social, com intuito de promover-se profissionalmente;

II - debater, em qualquer veículo de divulgação, causa sob seu patrocínio ou patrocínio de colega;

III - abordar tema de modo a comprometer a dignidade da profissão e da instituição que o congrega;

IV - divulgar ou deixar que seja divulgada a lista de clientes e demandas;

V - insinuar-se para reportagens e declarações públicas.

Art. 34. A divulgação pública, pelo advogado, de assuntos técnicos ou jurídicos de que tenha ciência em razão do exercício profissional como advogado constituído, assessor jurídico ou parecerista, deve limitar-se a aspectos que não quebrem ou violem o segredo ou o sigilo profissional.

CAPÍTULO V
DOS HONORÁRIOS PROFISSIONAIS

Art. 35. Os honorários advocatícios e sua eventual correção, bem como sua majoração decorrente do aumento dos atos judiciais que advierem como necessários, devem ser previstos em contrato escrito, qualquer que seja o objeto e o meio da prestação do serviço profissional, contendo todas as especificações e forma de pagamento, inclusive no caso de acordo.

§1° Os honorários da sucumbência não excluem os contratados, porém devem ser levados em conta no acerto final com o cliente ou constituinte, tendo sempre presente o que foi ajustado na aceitação da causa.

§2° A compensação ou o desconto dos honorários contratados e de valores que devam ser entregues ao constituinte ou cliente só podem ocorrer se houver prévia autorização ou previsão contratual.

§3° A forma e as condições de resgate dos encargos gerais, judiciais e extrajudiciais, inclusive eventual remuneração de outro profissional, advogado ou não, para desempenho de serviço auxiliar ou complementar técnico e especializado, ou com incumbência pertinente fora da Comarca, devem integrar as condições gerais do contrato.

Art. 36 - Os honorários profissionais devem ser fixados com moderação, atendidos os elementos seguintes:

I - a relevância, o vulto, a complexidade e a dificuldade das questões versadas;

II - o trabalho e o tempo necessários;

III - a possibilidade de ficar o advogado impedido de intervir em outros casos, ou de se desavir com outros clientes ou terceiros;

IV - o valor da causa, a condição econômica do cliente e o proveito para ele resultante do serviço profissional;

V - o caráter da intervenção, conforme se trate de serviço a cliente avulso, habitual ou permanente;

VI - o lugar da prestação dos serviços, fora ou não do domicílio do advogado;

VII - a competência e o renome do profissional;

VIII - a praxe do foro sobre trabalhos análogos.

Art. 37. Em face da imprevisibilidade do prazo de tramitação da demanda, devem ser delimitados os serviços profissionais a se prestarem nos procedimentos preliminares, judiciais ou conciliatórios, a fim de que outras medidas, solicitadas ou necessárias, incidentais ou não, diretas ou indiretas, decorrentes da causa, possam ter novos honorários estimados, e da mesma forma receber do constituinte ou cliente a concordância hábil.

Art. 38. Na hipótese da adoção de cláusula *quota litis*, os honorários devem ser necessariamente representados por pecúnia e, quando acrescidos dos de honorários da sucumbência, não podem ser superiores às vantagens advindas em favor do constituinte ou do cliente.

Parágrafo único. A participação do advogado em bens particulares de cliente, comprovadamente sem condições pecuniárias, só é tolerada em caráter excepcional, e desde que contratada por escrito.

Art. 39. A celebração de convênios para prestação de serviços jurídicos com redução dos valores estabelecidos na Tabela de Honorários implica captação de clientes ou causa, salvo se as condições peculiares da necessidade e dos carentes puderem ser demonstradas com a devida antecedência ao respectivo Tribunal de Ética e Disciplina, que deve analisar a sua oportunidade.

Art. 40. Os honorários advocatícios devidos ou fixados em tabelas no regime da assistência judiciária não podem ser alterados no *quantum* estabelecido; mas a verba honorária decorrente da sucumbência pertence ao advogado.

Art. 41. O advogado deve evitar o aviltamento de valores dos serviços profissionais, não os fixando de forma irrisória ou inferior ao mínimo fixado pela Tabela de Honorários, salvo motivo plenamente justificável.

Art. 42. O crédito por honorários advocatícios, seja do advogado autônomo, seja de sociedade de advogados, não autoriza o saque de duplicatas ou qualquer outro título de crédito de natureza mercantil, exceto a emissão de fatura, desde que constitua exigência do constituinte ou assistido, decorrente de contrato escrito, vedada a tiragem de protesto.

Art. 43. Havendo necessidade de arbitramento e cobrança judicial dos honorários advocatícios, deve o advogado renunciar ao patrocínio da causa, fazendo-se representar por um colega.

CAPÍTULO VI
DO DEVER DE URBANIDADE

Art. 44. Deve o advogado tratar o público, os colegas, as autoridades e os funcionários do Juízo com respeito, discrição e independência, exigindo igual tratamento e zelando pelas prerrogativas a que tem direito.

Art. 45. Impõe-se ao advogado lhaneza, emprego de linguagem escorreita e polida, esmero e disciplina na execução dos serviços.

Art. 46. O advogado, na condição de defensor nomeado, conveniado ou dativo, deve comportar-se com zelo, empenhando-se para que o cliente se sinta amparado e tenha a expectativa de regular desenvolvimento da demanda.

CAPÍTULO VII
DAS DISPOSIÇÕES GERAIS

Art. 47. A falta ou inexistência, neste Código, de definição ou orientação sobre questão de ética profissional, que seja relevante para o exercício da advocacia ou dele advenha, enseja consulta e manifestação do Tribunal de Ética e Disciplina ou do Conselho Federal.

Art. 48. Sempre que tenha conhecimento de transgressão das normas deste Código, do Estatuto, do Regulamento Geral e dos Provimentos, o Presidente do Conselho Seccional, da Subseção, ou do Tribunal de Ética e Disciplina deve chamar a atenção do responsável para o dispositivo violado, sem prejuízo da instauração do competente procedimento para apuração das infrações e aplicação das penalidades cominadas.

TÍTULO II
DO PROCESSO DISCIPLINAR

CAPÍTULO I
DA COMPETÊNCIA DO TRIBUNAL DE ÉTICA E DISCIPLINA

Art. 49. O Tribunal de Ética e Disciplina é competente para orientar e aconselhar sobre ética profissional, respondendo às consultas em tese, e julgar os processos disciplinares.

Parágrafo único. O Tribunal reunir-se-á mensalmente ou em menor período, se necessário, e todas as sessões serão plenárias.

Art. 50. Compete também ao Tribunal de Ética e Disciplina:

I - instaurar, de ofício, processo competente sobre ato ou matéria que considere passível de configurar, em tese, infração a princípio ou norma de ética profissional;

II - organizar, promover e desenvolver cursos, palestras, seminários e discussões a respeito de ética profissional, inclusive junto aos Cursos Jurídicos, visando à formação da consciência dos futuros profissionais para os problemas fundamentais da Ética;

III - expedir provisões ou resoluções sobre o modo de proceder em casos previstos nos regulamentos e costumes do foro;

IV - mediar e conciliar nas questões que envolvam:
a) dúvidas e pendências entre advogados;
b) partilha de honorários contratados em conjunto ou mediante substabelecimento, ou decorrente de sucumbência;
c) controvérsias surgidas quando da dissolução de sociedade de advogados.

CAPÍTULO II
DOS PROCEDIMENTOS

Art. 51. O processo disciplinar instaura-se de ofício ou mediante representação dos interessados, que não pode ser anônima.

§1º Recebida a representação, o Presidente do Conselho Seccional ou da Subseção, quando esta dispuser de Conselho, designa relator um de seus integrantes, para presidir a instrução processual.

§2º O relator pode propor ao Presidente do Conselho Seccional ou da Subseção o arquivamento da representação, quando estiver desconstituída dos pressupostos de admissibilidade.

§3º A representação contra membros do Conselho Federal e Presidentes dos Conselhos Seccionais é processada e julgada pelo Conselho Federal.

Art. 52. Compete ao relator do processo disciplinar determinar a notificação dos interessados para esclarecimentos, ou do representado para a defesa prévia, em qualquer caso no prazo de 15 (quinze) dias.

§1º Se o representado não for encontrado ou for revel, o Presidente do Conselho ou da Subseção deve designar-lhe defensor dativo.

§2º Oferecidos a defesa prévia, que deve estar acompanhada de todos os documentos e o rol de testemunhas, até o máximo de cinco, é proferido o despacho saneador e, ressalvada a hipótese do § 2º do art. 73 do Estatuto, designada, se reputada necessária, a audiência para oitiva do interessado, do representado e das testemunhas. O interessado e o representado deverão incumbir-se do comparecimento de suas testemunhas, a não ser que prefiram suas intimações pessoais, o que deverá ser requerido na representação e na defesa prévia. As intimações pessoais não serão renovadas em caso de não-comparecimento, facultada a substituição de testemunhas, se presente a substituta na audiência.? (NR)

§3º O relator pode determinar a realização de diligências que julgar convenientes.

§4º Concluída a instrução, será aberto o prazo sucessivo de 15 (quinze) dias para a apresentação de razões finais pelo interessado e pelo representado, após a juntada da última intimação.

§5º Extinto o prazo das razões finais, o relator profere parecer preliminar, a ser submetido ao Tribunal.

Art. 53. O Presidente do Tribunal, após o recebimento do processo devidamente instruído, designa relator para proferir o voto.

§1º O processo é inserido automaticamente na pauta da primeira sessão de julgamento; após o prazo de 20 (vinte) dias de seu recebimento pelo Tribunal, salvo se o relator determinar diligências.

§2º O representado é intimado pela Secretaria do Tribunal para a defesa oral na sessão, com 15 (quinze) dias de antecedência.

§3º A defesa oral é produzida na sessão de julgamento perante o Tribunal, após o voto do relator, no prazo de 15 (quinze) minutos, pelo representado ou por seu advogado.

Modificação aprovada nos termos da Proposição 0042/2002/COP, julgada pelo Conselho Pleno do Conselho Federal da OAB, na Sessão Ordinária do dia 09 de dezembro de 2002, publicada no Diário da Justiça do dia 03.02.2003, página 574, Seção 1.

Art. 54. Ocorrendo a hipótese do art. 70, §3º, do Estatuto, na sessão especial designada pelo Presidente do Tribunal, são facultadas ao representado ou ao seu defensor a apresentação de defesa, a produção de prova e a sustentação oral, restritas, entretanto, à questão do cabimento, ou não, da suspensão preventiva.

Art. 55. O expediente submetido à apreciação do Tribunal é autuado pela Secretaria, registrado em livro próprio e distribuído às Seções ou Turmas julgadoras, quando houver.

Art. 56. As consultas formuladas recebem autuação em apartado, e a esse processo são designados relator e revisor, pelo Presidente.

§1º O relator e o revisor têm prazo de dez (10) dias, cada um, para elaboração de seus pareceres, apresentando os na primeira sessão seguinte, para julgamento.

§2º Qualquer dos membros pode pedir vista do processo pelo prazo de uma sessão e desde que a matéria não seja urgente, caso em que o exame deve ser procedido durante a mesma sessão. Sendo vários os pedidos, a Secretaria providencia a distribuição do prazo, proporcionalmente, entre os interessados.

§3º Durante o julgamento e para dirimir dúvidas, o relator e o revisor, nessa ordem, têm preferência na manifestação.

§4º O relator permitirá aos interessados produzir provas, alegações e arrazoados, respeitado o rito sumário atribuído por este Código.

§5º Após o julgamento, os autos vão ao relator designado ou ao membro que tiver parecer vencedor para lavratura de acórdão, contendo ementa a ser publicada no órgão oficial do Conselho Seccional.

Art. 57. Aplica-se ao funcionamento das sessões do Tribunal o procedimento adotado no Regimento Interno do Conselho Seccional.

Art. 58. Comprovado que os interessados no processo nele tenham intervindo de modo temerário, com sentido de emulação ou procrastinação, tal fato caracteriza falta de ética passível de punição.

Art. 59. Considerada a natureza da infração ética cometida, o Tribunal pode suspender temporariamente a aplicação das penas de advertência e censura impostas, desde que o infrator primário, dentro do prazo de 120 dias, passe a freqüentar e conclua, comprovadamente, curso, simpósio, seminário ou atividade equivalente, sobre Ética Profissional do Advogado, realizado por entidade de notória idoneidade.

Art. 60. Os recursos contra decisões do Tribunal de Ética e Disciplina, ao Conselho Seccional, regem-se pelas disposições do Estatuto, do Regulamento Geral e do Regimento Interno do Conselho Seccional.

Parágrafo único. O Tribunal dará conhecimento de todas as suas decisões ao Conselho Seccional, para que determine periodicamente a publicação de seus julgados.

Art. 61. Cabe revisão do processo disciplinar, na forma prescrita no art. 73, § 5º, do Estatuto.

CAPÍTULO III
DAS DISPOSIÇÕES GERAIS E TRANSITÓRIAS

Art. 62. O Conselho Seccional deve oferecer os meios e suporte imprescindíveis para o desenvolvimento das atividades do Tribunal.

Art. 63. O Tribunal de Ética e Disciplina deve organizar seu Regimento Interno, a ser submetido ao Conselho Seccional e, após, ao Conselho Federal.

Art. 64. A pauta de julgamentos do Tribunal é publicada em órgão oficial e no quadro de avisos gerais, na sede do Conselho Seccional, com antecedência de 7 (sete) dias, devendo ser dada prioridade nos julgamentos para os interessados que estiverem presentes.

Art. 65. As regras deste Código obrigam igualmente as sociedades de advogados e os estagiários, no que lhes forem aplicáveis.

Art. 66. Este Código entra em vigor, em todo o território nacional, na data de sua publicação, cabendo aos Conselhos Federal e Seccionais e às Subseções da OAB promover a sua ampla divulgação, revogadas as disposições em contrário.

Brasília - DF, 13 de fevereiro de 1995.

José Roberto Batochio
Presidente

Modesto Carvalhosa
Relator
(Comissão Revisora: Licínio Leal Barbosa, Presidente; Robison Baroni, Secretário e Sub-relator; Nilzardo Carneiro Leão, José Cid Campelo e Sérgio Ferraz, Membros)

Edital de Abertura de Inscrições - 1ª fase

EDITAL DE ABERTURA DE INSCRIÇÕES PARA O 133º EXAME DE ORDEM

A ORDEM DOS ADVOGADOS DO BRASIL, SECÇÃO DE SÃO PAULO, por sua COMISSÃO PERMANENTE DE ESTÁGIO E EXAME DE ORDEM, nos termos do disposto no artigo 4º do Provimento nº 109/2005, do Conselho Federal da OAB (D.O.J. de 09.12.2005), pelo presente Edital, torna público que estarão abertas as inscrições, no período de 16 de julho a 3 de agosto de 2007, para o 133º EXAME DE ORDEM, que obedecerá as seguintes disposições:

O Exame de Ordem destina-se a considerar habilitado ao exercício da profissão de Advogado o Bacharel em Direito.

1. Das Inscrições

1.1. A inscrição do candidato implicará o conhecimento e a tácita aceitação das normas e condições estabelecidas neste Edital, em relação às quais não poderá alegar desconhecimento.

1.2. O pedido de inscrição, dirigido ao Presidente da Comissão Permanente de Estágio e Exame de Ordem, deverá ser feito na Ficha de Inscrição, pela internet, no *site* www.vunesp.com.br.

1.3. São requisitos para inscrição:

1.3.1. Haver concluído o curso de graduação em Direito, mediante comprovação nos termos do item 6.6 deste Edital; e

1.3.2. Ter domicílio eleitoral no Estado de São Paulo, comprovado através do número do título de eleitor fornecido no ato da inscrição ou ter concluído do curso de Direito, nos termos do item anterior, no Estado de São Paulo.

1.3.3. Ter recolhido o valor da inscrição no valor equivalente a R$ 180,00, que não será devolvido em hipótese alguma.

1.3.3.1 Não será aceito pedido de isenção de pagamento do valor da inscrição, seja qual for o motivo alegado.

1.3.4. Ao efetuar sua inscrição o candidato deverá indicar o número de sua cédula de identidade e o órgão expedidor, bem como o número de seu título de eleitor, este último para comprovar o seu domicílio eleitoral, apenas na hipótese de não estar realizando a prova na cidade em que se deu a sua formação acadêmica, devendo atentar para a correção dos dados apresentados, tendo em vista o disposto no item 6.6 deste Edital.

1.4. O candidato ao efetuar sua inscrição, deverá tomar conhecimento das normas do Edital que regulamenta o Exame nessa ocasião e estabelece datas e prazos a serem cumpridas, não podendo alegar desconhecimento das mesmas.

1.5. Para inscrever-se, o candidato deverá acessar o *site* www.vunesp.com.br, no período de 10 horas de 16 de julho às 16 horas de 3 de agosto de 2007 e, por meio do link referente ao Exame de Ordem, efetuar sua inscrição conforme os procedimentos estabelecidos adiante:

1.5.1. Ler e aceitar o Requerimento de Inscrição, preencher a ficha de inscrição e transmitir os dados pela internet.

1.5.2. Efetuar o pagamento da importância referente à inscrição, de acordo com as instruções constantes no endereço eletrônico, até a data limite para encerramento das inscrições (3/8/2007), em qualquer agência bancária, por meio de boleto bancário, impresso de acordo com as instruções do site.

1.5.2.1. O candidato deverá observar o horário de expediente bancário para efetivação da inscrição.

1.5.3. O único comprovante de inscrição aceito é o boleto bancário com a autenticação no valor correspondente ao da taxa de inscrição.

1.5.4. A efetivação da inscrição ocorrerá após a confirmação, pelo banco, do pagamento do boleto referente à taxa. A pesquisa para acompanhar a situação da inscrição deverá ser feita no *site* www.vunesp.com.br, na página do Exame, 72 (setenta e duas) horas após o encerramento do período de inscrições. Caso seja detectada falta de informação, o candidato deverá entrar em contato com o Disque VUNESP, pelo telefone (11) 3874-6300, em dias úteis, das 8 às 20 horas (horário de Brasília), para verificar o ocorrido.

1.5.5. As solicitações de inscrição, cujos pagamentos forem efetuados após a data de encerramento das inscrições, não serão aceitas.

1.6. A OAB/SP e a VUNESP não se responsabilizam por solicitação de inscrição pela internet não recebida por motivos de ordem técnica dos computadores, falhas de comunicação, congestionamento das linhas de comunicação, bem como outros fatores de ordem técnica que impossibilitem a transferência de dados.

1.6.1. O descumprimento das instruções para inscrição pela internet implicará a não efetivação da inscrição.

1.7. Não será aceito pagamento da taxa de inscrição por depósito em caixa eletrônico, pelo correio, fac-símile (fax), transferência eletrônica, DOC, DOC eletrônico, ordem de pagamento ou depósito comum em conta corrente, condicional ou fora do período estabelecido de 16 de julho a 3 de agosto de 2007, ou por qualquer outra forma que não a especificada neste Edital. O agendamento de pagamento só será aceito se comprovada a sua efetivação dentro do período de inscrição. Verificado a qualquer tempo que o recebimento de inscrição não atende a todos os requisitos fixados, será a mesma cancelada.

1.7.1. Às 16 horas (horário de Brasília) do dia 3 de agosto de 2007, a ficha de inscrição não estará mais disponibilizada no *site* www.vunesp.com.br.

1.8. A OAB/SP e a VUNESP eximem-se das despesas com viagens e estada dos candidatos para prestar as provas do Exame.

1.9. No ato da inscrição, o candidato deverá declarar em que cidade pretende realizar o Exame (Anexo I). O Exame será aplicado em todas as cidades no mesmo dia e horário. A opção da cidade de prova deverá ser a de domicílio eleitoral ou de formação acadêmica.

1.10. Também, no ato de inscrição, o candidato deverá declarar a área de sua opção, dentre, Direito Civil, Direito Penal, Direito Tributário ou Direito do Trabalho, não sendo permitida alteração depois de encerrado o prazo de inscrição.

1.11. O candidato que deixar de indicar no formulário de inscrição pela internet os dados necessários para a realização do Exame ou fizer indicação de códigos inexistentes, terá sua inscrição cancelada.

1.12. As informações prestadas na ficha de inscrição são de inteira responsabilidade do candidato, cabendo à OAB/SP o direito de excluir do Exame aquele que preenchê-la com dados incorretos, bem como aquele que prestar informações inverídicas, ainda que o fato seja constatado posteriormente.

1.13. Quando do preenchimento da ficha de inscrição, o candidato portador de deficiência que necessitar de prova especial (braile ou ampliada) ou o candidato que necessitar de condições especiais deverá encaminhar durante o período de inscrição, pessoalmente ou por Sedex, à VUNESP – Rua Dona Germaine Burchard, 515 – Água Branca / Perdizes - 05002-062 – São Paulo - SP, constando no endereçamento: Ref.: 133º Exame de Ordem/ Prova Especial:
a) laudo médico atestando a espécie e o grau ou nível de deficiência, com expressa referência ao código correspondente da Classificação Interna-

cional de Doença – CID, bem como a provável causa da deficiência, inclusive para assegurar a previsão de adaptação de sua prova;
b) solicitação de prova especial (braile ou ampliada) ou das condições especiais.

1.13.1. Aos deficientes visuais (cegos), serão oferecidas provas no sistema braile e suas respostas deverão ser transcritas em braile. Os referidos candidatos deverão levar para esse fim, no dia da aplicação das provas, reglete e punção, podendo, ainda, utilizar-se de soroban. Para os deficientes visuais (amblíopes) serão oferecidas provas ampliadas, com tamanho de letra correspondente a corpo 24.

1.13.2. Os candidatos que não atenderem, dentro do período das inscrições, aos dispositivos mencionados neste item não terão as provas preparadas, seja qual for o motivo alegado.

1.13.3. O candidato portador de deficiência participará do exame em igualdade de condições com os demais candidatos, no que se refere a conteúdo, avaliação, duração, horário e local de aplicação das provas.

2. Das Provas

2.1. O Exame de Ordem compreenderá duas fases e obedecerá às disposições do Provimento nº 109/2005, do Conselho Federal da OAB, e da Deliberação nº 11, da Comissão Permanente de Estágio e Exame de Ordem, do Conselho Seccional da OAB/SP:

2.2. **Primeira Fase – Prova Objetiva** – contendo 100 (cem) questões de múltipla escolha, com 4 (quatro) opções cada, que versarão sobre as seguintes matérias: Direito Constitucional, Direito Civil, Direito Empresarial, Direito Penal, Direito do Trabalho, Direito Administrativo, Direito Tributário, Direito Processual Civil, Direito Processual Penal e também questões sobre o Estatuto da Advocacia e da OAB, seu Regulamento Geral e o Código de Ética e Disciplina.

2.3. **Segunda Fase – Prova Prático-Profissional** – acessível apenas aos aprovados na prova objetiva e compreenderá, necessariamente, 2 (duas) partes distintas: a) redação de peça profissional, privativa de Advogado; b) respostas a 5 (cinco) questões práticas, sob a forma de situações-problema.

2.3.1. Tanto a peça profissional como as questões práticas deverão ater-se à área de opção do candidato, declarada quando da inscrição.

2.3.2. A prova prático-profissional será elaborada dentro da matéria constante do programa (Anexo II).

3. Das Condições de Realização das Provas

3.1. É de inteira responsabilidade do candidato acompanhar pelo Diário Oficial do Estado de São Paulo - Poder Judiciário - Caderno I - DOE a publicação de todos os editais e comunicados referentes ao Exame, que também serão divulgados nos *sites* da OAB/SP e da VUNESP.

3.2. A confirmação da data, conforme cronograma, e as informações sobre horários e locais para realização das provas serão divulgadas, oportunamente, por meio de Edital de Convocação, publicado no DOE e nos *sites* www.vunesp.com.br e www.oabsp.org.br .

3.3. Eventualmente, se, por qualquer que seja o motivo, o nome do candidato não constar do Edital de Convocação para a prova, deverá ele entrar em contato com a VUNESP, pelo Disque VUNESP, no telefone (11) 3874-6300, em dias úteis, das 8 às 20 horas, para verificar o ocorrido.

3.3.1. Ocorrendo o caso constante neste item, poderá o candidato participar do Exame se apresentar o respectivo comprovante de pagamento, efetuado nos moldes previstos neste Edital, devendo, para tanto, preencher, no dia da prova, formulário específico disponibilizado no *site* da VUNESP.

3.3.2. A inclusão de que trata este item será realizada de forma condicional, sujeita à posterior verificação da regularidade da referida inscrição.

3.3.3. Constatada eventual irregularidade na inscrição, a inclusão do candidato será automaticamente cancelada, sem direito à reclamação, independentemente de qualquer formalidade, considerados nulos todos os atos dela decorrentes.

3.4. Os eventuais erros de digitação verificados no Edital de Convocação quanto a nome, número do documento de identidade, número do título de eleitor, sexo, data de nascimento, etc. deverão ser corrigidos somente no dia das respectivas provas em formulário específico.

3.5. Caso haja inexatidão na informação relativa à opção de cidade de provas e área de opção para realização da prova prático-profissional, o candidato deverá entrar em contato com o Disque VUNESP, com, no mínimo 48 (quarenta e oito) horas de antecedência da data de realização da prova, pelo telefone (11) 3874-6300, em dias úteis, das 8 às 20 horas (horário de Brasília).

3.5.1. A alteração de cidade de prova ou área de opção para realização da prova prático profissional somente será processada na hipótese do dado expresso pelo candidato em sua ficha de inscrição, comprovada pelo boleto impresso, ter sido transcrito erroneamente para o Edital de Convocação, para as listas afixadas e disponibilizadas nos *sites* da VUNESP e da OAB/SP.

3.5.2. Não será permitida troca de opção de cidade de prova ou área de opção para realização da prova prático-profissional, após encerrado o período de inscrição.

3.5.3. O candidato que não entrar em contato com o Disque VUNESP no prazo mencionado deverá arcar, exclusivamente, com as conseqüências advindas de sua omissão.

3.6. Ao candidato só será permitida a realização das provas na data, local e horário constantes do Edital de Convocação e da consulta disponibilizada no *site* www.vunesp.com.br.

3.7. O candidato deverá comparecer ao local da prova com antecedência mínima de trinta minutos do horário fixado para seu início, munido de caneta esferográfica de tinta azul ou preta, lápis, borracha e comprovante de pagamento da taxa de inscrição.

3.8. Somente será admitido à sala de provas o candidato que estiver portando um dos documentos de identidade original, que bem o identifique como: Carteira e/ou Cédula de Identidades expedidas pelas Secretarias de Segurança, pelas Forças Armadas, pela Polícia Militar, pelo Ministério das

Relações Exteriores; Cédula de Identidade para Estrangeiros; Cédula de Identidade fornecida por Órgãos ou Conselhos de Classe, que, por força de Lei Federal, vale como documento de identidade, como por exemplo: a Carteira de Estagiário expedida pela OAB, CREA, CRC etc.; Carteira de Trabalho e Previdência Social, bem como Carteira Nacional de Habilitação (com fotografia na forma da Lei n° 9.503/97), dentro do prazo de validade e Passaporte, dentro do prazo de validade.

3.8.1. O documento deverá estar em perfeitas condições, de forma a permitir, com clareza, a identificação do candidato.

3.8.2. Caso o candidato esteja impossibilitado de apresentar, nos dias de realização das provas, documento de identidade original, por motivo de perda, roubo ou furto, deverá apresentar documento que ateste o registro da ocorrência em órgão policial, expedido há, no máximo, 30 dias, ocasião em que será submetido à identificação especial, compreendendo coleta de assinaturas e de impressão digital em formulário próprio.

3.9. Não haverá segunda chamada para as provas, nem sua realização fora da data, horário, cidade e espaço físico predeterminados.

3.10. Da prova objetiva:

3.10.1. Durante a prova objetiva, não será permitida qualquer espécie de consulta ou comunicação entre os candidatos, nem a utilização de livros, manuais, impressos ou anotações e máquinas calculadoras; quanto às agendas eletrônicas ou similares, telefone celular, BIP, *walkman* ou outro receptor de mensagens não serão permitidos no local de prova, sob pena de nulidade da mesma. Também não será permitido o uso de protetores auriculares.

3.10.2. A prova objetiva terá duração de 5 (cinco) horas. É terminantemente proibida a saída do candidato do local do exame antes de decorridas 2 (duas) horas e 30 (trinta) minutos do seu início, qualquer que seja o motivo.

3.10.3. No ato da realização da prova objetiva, serão entregues ao candidato o Caderno de Questões e a Folha Definitiva de Respostas pré-identificada com seus dados, para aposição da assinatura no campo próprio e transcrição das respostas com caneta esferográfica de tinta azul ou preta.

3.10.4. O candidato não poderá ausentar-se da sala de prova sem autorização e acompanhamento do fiscal e, ao término do seu exame, em hipótese alguma, levará consigo a Folha Definitiva de Resposta e o Caderno de Questões.

3.10.5. O candidato lerá as questões no Caderno de Questões e marcará suas respostas na Folha Definitiva de Respostas, que será o único documento válido para a correção da prova.

3.10.5.1. O preenchimento da Folha Definitiva de Respostas será de inteira responsabilidade do candidato, que deverá proceder em conformidade com as instruções específicas na capa do Caderno de Questões. Em hipótese alguma haverá substituição da Folha Definitiva de Respostas por erro do candidato.

3.10.5.2. Os prejuízos advindos de marcações feitas incorretamente na Folha Definitiva de Respostas serão de inteira responsabilidade do candidato.

3.10.6. Ao terminar a prova, o candidato entregará ao fiscal a Folha Definitiva de Respostas com aposição da assinatura no campo próprio e transcrição das respostas com caneta esferográfica de tinta azul ou preta e o Caderno de Questões. Não serão computadas as questões em branco, com duas ou mais alternativas assinaladas e questões rasuradas. Não deverá fazer nenhuma marca fora do campo reservado às respostas, ou à assinatura, pois qualquer marca indicada pode ser lida pelas leitoras ópticas, prejudicando o desempenho do candidato.

3.11. Da prova prático-profissional:

3.11.1. A prova prático-profissional terá a duração de 5 (cinco) horas, sendo permitidas consultas à legislação, livros de doutrina e repertórios de jurisprudência, vedada a utilização de sinopses e roteiros de peças jurídicas, dicionários jurídicos e obras que contenham formulários e roteiros de peças jurídicas, questões sob a forma de perguntas e respostas, modelos e anotações pessoais, inclusive apostilas, mesmo as editadas sob a forma de livro, bem como toda e qualquer publicação editada ou patrocinada por cursos especializados no preparo para concurso de exame de ordem.

Quanto às agendas eletrônicas ou similares, telefone celular, BIP, *walkman* ou outro receptor de mensagens não serão permitidos no local de prova, sob pena de nulidade da mesma.

3.11.2. Não será considerada a prova elaborada em discordância do ponto sorteado na oportunidade.

3.11.3. Será anulada a prova que contenha qualquer elemento que permita a identificação do candidato.

3.11.4. Ao terminar a prova, o candidato entregará ao fiscal da sala o Caderno de Prova contendo a redação da peça profissional e as respostas às questões práticas.

3.11.5. O candidato não poderá sair do local do exame antes de transcorridas 2 (duas) horas e 30 (trinta) minutos do seu início.

3.11.6. Somente serão consideradas as respostas transcritas com caneta de tinta azul ou preta.

4. Da Convocação para a Segunda Fase – Prova Prático-profissional

4.1. Serão considerados aprovados na Primeira Fase os candidatos que alcançarem, no mínimo, 50% (cinqüenta por cento) de acerto das questões.

4.2. A Segunda Fase será aplicada somente aos candidatos habilitados na Primeira Fase. A convocação será feita pelo DOE e disponibilizada nos *sites* da VUNESP e da OAB/SP.

5. Do Julgamento da Prova Prático-profissional

5.1. Na avaliação da prova prático-profissional serão consideradas o raciocínio jurídico, a fundamentação e a sua consistência, a capacidade de interpretação e exposição, a correção gramatical e a técnica profissional demonstrada.

5.2. A peça profissional terá peso 5 (cinco) e as questões práticas terão peso 5 (cinco) e será considerado aprovado o candidato que obtiver nota igual ou superior a 6 (seis).

ATENÇÃO

As agendas eletrônicas ou similares, telefone celular, BIP, *walkman* ou outro receptor de mensagens não serão permitidos no local de prova, sendo apreendidos os que se encontrarem na posse do candidato, mesmo em desuso, acarretando a nulidade da prova.

Aconselhamos aos bacharéis que usem do bom senso na escolha do traje para a realização da prova, evitando o uso de chinelos, sandálias de dedo, bermudas, camisetas-regata.

ANEXO II
PROGRAMA DA PROVA PRÁTICO-PROFISSIONAL.

1. Processo Judicial: distribuição, autuação, citação, intimação, remessa, recebimento, juntada, vista, informação, certidão e conclusão.

2. Mandado, contrafé, carta precatória, carta rogatória, carta de ordem, edital, alvará, certidão, traslado, laudo, auto, fotocópia e conferência.

3. Valor da causa, conta, cálculo, penhora, avaliação, carta de arrematação, carta de adjudicação, carta de remição, carta de sentença.

4. Provas: depoimento pessoal, confissão, exibição de documento ou coisa, prova documental, prova testemunhal, prova pericial.

5. Petição inicial, contestação, exceções, reconvenção, litisconsórcio, intervenção de terceiro, assistência, impugnações, réplicas, pareceres, cotas, memoriais.

6. Despachos, sentenças, acórdãos. Tutela antecipatória. Audiência: de conciliação, de instrução e julgamento.

7. Apelação, agravos, embargos e reclamações.

8. Medidas Cautelares.

9. Mandado de Segurança: individual e coletivo.

10. Ação Popular.

11. *Habeas corpus.*

12. Execução Fiscal. Ação de Repetição de Indébito. Ação Declaratória em Matéria Tributária. Ação Anulatória de Débito Fiscal.

13. Reclamação Trabalhista. Defesa Trabalhista. Recurso Ordinário.

14. Ação de Procedimentos Ordinário e Sumário.

15. Ação Monitória.

16. Ação de Usucapião. Ações Possessórias.

17. Ação de Despejo. Ação Revisional de Aluguel. Ação Renovatória de Locação.

18. Ação de Consignação em Pagamento.

19. Processo de Execução. Embargos do Devedor.

20. Inventário, Arrolamento e Partilha.

21. Separação Judicial e Divórcio.

22. Ação de Alimentos. Ação Revisional de Alimentos.

23. Inquérito Policial. Ação Penal.

24. Queixa-crime e representação criminal.

25. Apelação e Recursos Criminais.

26. Contratos. Mandato e Procuração.

27. Organização Judiciária Estadual.

28. Desapropriação. Procedimentos Administrativos.

29. Juizados Especiais Cíveis e Criminais.

30. Temas e problemas vinculados às peculiaridades jurídicas de interesse local ou regional, desde que especificados no edital a que se refere o art. 4º do Provimento nº 109/2005. (DJ, 09.12.2005, pp. 663/664, S 1).

TABELA DE HONORÁRIOS ADVOCATÍCIOS

(Aprovada na reunião do E. Conselho Seccional de 21.3.2005)

Corrigida pelo IGPM da Fundação Getúlio Vargas, em 31/01/2007, conforme item 9 da Tabela de Honorários.

Alterado o item "Advocacia Extrajudicial". Aprovado na 2282ª Sessão Ordinária do Conselho da OABSP de 19 de março de 2007, por maioria de votos, a inserção do item "INVENTÁRIO, SEPARAÇÃO E DIVÓRCIO CONSENSUAL" para adequação da remuneração dos serviços profissionais diante dos termos da Lei nº 11.441/07, com redação ofertada pela Comissão de Estudos dos Honorários Advocatícios.

Normas Gerais

1 – O advogado deve contratar, por escrito, a prestação dos serviços profissionais, fixando o valor dos honorários, reajuste e condições de pagamento, inclusive no caso de acordo, e observando os valores mínimos constantes na Tabela (art. 41 do Código de Ética e Disciplina da OAB).

2 – A forma e as condições de pagamento das custas e encargos, judiciais e extrajudiciais, deverão integrar o contrato.

3 – Todas as despesas, judiciais ou extrajudiciais, bem como de locomoção, alimentação, hospedagem, viagem, transporte, certidões, cópias e condução de auxiliares serão suportadas pelo cliente, ao qual deverá o advogado fazer prestação de contas.

4 – Salvo estipulação diversa, um terço dos honorários é devido no início do trabalho, outro terço até a decisão de primeiro grau e o restante no final, valores estes que serão atualizados monetariamente.

5 – Os honorários da sucumbência pertencem ao advogado e não excluem os contratados.

6 – O advogado substabelecido deve ajustar a sua remuneração com o substabelecente.

7 – O art. 36 do Código de Ética e Disciplina estabelece que os honorários profissionais devem ser fixados com moderação, atendidos os elementos seguintes:
a) a relevância, o vulto, a complexidade e a dificuldade das questões versadas;
b) o trabalho e o tempo necessários;
c) a possibilidade de ficar o advogado impedido de intervir em outros casos, ou de se desavir com outros clientes ou terceiros;
d) o valor da causa, a condição econômica do cliente e o proveito para ele resultante do serviço profissional;
e) o caráter da intervenção, conforme se trate de serviço a cliente avulso, habitual ou permanente;
f) o lugar da prestação dos serviços, fora ou não do domicílio do advogado;
g) a competência e o renome do profissional;
h) a praxe do foro sobre trabalhos análogos.

8 – O desempenho da advocacia é de meios e não de resultados. Os honorários serão devidos no caso de êxito, ou não, da demanda ou do desfecho do assunto tratado.

9 – Esta Tabela entrará em vigor a partir da data em que for aprovada pelo Conselho Seccional da OAB-SP, sendo que os valores dela constantes deverão ser atualizados e divulgados anualmente, a partir de 2 janeiro de 2006, de acordo com a variação do Índice Geral de Preços de Mercado

(IGPM) da Fundação Getúlio Vargas, acumulado no período, ou outro índice que venha substituí-lo, a critério do Conselho Seccional da OAB-SP.

10 – Os casos omissos desta Tabela serão apreciados pela Turma de Ética Profissional da OAB-SP (1ª Turma, TED I, Deontologia), na conformidade da alínea "d", do inciso III, do § 3º, do art. 136 do Regimento Interno da OAB-SP.

Parte Geral

1. Ações de Jurisdição Contenciosa ou que Assumam este Caráter:

Salvo outra disposição na presente, 20% sobre o valor da condenação, na época do pagamento, ou sobre o proveito econômico ou patrimonial advindo ao cliente. Mínimo, haja ou não benefício patrimonial, **R$ 2.164,95**.

2. Recursos:

Mandatário expressamente constituído ou substabelecido:
a) interposição de qualquer recurso, mínimo **R$ 1.082,47**;
b) contra-razões de qualquer recurso, mínimo **R$ 1.082,47**;
c) elaboração de memoriais, mínimo **R$ 1.082,47**;
d) sustentação oral, mínimo **R$ 2.164,95**;
e) simples acompanhamento de recurso, mínimo **R$ 649,48**.

NOTA: No caso de sustentação oral perante Tribunal sediado em outra cidade, mínimo **R$ 4.329,90**, mais despesas de viagem.

3. Exame de Processos em Geral:

Mínimo **R$ 315,28**.

4. Prestação de Serviços em Audiência:

Mínimo **R$ 432,99**.

5. Precatórias:

a) citação, intimação, notificação ou interpelação, mínimo **R$ 525,47**;
b) outros fins, mínimo **R$ 735,66**.

6. Advocacia de Partido:

Sem vínculo empregatício, valor mensal, mínimo **R$ 1.082,47**;

Advocacia Cível. Procedimentos Especiais

7 . Medidas Cautelares:

Mínimo **R$ 1.261,14**.

8. Ordinária de Despejo:

Como advogado do autor ou do réu, 20% sobre o valor do aluguel correspondente a um ano de locação, mínimo **R$ 2.164,95**.

9. Despejo por Falta de Pagamento de Aluguéis:

a) com purgação de mora – como advogado do autor 10% sobre o valor do débito;
b) como advogado do réu – 5% sobre o valor do débito;
c) em qualquer das hipóteses supra, mínimo **R$ 757,73**;

d) em se tratando de despejo por falta de pagamento (decretado), o mesmo valor previsto para a ação ordinária de despejo;

e) ação de despejo por falta de pagamento, cumulada com cobrança de aluguéis – 15% sobre o valor da causa, mínimo **R$ 1.082,47**.

10. Revisão e Arbitramento de Aluguel:

a) como advogado do locador – 20% sobre a vantagem anual obtida com o aluguel revisto;

b) como advogado do locatário – 20% sobre a diferença entre o valor locativo anual pedido e o decorrente da sentença;

c) em qualquer hipótese, mínimo **R$ 2.164,95**.

11. Renovatória de Contrato de Locação:

a) procedente – 20% sobre o valor anual do novo aluguel;

b) improcedente, sem indenização – 20% sobre o último valor anual do aluguel;

c) improcedente com retomada, como advogado do locador – 10% sobre o valor total do último contrato;

d) procedente, como advogado do locador – 20% sobre o valor anual da locação (novo aluguel);

e) mínimo, em qualquer das hipóteses, **R$ 2.164,95**.

12. Possessórias:

a) manutenção e reintegração de posse – 20% sobre o valor da coisa litigiosa, mínimo **R$ 2.164,95**;

b) interdito proibitório – 10% sobre o valor da coisa litigiosa, mínimo **R$ 2.164,95**;

13. Divisão e Demarcação de Terras Particulares:

a) não contestada – 5% sobre o valor do quinhão, que couber ao cliente;

b) contestada – 10% sobre o mesmo valor;

c) em ambas as hipóteses, mínimo **R$ 2.164,95**.

14. Retificação de Área:

Aplica-se o item **1** da **Parte Geral** desta Tabela. Mínimo **R$ 2.164,95**.

15. Usucapião:

20% do valor do bem. Mínimo **R$ 2.164,95**;

16. Nunciação de Obra Nova:

Aplica-se o item **1** da **Parte Geral** desta Tabela. Mínimo **R$ 2.164,95**.

17. Embargos de Terceiro, Oposição e Assistência:

Observar item **1** da **PARTE GERAL** desta Tabela. Mínimo, em qualquer hipótese, **R$ 2.164,95**.

18. Desapropriação:

a) direta – 10% sobre a diferença entre a oferta e a indenização final, mínimo **R$ 2.627,37**;
b) indireta – aplica-se o item **1** da **Parte Geral** desta Tabela, mínimo **R$ 2.627,37**.

19. Consignação em Pagamento, Depósito, Anulação e Substituição de Título ao Portador, Prestação de Contas:

a) consignação extrajudicial, mínimo **R$ 525,47**;
b) consignação judicial, depósito, anulação e substituição de título ao portador, prestação de contas – aplica-se o item **1** da **PARTE GERAL** desta Tabela. Mínimo **R$ 2.164,95**.

20. Ação Monitória:

Aplica-se o item **1** da **Parte Geral** desta Tabela, mínimo **R$ 1.050,95**.

21. Concordata, Recuperação Judicial e Falência:

a) advogado do devedor – 2% a 6% do passivo privilegiado e quirografário, excluída defesa na esfera criminal, mínimo **R$ 3.678,31**;
b) representação do comissário, administrador ou síndico – comissão prevista em lei ou fixada judicialmente, sem prejuízo do estipulado para habilitação do crédito do cliente, mínimo **R$ 1.082,47**;
c) habilitação de crédito e seu acompanhamento – 10% do valor do crédito, mínimo **R$ 525,47**;
d) pedido de restituição – 10% do valor da coisa reclamada, mínimo **R$ 1.082,47;**
e) extinção de obrigações – 1% a 3% sobre o valor do passivo, inclusive tributário, mínimo **R$ 3.247,42**.

22. Insolvência Civil:

a) advogado do requerente – 10% sobre o valor do crédito, mínimo **R$ 1.576,42**;
b) representação do devedor – 1% a 3% do valor total do passivo, mínimo **R$ 1.082,47**.

23. Dissolução e Liquidação de Sociedade:

a) 10% a 20% sobre os haveres recebidos pelo cliente;
b) como advogado dos demais sócios ou da sociedade – 10% sobre a quantia efetivamente paga ao sócio retirante;
c) em qualquer hipótese, mínimo **R$ 2.164,95**;
d) como advogado do liquidante – 10% sobre o valor efetivamente apurado, mínimo **R$ 2.164,95**.

24. Extinção de Condomínio:

10% a 20% sobre o valor do quinhão, mínimo **R$ 2.164,95**.

25. Mandado de Segurança:

10% a 20% sobre o proveito do cliente. Como advogado do impetrante e/ ou do impetrado, mínimo **R$ 2.164,95**.

26. *Habeas Data*:

Mínimo **R$ 1.082,47**.

27. Ação Civil Pública:

Mínimo **R$ 2.164,95**.

28. Mandado de Injunção:

Mínimo **R$ 1.082,47**.

29. Juízo Arbitral:

Aplica-se o disposto no item **1** da **PARTE GERAL** desta Tabela, mínimo **R$ 2.164,95**.

30. Substituição Processual:

Aplica-se o item **1** da **Parte Geral** desta Tabela, mínimo **R$ 1.050,95**.

31. Retificação de Registro e Averbação:

Mínimo **R$ 1.082,47**.

32. Registro Torrens:

a) como advogado do registrante, sem oposição – metade do item **1** da **Parte Geral** desta Tabela;
b) com oposição – aplica-se item **1** da **Parte Geral** desta Tabela. Mínimo **R$ 1.08247**.

33. Organização de Fundações:

3% a 6% sobre o valor do bem destinado à instituição, mínimo **R$ 2.164,95**.

34. Juizados Especiais Cíveis e Previdenciários:

Ações Cíveis e Previdenciárias – aplica-se o item **1** da **Parte Geral** desta Tabela, mínimo **R$ 649,48**.

Juízo de Família e Sucessões

35. Inventários e Arrolamentos:

Como advogado do cônjuge supérstite, inventariante e todos os herdeiros, 6% sobre o valor real do monte-mor inclusive dos bens alienados durante o processo, mínimo **R$ 2.164,95**. No caso do advogado representar apenas o meeiro, herdeiro ou legatário, 6% sobre o valor real da meação, do quinhão hereditário ou do legado, mínimo **R$ 1.082,47**. Como advogado do usufrutuário, 3% sobre o valor real dos bens objeto do usufruto, mínimo **R$ 1.082,47**. Como advogado do inventariante dativo ou do testamenteiro, 20% da remuneração que for atribuída ao cliente, mínimo **R$ 1.082,47**.

36. Habilitação de Crédito em Inventário ou Arrolamento:

20% sobre o valor do crédito, mínimo: **R$ 1.082,47**.

37. Testamentos e Codicilos:

Apresentação e registro, mínimo **R$ 1.082,47**.

38. Anulação de Testamento:

Aplica-se o item **1** da **Parte Geral** desta Tabela, mínimo **R$ 2.164,95**.

39. Separação Consensual:

a) se houver bens a partilhar e sendo advogado de ambos os requerentes, o previsto para inventários e arrolamentos;
b) em se tratando de advogado de apenas um dos cônjuges, o mesmo percentual previsto para inventários e arrolamentos, calculado sobre a parte cabente ao cliente;
c) se não houver bens sujeitos à partilha, caberá ao advogado de ambas as partes ou, isoladamente, de uma delas, o mínimo de **R$ 1.082,47**.

40. Separação Judicial:

Havendo bens a partilhar, o percentual previsto para inventários e arrolamentos (item **35**). Mínimo, em qualquer hipótese, **R$ 2.164,95**.

41. Conversão de Separação em Divórcio:

a) pedido feito por ambos os cônjuges, mínimo **R$ 1.082,47**;
b) pedido litigioso, feito por um dos cônjuges, mínimo **R$ 2.164,95**. Havendo bens a partilhar, o mesmo critério estabelecido para inventários e arrolamentos.

42. Divórcio Fundado em Separação de Fato:

Havendo bens a partilhar, o percentual para inventários e arrolamentos, mínimo **R$ 2.164,95**.

43. Anulação de Casamento:

Havendo bens a partilhar, o percentual para inventários e arrolamentos, mínimo **R$ 2.164,95**.

44. Investigação de Paternidade:

Aplica-se o item **1** da **Parte Geral** desta Tabela, mínimo **R$ 2.164,95**.

45. Ação de Alimentos:

Como advogado do autor ou do réu, em ação de alimentos, revisão ou exoneração de pensão alimentícia, valor de três meses da pensão fixada ou exonerada. Em caso de revisão, valor equivalente à diferença entre a pensão anterior e a revista, para o período de 12 meses, mínimo **R$ 1.082,47**.

46. Regulamentação de Visita:

Mínimo **R$ 1.576,42**.

47. Interdição, Tutela ou Curatela:

Mínimo **R$ 1.576,42**.

48. Sub-Rogação de Vínculo ou Levantamento de Cláusula Restritiva:

Metade do percentual relativo ao inventário, calculado sobre o valor do bem, mínimo **R$ 2.164,95**.

49. Adoção:

Mínimo **R$ 1.576,42**.

50. Emancipação ou Suprimento:

Mínimo **R$ 1.082,47**.

51. Outorga Judicial de Consentimento:

Mínimo **R$ 1.576,42**.

52. Extinção – Extinção de Usufruto ou Usufruto ou Fideicomisso:

Mínimo **R$ 1.576,42**.

53. Alienação, Arrendamento ou Oneração de Bens:

Mínimo **R$ 1.576,42**.

54. Pedido de Alvará, Ofícios ou Expedição de Mandado:

Mínimo **R$ 1.082,47**.

Advocacia Criminal

55. Inquérito Policial:

a) diligência perante órgãos policiais, em horário comercial (das 8 às 18 horas), mínimo **R$ 865,98** – fora desse horário, acréscimo de 20 a 30%;
b) acompanhamento de inquérito policial, mínimo **R$ 1.576,42**.
c) requerimento para instauração de inquérito policial e seu acompanhamento, mínimo **R$ 2.164,95**.

56. Ação Penal:

Defesa em processo de rito ordinário, sumário ou especial, mínimo de **R$ 2.164,95**;

57. Processo de Competência do Júri:

a) defesa até sentença de pronúncia, mínimo **R$ 2.164,95**;
b) defesa em plenário, mínimo **R$ 3.247,42**;
c) defesa até final julgamento, mínimo **R$ 5.412,37**;
d) recursos: aplica-se o item **61** da **Parte Geral** desta Tabela.

58. Juizado Especial Criminal:

a) conciliação, transação e/ ou suspensão do processo, mínimo **R$ 865,98**;
b) em caso de denúncia, aplica-se o item **56** da **Parte Geral** desta Tabela.

59. Justiça Militar:

Defesa em processo, mínimo **R$ 2.164,95**. Quanto a Inquérito Policial Militar e Tribunal do Júri, aplicar, respectivamente, os itens **55** e **57**.

60. *Habeas corpus*:

Mínimo **R$ 2.164,95**.

61. Recursos em Geral:

Mínimo **R$ 1.082,47**.

62. Requerimento para Revogação ou Relaxamento de Prisão:

Mínimo **R$ 1.082,47**.

63. Pedido de Liberdade Provisória:

Mínimo **R$ 1.515,46**.

64. Queixa-Crime:

Como advogado do querelante ou do querelado, mínimo **R$ 2.164,95**.

65. Execução Penal:

Requerimento para concessão de graça, indulto, anistia, comutação de penas, livramento condicional, unificação de penas, revogação de medida de segurança, prisão albergue, prisão domiciliar e progressão de regime, mínimo **R$ 1.515,46**.

66. Processos Incidentes:

Exceções, Restituição de Coisas Apreendidas, Medidas Assecuratórias e Incidente de Insanidade, mínimo **R$ 1.082,47**.

67. Assistente de Acusação:

Mínimo **R$ 2.164,95**. Em caso de assistência no Tribunal do Júri, aplica-se o item **57**.

68. Pedido de Explicações (Interpelação Judicial):

Mínimo **R$ 1.082,47**.

69. Justificação Judicial:

Mínimo **R$ 1.082,47**.

70. Revisão Criminal:

Mínimo **R$ 2.164,95**.

71. Pedido de Reabilitação:

Mínimo **R$ 1.082,47**.

72. Requerimento de Concessão de Fiança ou Suspenção Condicional da Pena:

Mínimo **R$ 865,98**.

73. Defesa em Inquérito Judicial:

Mínimo **R$ 2.164,95**.

74. Carta Precatória:

Mínimo **R$ 649,48**.

75. Ações Cautelares:

Mínimo **R$ 1.576,42**.

76. Crimes Eleitorais:

Mínimo **R$ 2.164,95**.

77. Inquérito Civil Público:

Mínimo **R$ 1.576,42**.

Advocacia Trabalhista

78. Reclamações Trabalhistas:

a) patrocínio do reclamante: 20% a 30% sobre o valor bruto da condenação ou eventual acordo, sem a dedução dos encargos fiscais e previdenciários, mínimo: **R$ 432,99**;
b) patrocínio do reclamado: 20% a 30% sobre o proveito econômico, mínimo **R$ 1.576,42**.

79. Pedido de Homologação Judicial de Demissão de Empregado:

Mínimo **R$ 1.082,47**.

80. Inquérito para Demissão de Empregado:

Mínimo **R$ 1.082,47**.

81. Formulação de Acordos, Convenções Coletivas de Trabalho e Dissídios:

Mínimo **R$ 2.164,95**, como advogado de qualquer das partes.

Advocacia Previdenciária

82. Postulação Administrativa:

20% a 30% do proveito do cliente, mínimo **R$ 2.164,95**.

83. Justificação Administrativa:

Mínimo **R$ 1.082,47**.

84. Justificação Judicial:

Mínimo **R$ 1.082,47**.

85. Ação de Cognição:Condenatória, Constitutiva e Declaratória:

20% a 30% sobre o valor bruto da condenação ou eventual acordo, sem a dedução dos encargos fiscais e previdenciários.

Acidente de Trabalho

86. Indenização:

20% a 30% do proveito do cliente, mínimo **R$ 2.164,95**.

Advocacia Eleitoral

87. Postulação em Geral:

Impugnações, queixa ou representação, sustentações, mínimo **R$ 2.164,95**.

Vara da Infância e Juventude

88. Intervenção:

Em qualquer processo, mínimo **R$ 1.261,14**.

Advocacia Extrajudicial

89. Intervenção:

Do advogado para solução de qualquer assunto no terreno amigável. Havendo interesse econômico, 10% desse valor. Mínimo **R$ 1.082,47**, mesmo quando for de valor inestimável.

90. Administração Pública:

Intervenção perante a administração pública: 10% a 20% sobre a vantagem advinda ao cliente, mínimo **R$ 1.082,47**.

91. Defesa Administrativa:

Em sindicância ou processo administrativo disciplinar, mínimo **R$ 2.164,95**.

92. Processo Administrativo:

Em geral, 10% a 20% sobre o proveito do cliente, mínimo **R$ 2.164,95**.

93. Contratos em Geral:

Minuta de contrato ou de qualquer documento: 2% do seu valor, mínimo **R$ 649,48**.

94. Testamento:

Minuta de testamento e/ ou assistência ao ato, mínimo **R$ 1.082,47**.

95. Documentação Imobiliária

Documentação Imobiliária (excluídas as hipóteses dos arts. 212 e 213 da Lei no 6.015, de 31 de dezembro de 1973 – nesse caso, vide item **91** ou **14** desta Tabela, conforme o caso):
a) estudo ou organização de documentação imobiliária, mínimo **R$ 865,98** (o estudo e a organização não compreendem a extração da respectiva documentação);
b) elaboração de contrato: 2% do seu valor, mínimo **R$ 865,98**;
c) quando o trabalho envolver as duas tarefas, mínimo de 3%.

96. Assembléias:

Participação em assembléias, mínimo **R$ 865,98**.

97. Consulta:

Verbal, em horário comercial (das 8 às 18 horas), mínimo **R$ 157,64** (fora desse horário, acréscimo de 20 a 30%).

98. Parecer:

Escrito, mínimo **R$ 1.082,47**.

99. Hora Técnica de Trabalho:

Nos contratos onde sejam fixados honorários em função do tempo trabalhado, mínimo **R$ 157,64**/hora.

100. Inventário, Separação e Divórcio Consensual

(Lei nº 11.441, de 4 de janeiro de 2007) (*)

I - Inventário:

a) como Advogado do cônjuge supérstite, companheiro(a), inventariante e todos(as) os(as) herdeiros(as) ou na hipótese de herdeiro(a) único(a) universal ou por adjudicação (cessionário ou não), 6% (seis) sobre o valor real do monte-mor, mínimo **R$ 1.082,47**;

b) no caso do(a) Advogado(a) representar apenas o(a) meeiro(a) ou somente um dos herdeiros, 6% (seis) sobre o valor real da meação ou do quinhão hereditário, mínimo **R$ 1.082,47**.

II – Separação Consensual:

a) se houver bens a partilhar e sendo Advogado de ambos os requerentes, o previsto para inventário, constante na alínea "a" do item I anterior;

b) em se tratando de Advogado de apenas um dos cônjuges, o mesmo percentual previsto para inventário nessa hipótese (alínea "b" do item I anterior), calculado sobre a parte cabente ao cliente;

c) se não houver bens sujeitos à partilha, caberá ao Advogado de ambas as partes ou, isoladamente, de uma delas, o mínimo de **R$ 1.082,47**.

III. Divórcio Consensual:

Havendo bens a partilhar ou não, conforme o caso, o mesmo critério estabelecido para separação (alíneas "a", "b" e "c" do item II anterior). Mínimo **R$ 1.082,47**.

Advocacia on-line
Anuidades
Balcão de Anúncios
Balcão de Atendimento
Boletim Informativo
Bolsa de Profissionais
Certificação Digital
Consulta de Inscritos
Cultura e Eventos
Desagravo
Desarquivamento TJSP
Exame da Ordem
Fale Conosco

Feriados
Intimações
Legislação/LEX
Ouvidoria
Pagamentos JEF
Parcelamento
Parceria
Universia
Revista Equilíbrio
Tabela de Honorários
Transporte exclusivo
Tribunal de Ética
     Comissões
     Comunicação
     Controladoria
     Galeria de fotos
     Institucional
     Subsecções
CAASP
Jornal do Advogado
A OAB vai à Escola
ESA

CONTRATO SOCIAL DA SOCIEDADE DE ADVOGADOS

Pelo presente instrumento particular, (Identificar cada sócio indicando nome completo, nacionalidade, estado civil, profissão, endereço residencial e n^{os} de CPF e OAB), partes entre si ajustadas, têm a constituição de uma Sociedade de Advogados, que se regerá pelas disposições da Lei n.º 8.906 de 04 de julho de 1994, bem como pelas seguintes cláusulas e condições.

CAPÍTULO I
DA RAZÃO SOCIAL E SEDE

Cláusula 1ª - Fica constituída uma Sociedade de Advogados, que girará sob a razão social de (Nome completo ou patronímico completo de um, alguns ou todos os sócios, seguido da expressão Advogados, Advogados Associados, Sociedade de Advogados ou Advocacia).

§ 1º O falecimento do sócio que tenha lhe dado o nome à Sociedade não implicará na alteração ou manutenção de sua denominação social (pode ser disciplinado o contrário, ou seja, que após o falecimento de algum sócio não poderá mais ser utilizado o seu nome na razão social, devendo esta ser alterada).

§ 2º A Sociedade tem sede e foro nesta cidade de (Endereço completo da Sociedade, incluindo CEP, telefone, fax e E-Mail, conforme resultado da Consulta prévia realizada na respectiva Administração).

§ 3° Poderão ser abertos e fechados escritórios em qualquer ponto do território nacional, sempre sob a responsabilidade direta de um dos sócios, respeitada a obrigação de Inscrição Suplementar do responsável e da própria Sociedade, bem como a devida comunicação à Seccional do registro original.

CAPÍTULO II
DOS OBJETIVOS SOCIAIS

Cláusula 2ª - A Sociedade tem por objetivo disciplinar a colaboração recíproca no trabalho profissional, bem como o expediente e resultados patrimoniais auferidos na prestação de serviços de advocacia em geral. Aqueles serviços privativos da advocacia, conforme reservados no Estatuto dos Advogados, serão exercidos individualmente pelos sócios, ainda que revertam ao patrimônio social os respectivos honorários.

CAPÍTULO III
DO CAPITAL SOCIAL

Cláusula 3ª - O capital social totalmente integralizado em moeda corrente nacional, é de R$....., dividido em (n° de cotas) cotas, cada uma no valor de R$ (valor unitário de cada cota), assim distribuído entre os sócios:
a) Ao sócio (nome do sócio), cabem (n.° de cotas) cotas, perfazendo a quantia de R$..... do capital social.
b) Ao sócio (nome do sócio), cabem (n.° de cotas) cotas, perfazendo a quantia de R$..... do capital social.

CAPÍTULO IV
DA RESPONSABILIDADE DOS SÓCIOS

Cláusula 4ª - A responsabilidade dos sócios é limitada ao capital social.

§ 1º No exercício da advocacia com o uso da razão social, os sócios respondem subsidiária e ilimitadamente pelos danos causados a clientes, por ação ou omissão, sem prejuízo da responsabilização disciplinar do sujeito causador do dano.

§ 2º Os responsáveis por atos ou omissões que causem prejuízos à Sociedade e/ou a terceiros, deverão cobrir as perdas sofridas pelos demais sócios, de forma integral.

§ 3º Nas procurações outorgadas pelos clientes à Sociedade, os sócios serão nomeados individualmente, devendo os instrumentos respectivos conter o número de inscrição na Ordem dos Advogados do Brasil, e indicar a Sociedade de que façam parte.

CAPÍTULO V
DA ADMINISTRAÇÃO SOCIAL

Cláusula 5ª – A administração dos negócios sociais, cabem ao(s) sócio(s) (indicar o nome do(s) sócios(s) administrador(es)), que usará (usarão) o título de Sócio(s)-Administrador(es), praticando os atos conforme estabelecido nos parágrafos seguintes:

§ 1º Para os seguintes atos, a sociedade estará representada pela assinatura isolada de qualquer Sócio-Administrador (ou dos Sócios-Administradores) ou de Procurador constituído em nome da Sociedade:
a) Representação perante terceiros em geral, inclusive repartições públicas de qualquer natureza e entidades do sistema financeiro, bem como representação em juízo ou fora dele, ativa e passivamente;
b) Despedida e punição de empregados, liberação e movimentação de FGTS e outros previdenciários, quitações e rescisões trabalhistas, representação perante entidades sindicais, previdenciárias e órgãos do Ministério do Trabalho;
c) Emitir faturas;
d) Praticar os atos ordinários de administração dos negócios sociais.

§ 2º Para os seguintes atos, a Sociedade estará representada dos dois Sócios-Administradores (ou do Sócio-Administrador):

a) Constituição de Procurador *ad negotia* com poderes determinados e tempo certo de mandato, podendo haver mais de um Procurador;

b) Alienar, onerar, ceder e transferir bens imóveis e direitos a eles relativos, fixando e aceitando preços e formas de pagamento, recebendo e dando quitações, transferindo e emitindo posse e domínio, transigindo.

§ 3º Para todos os demais atos ordinários e extraordinários de administração societária, não elencados nos §§ 1º e 2º desta cláusula, a Sociedade estará representada pela assinatura de dois Sócios-Administradores, ou um Sócio-Administrador e um Procurador constituído em nome da Sociedade. (Em sendo único Administrador: "pela assinatura do Sócio-Administrador ou de Procurador constituído em nome da Sociedade). Entre atos, exemplificam-se os seguintes:

a) Outorga, aceitação e assinatura de contratos ou atos jurídicos em geral, com assunção de obrigações e outras cláusulas;

b) Abertura e encerramento de contas bancárias, emitindo, endossando e recebendo cheques e ordens de pagamento;

c) Aceite de títulos cambiários e comerciais em geral, resultantes de obrigações da Sociedade;

d) Constituição de Procurador *ad judicia*, podendo haver mais de um Procurador;

e) Receber e dar quitação de créditos, dinheiro e valores.

§ 4º É absolutamente vedado, sendo nulo e inoperante em relação à Sociedade, o uso da razão social para fins e objetivos estranhos às atividades e interesses sociais, inclusive prestação de avais, fianças e outros atos a favor, mesmo que a benefício dos próprios sócios.

§ 5º Aos sócios incumbidos da administração serão atribuídos "pró-labore" mensais, fixados por comum acordo e levados à conta das despesas gerais.

CAPÍTULO VI
DO EXERCÍCIO SOCIAL, BALANÇO E RESULTADO SOCIAIS

Cláusula 6ª – O exercício social corresponde ao ano civil. Ao final de cada exercício levantar-se-á imediatamente o balanço geral da Sociedade, apurando-se os resultados, que serão desde logo atribuídos ou suportados pelos sócios na proporção de suas cotas de capital, após a dedução dos encargos eventualmente incidentes, na forma da legislação fiscal aplicável.

§ 1º O primeiro exercício social, findará em 31 de dezembro de 200.....

§ 2º Nenhuma destinação será dada aos resultados sociais até que os sócios a deliberem em reunião, lavrando-se a respectiva Ata.

CAPÍTULO VII
DA DURAÇÃO DA SOCIEDADE E EVENTOS DE DISSOLUÇÃO

Cláusula 7ª – A duração da Sociedade é por tempo indeterminado.

Parágrafo único: A Sociedade iniciou suas atividades em ... de .... de 200..... (Observe para que esta data não seja posterior a da assinatura deste contrato)

Cláusula 8ª – Sendo a Sociedade composta por apenas dois (2) sócios e ocasionado a morte, incapacidade, insolvência, dissensão ou retirada de qualquer sócio, implicará na dissolução da Sociedade, assumindo o cargo de liquidante o sócio remanescente, que procederá aos trâmites da liquidação na forma da lei, salvo se a dissolução ocorrer por hipóteses de retirada, dissensão ou denúncia do Contrato Social, casos em que o liquidante será escolhido pela maioria do capital social.

Parágrafo único: Entrando a Sociedade em liquidação, os ativos ou passivos que por final se apurarem, serão distribuídos ou suportados pelos sócios na proporção em que titularem o capital social.

Cláusula 9ª – A dissolução prevista na cláusula 8ª não ocorrerá se o sócio remanescente, no prazo de até 90 (noventa) dias do fato ocorrido ou do recebimento da notificação expressa do outro sócio quanto a sua retirada ou dissensão, manifestar a sua intenção de dar continuidade à Sociedade com admissão de outro sócio que atenda aos requisitos legais e remanejamento das cotas sociais.

§ 1º Ocorrendo a hipótese de continuidade será levantado um balanço especial em prazo subseqüente de 90 (noventa) dias, para apurar o valor líquido do patrimônio social e das cotas. Feito isso, o valor da cotas do sócio falecido, incapacitado, insolvente ou retirante será pago ao próprio ou a seus herdeiros, conforme a hipótese, em até 12 (doze) parcelas mensais, iguais e consecutivas, devidamente corrigidas pelo mesmo índice aplicável à correção dos ativos sociais, vencendo-se a primeira a 30 (trinta) dias da assinatura da Alteração Contratual e as demais em igual data nos meses seguintes.

§ 2º Em caso de exclusão de sócio por quaisquer das hipóteses previstas em lei, inclusive por perda do registro de inscrição na OAB e deliberação da maioria absoluta do capital social, que concomitantemente delibere a continuidade da Sociedade, proceder-se-á conforme previsto no § 1º desta cláusula.

Cláusula 10ª - Sendo a Sociedade composta por mais de dois (2) sócios e ocasionado a morte, incapacidade, insolvência, dissensão ou retirada de qualquer sócio, a Sociedade não se dissolverá, devendo os sócios remanescentes no prazo de 30 (trinta) dias de sua expressa ciência dos fatos, deliberarem a continuidade.

§ 1º Adotada a resolução de continuar a Sociedade, será levantado um balanço geral apurando-se o valor real do capital e das cotas, que será pago ao sócio sob a hipótese elencada em 12 (doze) parcelas mensais, iguais, e sucessivas, devidamente corrigidas pelo mesmo índice aplicável aos ativos sociais, vencendo-se a primeira a 30 (trinta) dias da assinatura competente da Alteração Contratual e demais em igual data nos meses subseqüentes.

§ 2º Não ocorrendo a continuidade a Sociedade estará dissolvida, processando-se os trâmites de sua liquidação, sendo liquidante aquele sócio ou terceiro que for indicado pela maioria absoluta do capital social.

CAPÍTULO VIII
DA CESSÃO E TRANSFERÊNCIA DE COTAS

Cláusula 11ª – Aos sócios é reservado o direito de preferência na aquisição de cotas do capital.

§ 1º O sócio que desejar ceder ou transferir total ou parcialmente suas cotas, deverá notificar o sócio remanescente de sua intenção, especificando quantidade, valor e forma de pagamento, bem como o nome do eventual interessado, que deverá atender a qualificação de advogado inscrito.

§ 2º Em prazo subseqüente de 30 (trinta) dias da efetivação da notificação, o sócio remanescente deverá manifestar expressamente se deseja exercer o seu direito de preferência e/ou, se possui alguma restrição ao ingresso do eventual interessado na Sociedade.

§ 3º Incorrendo o exercício do direito de preferência por parte do sócio remanescente sobre a totalidade ou parte das cotas ofertadas e não havendo restrição ao ingresso do eventual interessado na Sociedade, o sócio ofertante poderá alienar as cotas sobre as quais não tenham recaído o direito de preferência ao terceiro interessado, nas mesmas condições em que as tenha ofertado ao sócio remanescente.

§ 4º Havendo desinteresse do sócio remanescente no exercício do direito de preferência, mas havendo restrições sua ao ingresso do eventual interessado, a Sociedade dissolver-se-á operando-se sua liquidação nos termos da Cláusula 8ª.

CAPÍTULO IX
DISPOSIÇÕES GERAIS

Cláusula 12ª – As deliberações sociais serão adotadas por maioria absoluta de votos valendo cada cota um voto, inclusive para alterações de cláusulas contratuais, bastando tantas assinaturas quantas sejam necessárias para materializar essa maioria e autorizar o registro. (Cláusula sugestiva, pois pode ser disciplinada de forma livre, ou seja, pode ser atribuído pesos diferentes para cada voto ou cota.)

Parágrafo único: Ao sócio dissidente de deliberação social cabe em prazo subseqüente de 30 (trinta) dias do registro da alteração, a manifestação de seu dissenso, com o exercício de seu direito de retirada e procedendo-se como previsto na Cláusula 8ª.

Cláusula 13ª – A solução dos casos omissos será adotada consoante as disposições legais vigentes ao tempo e resolução da maioria absoluta do capital social.

Parágrafo único: Em caso de divergência entre os sócios, os mesmos sujeitar-se-ão a solução por juízo arbitral, instaurado no Tribunal de Ética e Disciplina na Seccional da OAB onde a Sociedade for registrada.

Cláusula 14ª – Todos os honorários recebidos pelos advogados que integram a Sociedade reverterão em benefício da mesma, compondo os resultados sociais.

Cláusula 15ª – Os sócios que integram a Sociedade, poderão particularmente advogar e os honorários assim recebidos não reverterão a favor da mesma. (Pode ser disciplinado o contrário, ou seja, que os sócios não poderão advogar particularmente e que todos os honorários dos contratos particulares reverterão para a Sociedade.)

Cláusula 16ª – As alterações deste Contrato Social serão sempre consolidadas.

Cláusula 17ª – Fica eleito como foro essencial e contratual o da comarca de ...., com exclusão de qualquer outro.

Cláusula 18ª – Os sócios declaram sob as penas da lei, que não exercem nenhum cargo ou ofício público que originem impedimento ou incompatibilidade face o Estatuto da OAB, não participam de outra Sociedade de Advogados no âmbito desta Seccional e que não estão incursos em nenhum dos crimes previstos em lei que os impeçam de participar de Sociedades.
Observação: Em caso de existir impedimento, acrescer ou substituir a cláusula acima:

Parágrafo único: Em face do impedimento previsto no artigo ....., Inc. ...... do Estatuto da OAB, decorrente do exercício da função de (informar o cargo exercido) e, enquanto perdurar o mesmo, o(s) sócio(s) (nome/s do/s sócio/s) não advogará e nem participará dos honorários recebidos pela Sociedade por resultados de ações ou serviços contra as pessoas de direito

272

público em geral, bem como nos processos judiciais ou extrajudiciais que tenham relação direta ou indireta com as funções de seu cargo e do poder público a que serve. Declara também que não participa de nenhuma outra Sociedade de Advogados no âmbito desta Seccional e que não está incurso em nenhum dos crimes previstos em Lei, que o impeça de participar de Sociedade de Advogados.

E por assim estarem justas e contratadas e mutuamente outorgando este contrato em todas as cláusulas e condições, assinam-no em 4 (quatro) vias de igual teor e mesmos fins, com as duas testemunhas abaixo qualificadas, autorizados todos os usos e registros necessários.

Brasília, 1 de janeiro de 2006.

_____

(Nome completo e assinatura de TODOS os sócios)

TESTEMUNHAS (OBRIGATÓRIAS)

_____

1 - Nome completo e assinatura
RG e CPF

_____

2 - Nome completo e assinatura
RG e CPF

EXAME DE ORDEM 130 – DE 20.8.2006

ESTATUTO E ÉTICA PROFISSIONAL

91. O mandato para o advogado, para agir em juízo:

a) não pode ser outorgado exclusivamente para uma sociedade de advogados.

b) pode ser outorgado exclusivamente para uma sociedade de advogados, hipótese em que ficam automaticamente habilitados apenas os sócios.

c) pode ser outorgado exclusivamente para uma sociedade de advogados, hipótese em que ficam automaticamente habilitados os sócios e os advogados com vínculo empregatício.

d) pode ser outorgado exclusivamente para uma sociedade de advogados, ficando a cargo dela a indicação dos profissionais que ficam habilitados a agir em juízo.

92. É direito do advogado:

a) retirar-se, após comunicação protocolizada em juízo, do recinto onde se encontre aguardando pregão para ato judicial, após 30 minutos do horário designado, ainda que nele se encontre a autoridade que deva presidir tal ato.

b) retirar-se, após comunicação protocolizada em juízo, do recinto onde se encontre aguardando pregão para ato judicial, decorridos 30 minutos do horário designado e ao qual ainda não tenha comparecido a autoridade que deva presidir tal ato.

c) retirar-se, independentemente de comunicação, do recinto onde se encontre aguardando pregão para ato judicial, após 30 minutos do horário designado e ao qual ainda não tenha comparecido a autoridade que deva presidir tal ato.

d) retirar-se, independentemente de comunicação, do recinto onde se encontre aguardando pregão para ato judicial, após 30 minutos do horário designado, ainda que nele se encontre a autoridade que deva presidir tal ato.

93. Assinale a afirmativa incorreta:

a) é permitida a revisão do processo disciplinar, perante o próprio órgão julgador, por erro de julgamento ou por condenação baseada em falsa prova.

b) é designado defensor dativo ao advogado que é declarado revel em processo disciplinar.

c) o processo disciplinar tramita em sigilo, só tendo acesso às suas informações as partes, seus defensores e a autoridade judiciária competente.

d) é de 30 dias o prazo para interposição de recurso nos processos disciplinares.

94. Os honorários de sucumbência são:

a) integralmente devidos à sociedade de advogados, qualquer que seja o vínculo desta com os advogados.

b) integralmente devidos à sociedade empregadora, que não seja sociedade de advogados, desde que os advogados tenham sido contratados para atuarem em regime de dedicação exclusiva.

c) integralmente devidos aos advogados empregados, salvo quando se tratar de vínculo empregatício com sociedade de advogados.

d) partilhados entre os advogados empregados e a sociedade empregadora, desde que não seja uma sociedade de advogados.

95. Assinale a afirmativa correta:

a) não é incompatível o exercício da advocacia pelos militares da ativa.

b) os docentes de cursos jurídicos, vinculados à Faculdade de Direito da Universidade de São Paulo, não estão impedidos de advogar contra a Fazenda Pública.

c) apenas em causa própria pode ser exercida a advocacia pelos profissionais que ocupem a função de direção ou gerência de instituições financeiras.

d) os dirigentes de órgãos jurídicos da Administração Pública estão impedidos para o exercício da advocacia apenas contra a Fazenda Pública que os remunere ou à qual seja vinculada a entidade empregadora.

96. A eleição dos integrantes da lista, constitucionalmente prevista, para preenchimento dos cargos nos Tribunais Judiciários, é da competência do:

a) Conselho Seccional da Ordem dos Advogados do Brasil, na forma do provimento do Conselho Federal, nos Tribunais instalados no âmbito de sua jurisdição.

b) Conselho Seccional da Ordem dos Advogados do Brasil, na forma do provimento do próprio Conselho, nos Tribunais instalados no âmbito de sua jurisdição.

c) Conselho Federal da Ordem dos Advogados do Brasil, na forma do Provimento do próprio Conselho, ainda que se trate de Tribunal Estadual ou Regional.

d) órgão especial do Conselho Federal da Ordem dos Advogados do Brasil, na forma do Provimento do próprio Conselho, ainda que se trate de Tribunal Estadual ou Regional.

97. A ação de cobrança de honorários do advogado prescreve em 5 anos, contados:

a) da data da assinatura do instrumento de mandato.

b) da data da assinatura do contrato de honorários.

c) do vencimento do contrato de honorários.

d) da data em que o advogado apresenta a nota de seus honorários.

98. A intervenção nas Subseções do Conselho Seccional da Ordem dos Advogados do Brasil poderá ocorrer por deliberação:

a) da maioria dos membros do Conselho Federal.
b) da maioria dos membros do Conselho Seccional, referendada pelo Conselho Federal.
c) de 2/3 dos membros do Conselho Federal.
d) de 2/3 dos membros do Conselho Seccional.

99. A representação para se dar início a um processo disciplinar poderá ser feita pelo:

a) interessado, que não precisará se identificar.
b) interessado, obrigatoriamente assistido por advogado.
c) próprio interessado, bastando que a apresente por escrito ou seja tomada por termo.
d) interessado, que será assistido por advogado dativo quando não tiver constituído advogado.

100. Os recursos ao Conselho Federal são admitidos:

a) apenas contra decisões dos Conselhos Seccionais que contrariem a Lei 8.906/94, contra decisão do Conselho Federal, ou de outro Conselho Seccional e, ainda, contra o Regulamento Geral, o Código de Ética e Disciplina e os Provimentos.
b) contra decisões dos Conselhos Seccionais, quando não tenham sido unânimes, ou, sendo unânimes, contrariem a Lei 8.906/94, contra decisão do Conselho Federal, ou de outro Conselho Seccional e, ainda, contra o Regulamento Geral, o Código de Ética e Disciplina e os Provimentos.
c) apenas contra decisões dos Conselhos Seccionais que contrariem a Lei 8.906/94.
d) em qualquer circunstância.

EXAME DE ORDEM 131 – DE 21.1.2007

DISCIPLINA

91. Após regularmente intimado, e não apresentando o advogado a defesa prévia:

a) será considerado revel e será designado defensor dativo.
b) não será considerado revel e será designado defensor dativo.
c) será considerado revel e imediatamente julgado o processo disciplinar.
d) será considerado revel e julgado o processo disciplinar apenas após a ratificação da representação.

92. Todos os recursos contra decisões proferidas em processos disciplinares:

a) têm efeito suspensivo, exceto quando tratarem de suspensão preventiva decretada pelo Tribunal de Ética e de cancelamento da inscrição obtida com falsa prova.
b) não têm efeito suspensivo, exceto quando tratarem de suspensão definitiva para o exercício da profissão.
c) têm efeito suspensivo, exceto quando tratarem de aplicação de censura.
d) têm efeito suspensivo, sem exceção.

93. A retenção de autos enseja a aplicação de:

a) pena de censura.
b) pena de suspensão, desde que fique demonstrado que foi abusiva.
c) multa pecuniária.
d) pena de suspensão, independentemente de qualquer circunstância.

94. O advogado que é eleito Prefeito:

a) fica incompatibilizado, porém, não impedido para o exercício da advocacia.
b) fica impedido para o exercício da advocacia contra todos os órgãos que integram a Municipalidade.
c) fica incompatibilizado para o exercício da advocacia, salvo no período em que se licenciar temporariamente do cargo.
d) fica incompatibilizado para o exercício da advocacia, mesmo que deixe de exercer temporariamente o cargo.

95. É direito do advogado:

a) examinar, em qualquer repartição policial, mesmo sem procuração, autos de flagrante e de inquérito, findos ou em andamento, ainda que conclusos à autoridade, podendo copiar peças e tomar apontamentos.
b) examinar, em qualquer repartição policial, desde que com procuração, autos de flagrante e de inquérito, findos ou em andamento, ainda que conclusos à autoridade, podendo copiar peças e tomar apontamentos.
c) examinar, em qualquer repartição policial, mesmo sem procuração, autos de flagrante e de inquérito, findos ou em andamento, salvo quando conclusos à autoridade, podendo copiar peças e tomar apontamentos.
d) examinar, em qualquer repartição policial, mesmo sem procuração, autos de flagrante e de inquérito, findos ou em andamento, ainda que conclusos à autoridade, podendo tomar apontamentos e, se apresentar procuração, copiar suas peças.

96. O Exame de Ordem é regulamentado por:

a) Provimento do Conselho Estadual.
b) Provimento do Conselho Federal.
c) Lei.
d) Resolução da Comissão de Ética e Disciplina do Conselho Federal.

97. O salário mínimo do advogado empregado:

a) é fixado por deliberação do Conselho Federal da OAB.
b) será ajustado em acordo ou convenção coletiva de trabalho, em que será obrigatória a assistência da OAB.
c) será fixado em sentença normativa, salvo se ajustado em acordo ou convenção coletiva de trabalho.
d) é fixado por deliberação da Comissão de Advogados Empregados da Seccional da OAB e aplicável aos advogados nela inscritos.

98. O advogado que é condenado em processo disciplinar, em razão da falta de prestação de contas para seu cliente:

a) será suspenso pelo prazo mínimo de 30 (trinta) dias a 12 (doze) meses, pena que será revogada antes de fluir integralmente tal prazo, se comprovar a satisfação integral da dívida, inclusive com a correção monetária.
b) será suspenso pelo prazo mínimo de 30 (trinta) dias a 12 (doze) meses, sem qualquer prorrogação.
c) será suspenso pelo prazo mínimo de 30 (trinta) dias a 12 (doze) meses, período durante o qual deverá satisfazer da dívida, sob pena de exclusão.
d) será suspenso pelo prazo mínimo de 30 (trinta) dias a 12 (doze) meses, perdurando até a satisfação integral da dívida, inclusive com a correção monetária.

99. O pagamento da contribuição anual para a OAB:

a) não isenta o advogado do pagamento obrigatório da contribuição sindical.
b) isenta o advogado do pagamento obrigatório da contribuição sindical.

c) isenta o advogado do pagamento obrigatório da contribuição sindical, salvo quando se tratar de advogado empregado.
d) isenta o advogado do pagamento obrigatório da contribuição sindical, salvo quando se tratar de contribuição sindical patronal.

100. O crédito por honorários advocatícios:

a) pode ser objeto de emissão de fatura, independentemente da exigência ou autorização do cliente, hipótese em que será permitida a tiragem do protesto.
b) pode ser objeto de emissão de fatura, desde que constitua exigência do cliente, hipótese em que será pertimida a tiragem de protesto.
c) não pode ser objeto de emissão de qualquer título de crédito de natureza mercantil.
d) pode ser objeto de emissão de qualquer título de crédito de natureza mercantil.

EXAME DE ORDEM 132 – DE 15.4.2007

ÉTICA PROFISSIONAL E ESTATUTO

91. O estagiário regularmente inscrito pode praticar diversos atos de advocacia em conjunto com o advogado e outros sob responsabilidade deste. No entanto, ele não pode:

a) retirar e devolver autos, assinando a respectiva carga.
b) assinar em conjunto com o advogado petições diversas.
c) fazer parte, como sócio, de Sociedade de Advogados, regularmente inscrita na OAB.
d) isoladamente, exercer atos extrajudiciais, quando receber autorização ou substabelecimento do advogado.

92. O Tribunal de Ética e Disciplina do Conselho Seccional, em que o advogado acusado tenha a inscrição principal, pode:

a) em defesa da advocacia, face enorme repercussão frente à opinião pública, julgá-lo sumariamente.
b) suspender de imediato o advogado acusado em casos de grande repercussão, nomeando-se defensor dativo para defendê-lo, se necessário.
c) em casos de grande repercussão perante a opinião pública, uma vez formalizada a acusação, retirar-lhe preventivamente a identificação profissional, enquanto não julgado definitivamente.

d) em caso de repercussão prejudicial à dignidade da advocacia, depois de ouvi-lo em sessão especial, suspendê-lo preventivamente, devendo o processo disciplinar ser concluído no prazo máximo de 90 (noventa) dias.

93. O indeferimento liminar da representação disciplinar ocorre quando:

a) temos a extinção, sem qualquer instrução procedimental ou apreciação de mérito, por ausência dos pressupostos legais de admissibilidade.

b) temos a extinção sem julgamento do mérito por determinação do relator do processo disciplinar.

c) o Presidente da Seccional da OAB, após a defesa prévia, acolhendo manifestação do relator, põe fim ao processo, com julgamento do mérito, determinando seu arquivamento.

d) após apresentada a defesa prévia, o relator determina o arquivamento, com julgamento do mérito.

94. Assinale a afirmativa incorreta:

a) o Vereador, Presidente da Câmara Municipal, sofre impedimento para o exercício da advocacia.

b) os Deputados Federais e Estaduais sofrem impedimentos no exercício da advocacia.

c) os fiscais de trânsito, com atribuição inclusive de aplicar multas, estão incompatibilizados com o exercício da advocacia.

d) o Procurador Geral do Estado está exclusivamente legitimado para o exercício da advocacia vinculada à função que exerce.

95. Assinale a afirmativa incorreta:

a) o advogado não pode aceitar procuração de quem já tenha patrono constituído, sem prévio conhecimento deste, salvo por motivo justo ou para adoção de medidas judiciais urgentes e inadiáveis.

b) o substabelecimento do mandato sem reserva de poderes não exige o prévio e inequívoco conhecimento do cliente.

c) a renúncia ao patrocínio pelo patrono constituído, independentemente do pagamento da verba honorária pendente, desobriga o novo advogado a solicitar autorização do colega para receber procuração daquele cliente inadimplente.

d) ao advogado substabelecido com reserva de poderes é vedada a cobrança de honorários do cliente sem a intervenção do colega substabelecente.

96. Tomando conhecimento de transgressão das normas do Código de Ética e Disciplina, do Estatuto, do Regulamento Geral e dos Provimentos, quem deve chamar a atenção do responsável pelo dispositivo violado, sem prejuízo de instauração do competente procedimento para apuração das infrações e aplicação das penalidades?

a) qualquer advogado que tomar conhecimento dos fatos.

b) o Presidente do Conselho Seccional, da Subseção ou do Tribunal de Ética e Disciplina.

c) qualquer dirigente da OAB.

d) os membros da Comissão de Ética das Subseções.

97. É correto afirmar que o advogado:

a) não pode exercer concomitantemente a advocacia com qualquer outra profissão.

b) pode exercer a advocacia com algumas outras profissões, desde que correlatas, inclusive no mesmo espaço físico.

c) pode exercer a advocacia concomitantemente com outras profissões, salvo impedimentos e incompatibilidades, desde que não em conjunto ou conjuntamente, e nem anunciando, privada ou publicamente, tais atividades profissionais.

d) pode exercer a advocacia concomitantemente com outras profissões, inclusive fazendo publicidade, face a dispositivo constitucional que assegura o livre exercício profissional.

98. É incorreto afirmar que o sigilo profissional:

a) é direito e dever do advogado, sendo desnecessário que o cliente o solicite.

b) somente principia o dever / direito do sigilo após outorga da procuração pelo cliente.
c) não cessa, mesmo após a conclusão dos serviços advocatícios prestados.
d) não pode ser rompido, salvo grave ameaça ao direito à vida, à honra ou quando o advogado se veja afrontado pelo próprio cliente e em defesa própria, sempre restrito ao interesse da causa.

99. Assinale a afirmativa incorreta:

a) o advogado pode celebrar convênios para a prestação de serviços jurídicos com valores a menor do que os previstos na Tabela de Honorários, salvo se as condições peculiares da necessidade e dos carentes puderem ser demonstradas com a devida antecedência ao Tribunal de Ética e Disciplina, que deliberará, constituindo exceção.
b) o advogado partícipe do convênio da Assistência Judiciária entre OAB e PGE pode cobrar além da tabela lá contida, desde que o cliente aceite firmar contrato de honorários acrescendo o novo valor.
c) não é permitido ao advogado, mesmo ao recém-formado, cobrar valores irrisórios ou abaixo da Tabela de Honorários, salvo motivo plenamente justificável.
d) os honorários advocatícios devem ser previstos em contrato escrito, contendo todas as especificações e forma de pagamento, inclusive no caso de acordo, delimitando-se os serviços profissionais.

100. Assinale o que não é permitido ao advogado:

a) remessa de mala direta (correspondência) a potenciais clientes se estes não a solicitaram.
b) anunciar, colocando seu nome completo, número de inscrição na ordem e especialidade, se houver.
c) participar de programa de rádio e televisão, desde que eventualmente, visando a objetivos exclusivamente ilustrativos, educacionais e instrutivos, sem propósito de promoção pessoal.
d) o uso da expressão "sociedade de advogados", restrita àquelas devidamente inscritas na OAB, devendo constar nos anúncios o número dessa inscrição na Ordem ou o nome e número de inscrição dos advogados que a integrem.

ÉTICA PROFISSIONAL E ESTATUTO

91. O estagiário regularmente inscrito pode praticar diversos atos de advocacia em conjunto com o advogado e outros sob responsabilidade deste. No entanto, ele não pode:

a) retirar e devolver autos, assinando a respectiva carga.
b) assinar em conjunto com o advogado petições diversas.
c) fazer parte, como sócio, de Sociedade de Advogados, regularmente inscrita na OAB.
d) isoladamente, exercer atos extrajudiciais, quando receber autorização ou substabelecimento do advogado.

92. O Tribunal de Ética e Disciplina do Conselho Seccional, em que o advogado acusado tenha a inscrição principal, pode:

a) em defesa da advocacia, face enorme repercussão frente à opinião pública, julgá-lo sumariamente.
b) suspender de imediato o advogado acusado em casos de grande repercussão, nomeando-se defensor dativo para defendê-lo, se necessário.
c) em casos de grande repercussão perante a opinião pública, uma vez formalizada a acusação, retirar-lhe preventivamente a identificação profissional, enquanto não julgado definitivamente.
d) em caso de repercussão prejudicial à dignidade da advocacia, depois de ouvi-lo em sessão especial, suspendê-lo preventivamente, devendo o processo disciplinar ser concluído no prazo máximo de noventa dias.

93. O indeferimento liminar da representação disciplinar ocorre quando:

a) temos a extinção, sem qualquer instrução procedimental ou apreciação de mérito, por ausência dos pressupostos legais de admissibilidade.
b) temos a extinção sem julgamento do mérito por determinação do relator do processo disciplinar.
c) o Presidente da Seccional da OAB, após a defesa prévia, acolhendo manifestação do relator, põe fim ao processo, com julgamento do mérito, determinando seu arquivamento.

d) após apresentada a defesa prévia, o relator determina o arquivamento, com julgamento do mérito.

94. Assinale a afirmativa incorreta:

a) o Vereador, Presidente da Câmara Municipal, sofre impedimento para o exercício da advocacia.
b) os Deputados Federais e Estaduais sofrem impedimentos no exercício da advocacia.
c) os fiscais de trânsito, com atribuição inclusive de aplicar multas, estão incompatibilizados com o exercício da advocacia.
d) o Procurador Geral do Estado está exclusivamente legitimado para o exercício da advocacia vinculada à função que exerce.

95. Assinale a afirmativa incorreta:

a) o advogado não pode aceitar procuração de quem já tenha patrono constituído, sem prévio conhecimento deste, salvo por motivo justo ou para adoção de medidas judiciais urgentes e inadiáveis.
b) o substabelecimento do mandato sem reserva de poderes não exige o prévio e inequívoco conhecimento do cliente.
c) a renúncia ao patrocínio pelo patrono constituído, independentemente do pagamento da verba honorária pendente, desobriga o novo advogado a solicitar autorização do colega para receber procuração daquele cliente inadimplente.
d) ao advogado substabelecido com reserva de poderes é vedada a cobrança de honorários do cliente sem a intervenção do colega substabelecente.

96. Tomando conhecimento de transgressão das normas do Código de Ética e Disciplina, do Estatuto, do Regulamento Geral e dos Provimentos, quem deve chamar a atenção do responsável pelo dispositivo violado, sem prejuízo de instauração do competente procedimento para apuração das infrações e aplicação das penalidades?

a) qualquer advogado que tomar conhecimento dos fatos.

b) o Presidente do Conselho Seccional, da Subseção ou do Tribunal de Ética e Disciplina.
c) qualquer dirigente da OAB.
d) os membros da Comissão de Ética das Subseções.

97. É correto afirmar que o advogado:

a) não pode exercer concomitantemente a advocacia com qualquer outra profissão.
b) pode exercer a advocacia com algumas outras profissões, desde que correlatas, inclusive no mesmo espaço físico.
c) pode exercer a advocacia concomitantemente com outras profissões, salvo impedimentos e incompatibilidades, desde que não em conjunto ou conjuntamente, e nem anunciando, privada ou publicamente, tais atividades profissionais.
d) pode exercer a advocacia concomitantemente com outras profissões, inclusive fazendo publicidade, face a dispositivo constitucional que assegura o livre exercício profissional.

98. É incorreto afirmar que o sigilo profissional:

a) é direito e dever do advogado, sendo desnecessário que o cliente o solicite.
b) somente principia o dever / direito do sigilo após outorga da procuração pelo cliente.
c) não cessa, mesmo após a conclusão dos serviços advocatícios prestados.
d) não pode ser rompido, salvo grave ameaça ao direito à vida, à honra ou quando o advogado se veja afrontado pelo próprio cliente e em defesa própria, sempre restrito ao interesse da causa.

99. Assinale a afirmativa incorreta:

a) o advogado pode celebrar convênios para a prestação de serviços jurídicos com valores a menor do que os previstos na Tabela de Honorários, salvo se as condições peculiares da necessidade e dos carentes puderem ser demonstradas com a devida antecedência ao Tribunal de Ética e Disciplina, que deliberará, constituindo exceção.

b) o advogado partícipe do convênio da Assistência Judiciária entre OAB e PGE pode cobrar além da tabela lá contida, desde que o cliente aceite firmar contrato de honorários acrescendo o novo valor.

c) não é permitido ao advogado, mesmo ao recém-formado, cobrar valores irrisórios ou abaixo da Tabela de Honorários, salvo motivo plenamente justificável.

d) os honorários advocatícios devem ser previstos em contrato escrito, contendo todas as especificações e forma de pagamento, inclusive no caso de acordo, delimitando-se os serviços profissionais.

100. Assinale o que não é permitido ao advogado:

a) remessa de mala direta (correspondência) a potenciais clientes se estes não a solicitaram.

b) anunciar, colocando seu nome completo, número de inscrição na ordem e especialidade, se houver.

c) participar de programa de rádio e televisão, desde que eventualmente, visando a objetivos exclusivamente ilustrativos, educacionais e instrutivos, sem propósito de promoção pessoal.

d) o uso da expressão "sociedade de advogados", restrita àquelas devidamente inscritas na OAB, devendo constar nos anúncios o número dessa inscrição na Ordem ou o nome e número de inscrição dos advogados que a integrem.

EXAME DE ORDEM 133 – DE 19.8.2007

ÉTICA PROFISSIONAL E ESTATUTO

91. O processo disciplinar:

a) não pode ser instaurado em razão de denúncia anônima.
b) será obrigatoriamente instaurado, em razão de denúncia anônima, desde que acompanhado da prova dos fatos alegados.
c) será obrigatoriamente instaurado, em razão de denúncia anônima, desde que se trate de infração disciplinar apenável com suspensão.
d) será obrigatoriamente instaurado, em razão de denúncia anônima, desde que se trate de infração disciplinar apenável com exclusão.

92. As penas de advertência e censura impostas pelo Tribunal de Ética:

a) não podem ser suspensas.
b) podem ser suspensas, desde que o infrator primário, dentro do prazo de 120 dias, passe a freqüentar e conclua, comprovadamente, curso, simpósio, seminário ou atividade equivalente, sobre Ética Profissional do Advogado, realizado por entidade de notória idoneidade.
c) podem ser suspensas, desde que o infrator primário esteja prestando serviços voluntários à Seccional onde se encontra inscrito.
d) podem ser suspensas, desde que o infrator primário desista da interposição de qualquer recurso e aceite a aplicação de pena alternativa, que consistirá

na prestação de assistência jurídica gratuita, em favor de entidade beneficente, por prazo não superior a 120 dias.

93. Todos os recursos, em processo disciplinar, têm efeito suspensivo, exceto quando se tratar de suspensão:

a) preventiva, da prática de crime infamante e de conduta incompatível com a advocacia.
b) preventiva e de exclusão.
c) preventiva e da prática de crime infamante.
d) preventiva.

94. O Presidente da Junta Comercial:

a) está impedido de exercer a advocacia contra a Fazenda Pública.
b) está incompatibilizado para o exercício da advocacia, salvo em causa própria.
c) está incompatibilizado para o exercício da advocacia, mesmo em causa própria.
d) não sofre qualquer impedimento para o exercício da advocacia.

95. A sociedade de advogados:

a) pode funcionar com sócio não inscrito como advogado, desde que tenha participação minoritária no capital social.
b) não pode funcionar com sócio não inscrito como advogado.
c) pode funcionar com sócio não inscrito como advogado, desde que, além da participação minoritária no capital social, não integre a sua administração.
d) pode funcionar com sócio não inscrito como advogado, desde que a aquisição da participação decorra de sucessão legítima pelo falecimento de sócio advogado.

96. O substabelecimento de procuração, com reservas de poderes, para agir em Juízo:

a) não permite ao substabelecido a cobrança de honorários sem a intervenção daquele que lhe conferiu o substabelecimento.

b) não permite ao substabelecido a cobrança de honorários, sendo tal iniciativa reservada unicamente àquele que lhe conferiu o substabelecimento.

c) permite ao substabelecido a cobrança de honorários, independentemente da intervenção daquele que lhe conferiu o substabelecimento.

d) permite ao substabelecido a cobrança de honorários, independentemente da intervenção daquele que lhe conferiu o substabelecimento, desde que lhe reserve a metade dos honorários que venha a receber.

97. É dever do advogado:

a) não assumir a defesa criminal se não tiver formado a sua própria opinião sobre a culpa ou inocência do acusado.

b) assumir a defesa criminal, desde que tenha formado a sua própria opinião sobre a inocência do acusado.

c) não assumir a defesa criminal, desde que tenha formado a sua própria opinião sobre a culpa do acusado.

d) assumir a defesa criminal, sem considerar sua própria opinião sobre a culpa do acusado.

98. É prerrogativa do advogado:

a) retirar autos de processos findos, desde que mediante procuração, pelo prazo de 10 dias.

b) retirar autos de processos findos, mesmo sem procuração, pelo prazo de 10 dias.

c) retirar autos de processos findos, mesmo sem procuração, inclusive que tenham tramitado em segredo de justiça, pelo prazo de 10 dias.

d) retirar autos de processos findos, mesmo sem procuração, desde que justificadamente, pelo prazo de 10 dias.

99. O pedido de reabilitação:

a) não é permitido.

b) é permitido ao advogado que tenha sofrido censura ou advertência, que venha a requerer 1 ano após o seu cumprimento, fazendo a prova efetiva de bom comportamento.

c) é permitido ao advogado que tenha sofrido qualquer sanção disciplinar, que venha a requerer 3 anos após o seu cumprimento, fazendo a prova efetiva de bom comportamento.

d) é permitido ao advogado que tenha sofrido qualquer sanção disciplinar, que venha a requerer 1 ano após o seu cumprimento, fazendo prova efetiva de bom comportamento.

100. O pagamento da contribuição anual à OAB:

a) isenta os inscritos nos seus quadros do pagamento obrigatório da contribuição sindical, desde que se trate de profissional liberal.

b) não isenta os inscritos nos seus quadros do pagamento obrigatório da contribuição sindical.

c) isenta os inscritos nos seus quadros do pagamento obrigatório da contribuição sindical.

d) isenta os inscritos nos seus quadros do pagamento obrigatório da contribuição sindical, desde que se trate de profissional empregado.

Provimento 109, de 5 de dezembro de 2005, do Conselho Federal da Ordem dos Advogados do Brasil – CFOAB

ESTABELECE NORMAS E DIRETRIZES DO EXAME DE ORDEM

O Conselho Federal da Ordem dos Advogados do Brasil, no uso das atribuições que lhe são conferidas pelos arts. 54, V, e 8º, § 1º, da Lei 8.906/1994, tendo em vista o decidido na Proposição 0025/2005/COP, resolve:

Art. 1º É obrigatória, aos bacharéis de Direito, a aprovação no Exame de Ordem para admissão no quadro de Advogados.

Parágrafo único. Ficam dispensados do Exame de Ordem os postulantes oriundos da Magistratura e do Ministério Público e os alcançados pelo art. 7º, V, da Resolução 02/2004, da Diretoria do Conselho Federal.

Art. 2º O Exame de Ordem é prestado pelo bacharel em Direito, formado em instituição reconhecida pelo MEC, na Seção do Estado onde concluiu seu curso de graduação em Direito ou na de seu domicílio eleitoral.

§ 1º Poderá ser deferida a inscrição do concluinte do curso de Direito, em instituição reconhecida pelo MEC, desde que o candidato:
I – comprove, mediante certidão expedida pela instituição de ensino, que concluíra o curso;

295

II – comprove que a formatura fora marcada para data posterior à de realização do Exame de Ordem;

III – assine compromisso dando ciência de que somente receberá o certificado de comprovação do Exame de Ordem com a formatura.

§ 2º É facultado aos bacharéis em direito que exercerem cargos ou funções incompatíveis com a advocacia prestar Exame de Ordem, mesmo estando vedada sua inscrição na OAB.

Art. 3º Compete à Primeira Câmara do Conselho Federal expedir resoluções regulamentando o Exame de Ordem, para garantir sua eficiência e padronização nacional, ouvidas a Comissão de Exame de Ordem e a Coordenação Nacional de Exame de Ordem.

§ 1º Compete à Comissão de Exame de Ordem do Conselho Federal da OAB definir diretrizes gerais e de padronização básica da qualidade do Exame de Ordem, cabendo ao Conselho Seccional realizá-lo, em sua jurisdição territorial, observados os requisitos deste Provimento, podendo delegar, total ou parcialmente, a realização, sob seu controle, às Subseções ou a Coordenadorias Regionais criadas para esse fim.

§ 2º À Coordenação Nacional de Exame de Ordem, composta de um representante de cada Conselho Seccional, sob a direção de um representante do Conselho Federal, compete acompanhar a realização do Exame de Ordem no País, atuando em harmonia com a Comissão de Exame de Ordem do Conselho Federal, dando-lhe o apoio no plano executivo.

§ 3º As bancas examinadoras são compostas de, no mínimo, três membros titulares, advogados no efetivo exercício da profissão e que tenham, preferencialmente, experiência didática, com, pelo menos, 5 (cinco) anos de inscrição na OAB, designados pelo Presidente do Conselho Seccional, ouvida a Comissão de Estágio e Exame de Ordem.

Art. 4º O Exame de Ordem ocorrerá três vezes por ano, preferencialmente nos meses de abril, agosto e dezembro, em calendário fixado pelos Conselhos Seccionais, que o realizarão em período único, em todo o território estadual, devendo o edital respectivo ser publicado com o prazo mínimo de 30 (trinta) dias de antecedência.

Parágrafo único. Cabe aos Conselhos Seccionais estabelecer a taxa de inscrição para cada Exame de Ordem.

Art. 5º O Exame de Ordem abrange duas provas, a saber:

I – Prova Objetiva, contendo cem questões de múltipla escolha, com quatro opções cada, elaborada e aplicada sem consulta, de caráter eliminatório, exigindo-se a nota mínima de 50% (cinqüenta por cento) de acertos para submeter-se à prova subseqüente, devendo as Comissões de Estágio e Exame de Ordem adotar providências para a unificação das datas dessa prova, procurando conciliar os interesses de cada Seccional, de forma a que a mesma se realize sempre no mesmo dia e horário;

II – Prova Prático - Profissional, acessível apenas aos aprovados na Prova Objetiva, composta, necessariamente, de duas partes distintas, compreendendo:

a) redação de peça profissional, privativa de advogado (petição ou parecer sobre assunto constante do Programa Anexo ao presente Provimento), em uma das áreas de opção do examinando, quando da sua inscrição, dentre as indicadas pela Comissão de Estágio e Exame de Ordem no edital de convocação, retiradas das matérias Direito Constitucional, Direito Civil, Direito Penal, Direito Empresarial, Direito do Trabalho, Direito Tributário ou Direito Administrativo e do correspondente direito processual;

b) respostas a cinco questões práticas, sob a forma de situações-problemas, dentro da área de opção.

§ 1º A Prova Objetiva compreende as disciplinas correspondentes aos conteúdos que integram o Eixo de Formação Profissional do curso de graduação em Direito, conforme as diretrizes curriculares instituídas pelo Conselho Nacional de Educação, devendo contar com, pelo menos, 10% (dez por cento) de questões sobre o Estatuto da Advocacia e da OAB, o Regulamento Geral e o Código de Ética e Disciplina.

§ 2º A Prova Prático-Profissional, elaborada conforme os itens constantes do Programa Anexo ao presente Provimento, tem a duração determinada no edital pela respectiva banca examinadora, permitidas consultas à legislação, livros de doutrina e repertórios jurisprudenciais, vedada a utilização de obras que contenham formulários e modelos.

§ 3º Na Prova Prático-Profissional, os examinadores avaliarão o raciocínio jurídico, a fundamentação e sua consistência, a capacidade de interpretação e exposição, a correção gramatical e a técnica profissional demonstrada, considerando-se aprovado o examinando que obtiver nota igual ou superior a seis.

§ 4º Cabe à banca examinadora atribuir notas na escala de zero a dez, em números inteiros, na Prova Prático-Profissional, devendo a Prova Objetiva ser corrigida pelo número de acertos.

§ 5º A peça profissional valerá cinco pontos e cada uma das demais questões da Prova Prático-Profissional, um ponto.

§ 6º É nula a prova que contenha qualquer forma de identificação do examinando.

Art. 6º Do resultado da Prova Objetiva ou da Prova Prático-Profissional cabe recurso para a Comissão de Estágio e Exame de Ordem, no prazo de 3 (três) dias úteis, após a divulgação do resultado, sendo irrecorrível a decisão.

§ 1º O recurso do Exame de Ordem, devidamente fundamentado e tempestivamente entregue no protocolo do Conselho Seccional ou da Subseção, abrangerá o conteúdo das questões e das respostas da Prova Objetiva ou da Prático-Profissional ou versará sobre erro na contagem de pontos para atribuição da nota.

§ 2º Os recursos serão apreciados por uma comissão constituída por três membros, indicados pelo Presidente da Comissão de Exame de Ordem, obedecidos os critérios do § 3º do art. 3º deste Provimento, excluídos aqueles que participaram da correção inicial da prova recorrida.

Art. 7º A divulgação dos resultados de qualquer das provas do Exame de Ordem, após homologação da Comissão de Estágio e Exame de Ordem, dar-se á na sede do Conselho Seccional ou da Subseção delegada.

§ 1º É vedada a divulgação dos nomes dos examinados reprovados.

§ 2º O candidato reprovado pode repetir o Exame de Ordem, vedada a dispensa de quaisquer provas.

§ 3º O Conselho Seccional, após cada Exame de Ordem, remeterá à Comissão de Ensino Jurídico do Conselho Federal, no prazo de 30 (trinta) dias, quadro estatístico indicando o percentual de aprovados e reprovados por curso jurídico e as respectivas áreas de opção.

Art. 8º O certificado de aprovação tem validade por tempo indeterminado, devendo ser assinado pelo Presidente do Conselho Seccional ou da Subseção delegada e pelo Presidente da banca examinadora.

Art. 9º As matérias para o Exame de Ordem e a atualização periódica do Programa da Prova Prático-Profissional, com validade e abrangência nacionais, serão apreciadas pela Comissão de Exame de Ordem do Conselho Federal e submetidas ao Presidente do Conselho Federal da OAB.

Art. 10. Concluídos os trabalhos, as Comissões de Estágio e Exame de Ordem promoverão, pelo método mais conveniente, a apuração de aproveitamento dos candidatos, por matérias e por Faculdades, cujos resultados serão encaminhados às referidas instituições de ensino, constituindo tal estatística contribuição da OAB ao aperfeiçoamento do ensino do Direito, nos termos do Estatuto.

Art. 11. É facultada, aos Conselhos Seccionais, mediante convênio, a realização do Exame de Ordem com a unificação das datas e do conteúdo das provas.

Art. 12. Fica revogado o Provimento 81, de 16 de abril de 1996.

Art. 13. Este Provimento entra em vigor na data de sua publicação.

Sala de Sessões, Brasília, 5 de dezembro de 2005.

Roberto Antonio Busato, *presidente*
Ronald Cardoso Alexandrino, *relator*
(*DJU* 09.12.2005)

ANEXO AO PROVIMENTO 109/2005-CFOAB.
PROGRAMA DA PROVA PRÁTICO-PROFISSIONAL.

1. *Processo Judicial:* distribuição, autuação, citação, intimação, remessa, recebimento, juntada, vista, informação, certidão e conclusão.
2. Mandado, contrafé, carta precatória, carta rogatória, carta de ordem, edital, alvará, certidão, traslado, laudo, auto, fotocópia e conferência.
3. Valor da causa, conta, cálculo, penhora, avaliação, carta de arrematação, carta de adjudicação, carta de remição, carta de sentença.
4. *Provas:* depoimento pessoal, confissão, exibição de documento ou coisa, prova documental, prova testemunhal, prova pericial.
5. Petição inicial, contestação, exceções, reconvenção, litisconsórcio, intervenção de terceiro, assistência, impugnações, réplicas, pareceres, cotas, memoriais.
6. Despachos, sentenças, acórdãos. Tutela antecipatória. Audiência: de conciliação, de instrução e julgamento.
7. Apelação, agravos, embargos e reclamações.
8. Medidas Cautelares.
9. Mandado de Segurança: individual e coletivo.
10. Ação Popular.
11. *Habeas Corpus.*
12. Execução Fiscal. Ação de Repetição de Indébito. Ação Declaratória em Matéria Tributária. Ação Anulatória de Débito Fiscal.
13. Reclamação Trabalhista. Defesa Trabalhista. Recurso Ordinário.
14. Ação de Procedimentos Ordinário e Sumário.
15. Ação Monitória.
16. Ação de Usucapião. Ações Possessórias.
17. Ação de Despejo. Ação Revisional de Aluguel. Ação Renovatória de Locação.
18. Ação de Consignação em Pagamento.
19. Processo de Execução. Embargos do Devedor.
20. Inventário, Arrolamento e Partilha.
21. Separação Judicial e Divórcio.
22. Ação de Alimentos. Ação Revisional de Alimentos.
23. Inquérito Policial. Ação Penal.
24. Queixa-crime e representação criminal.
25. Apelação e Recursos Criminais.

26. Contratos. Mandato e Procuração.
27. Organização Judiciária Estadual.
28. Desapropriação. Procedimentos Administrativos.
29. Juizados Especiais Cíveis e Criminais.
30. Temas e problemas vinculados às peculiaridades jurídicas de interesse local ou regional,desde que especificados no edital a que se refere o art. 4º do Provimento 109/2005.

Provimento N° 91/2000

DISPÕE SOBRE O EXERCÍCIO DA ATIVIDADE DE CONSULTORES E SOCIEDADES DE CONSULTORES EM DIREITO ESTRANGEIRO NO BRASIL.

O CONSELHO FEDERAL DA ORDEM DOS ADVOGADOS DO BRASIL, no uso das atribuições que lhe são conferidas pelo art. 54, V, da Lei nº 8.906/94, e tendo em vista o constante do processo 4467/1999/COP,

Resolve:

Art. 1º. O estrangeiro profissional em direito, regularmente admitido em seu país a exercer a advocacia, somente poderá prestar tais serviços no Brasil após autorizado pela Ordem dos Advogados do Brasil, na forma deste Provimento.

§ 1º A autorização da Ordem dos Advogados do Brasil, sempre concedida a título precário, ensejará exclusivamente a prática de consultoria no direito estrangeiro correspondente ao país ou estado de origem do profissional interessado, vedados expressamente, mesmo com o concurso de advogados ou sociedades de advogados nacionais, regularmente inscritos ou registrados na OAB:

I – o exercício do procuratório judicial;

II – a consultoria ou assessoria em direito brasileiro.

§ 2º As sociedades de consultores e os consultores em direito estrangeiro não poderão aceitar procuração, ainda quando restrita ao poder de substabelecer a outro advogado.

Art. 2º. A autorização para o desempenho da atividade de consultor em direito estrangeiro será requerida ao Conselho Seccional da OAB do local onde for exercer sua atividade profissional, observado no que couber o disposto nos arts. 8º, incisos I, V, VI e VII e 10, da Lei nº 8.906 de 1994, exigindo-se do requerente:

I – prova de ser portador de visto de residência no Brasil;

II – prova de estar habilitado a exercer a advocacia e/ou de estar inscrito nos quadros da Ordem dos Advogados ou Órgão equivalente do país ou estado de origem; a perda, a qualquer tempo, desses requisitos importará na cassação da autorização de que cuida este artigo;

III – prova de boa conduta e reputação, atestadas em documento firmado pela instituição de origem e por 3 (três) advogados brasileiros regularmente inscritos nos quadros do Conselho Seccional da OAB em que pretender atuar;

IV – prova de não ter sofrido punição disciplinar, mediante certidão negativa de infrações disciplinares emitida pela Ordem dos Advogados ou Órgão equivalente do país ou estado em que estiver admitido a exercer a advocacia ou, na sua falta, mediante declaração de que jamais foi punido por infração disciplinar; a superveniência comprovada de punição disciplinar, no país ou estado de origem, em qualquer outro país, ou no Brasil, importará na cassação da autorização de que cuida este artigo;

V – prova de que não foi condenado por sentença transitada em julgado em processo criminal, no local de origem do exterior e na cidade onde pretende prestar consultoria em direito estrangeiro no Brasil; a superveniência comprovada de condenação criminal, transitada em julgado, no país ou estado de origem, em qualquer outro país, ou no Brasil, importará na cassação da autorização de que cuida este artigo;

VI - prova de reciprocidade no tratamento dos advogados brasileiros no país ou estado de origem do candidato.

§ 1º A Ordem dos Advogados do Brasil poderá solicitar outros documentos que entender necessários, devendo os documentos em língua estrangeira ser traduzidos para o vernáculo por tradutor público juramentado.

§ 2º A Ordem dos Advogados do Brasil deverá manter colaboração estreita com os Órgãos e autoridades competentes, do país ou estado de origem do requerente, a fim estar permanentemente informada quanto aos requisitos dos incisos IV, V e VI deste artigo.

§ 3º Deferida a autorização, o consultor estrangeiro prestará o seguinte compromisso, perante o Conselho Seccional:

"Prometo exercer exclusivamente a consultoria em direito do país onde estou originariamente habilitado a praticar a advocacia, atuando com dignidade e independência, observando a ética, os deveres e prerrogativas profissionais, e respeitando a Constituição Federal, a ordem jurídica do Estado Democrático Brasileiro e os Direitos Humanos.".

Art. 3º Os consultores em direito estrangeiro, regularmente autorizados, poderão reunir-se em sociedade de trabalho, com o fim único e exclusivo de prestar consultoria em direito estrangeiro, observando-se para tanto o seguinte:

I – a sociedade deverá ser constituída e organizada de acordo com as leis brasileiras, com sede no Brasil e objeto social exclusivo de prestação de serviços de consultoria em direito estrangeiro;

II – os seus atos constitutivos e alterações posteriores serão aprovados e arquivados, sempre a título precário, na Seccional da OAB de sua sede social e, se for o caso, na de suas filiais, não tendo eficácia qualquer outro registro eventualmente obtido pela interessada;

III – a sociedade deverá ser integrada exclusivamente por consultores em direito estrangeiro, os quais deverão estar devidamente autorizados pela Seccional da OAB competente, na forma deste Provimento.

Art. 4º A sociedade poderá usar o nome que internacionalmente adote, desde que comprovadamente autorizada pela sociedade do país ou estado de origem. A sociedade poderá usar o nome que internacionalmente adote, desde que comprovadamente autorizada pela sociedade do país ou estado de origem.

Parágrafo único. Ao nome da sociedade se acrescentará obrigatoriamente a expressão "Consultores em Direito Estrangeiro".

Art. 5º A sociedade comunicará à Seccional competente da OAB o nome e a identificação completa de seus consultores estrangeiros, bem como qualquer alteração nesse quadro.

Art. 6º O consultor em direito estrangeiro autorizado e a sociedade de consultores em direito estrangeiro cujos atos constitutivos hajam sido arquivados na Ordem dos Advogados do Brasil devem, respectivamente, observar e respeitar as regras de conduta e os preceitos éticos aplicáveis aos advogados e às sociedades de advogados no Brasil e estão sujeitos à periódica renovação de sua autorização ou arquivamento pela OAB.

Art. 7º A autorização concedida a consultor em direito estrangeiro e o arquivamento dos atos constitutivos da sociedade de consultores em direito estrangeiro, concedidos pela OAB, deverão ser renovados a cada três anos, com a atualização da documentação pertinente.

§ 1º As Seccionais manterão quadros específicos e separados para anotação da autorização e do arquivamento dos atos constitutivos, originário e suplementar, dos consultores e sociedades a que se refere este artigo.

§ 2º A cada consultor ou sociedade de consultores será atribuído um número imutável, a que se acrescentará a letra S, quando se tratar de autorização ou arquivamento suplementar.

§ 3º Haverá, em cada Seccional, uma Comissão de Sociedades de Advogados à qual caberá, na forma do que dispuserem seu ato de criação e o Regimento Interno da Seccional, exercer a totalidade ou algumas das competências previstas neste Provimento. Nas Seccionais em que inexista tal Comissão, deverá ser ela criada e instalada no prazo de 30 (trinta) dias, contados da publicação deste Provimento.

Art. 8º Aplicam-se às sociedades de consultoria em direito estrangeiro e aos consultores em direito estrangeiro as disposições da Lei Federal nº 8.906 de 4 de julho de 1994, o Regulamento Geral do Estatuto da Advocacia e da OAB, o Código de Ética e Disciplina da OAB, os Regimentos Internos das Seccionais, as Resoluções e os Provimentos da OAB, em especial este Provimento, podendo a autorização e o arquivamento ser suspensos ou cancelados em caso de inobservância, respeitado o devido processo legal.

Art. 9º A Ordem dos Advogados do Brasil adotará, de ofício ou mediante representação, as medidas legais cabíveis, administrativas e/ou judiciais, sempre que tenha ciência de condutas infringentes às regras deste Provimento.

Art. 10 Os consultores e as sociedades constituídas na forma do presente Provimento estão sujeitos às mesmas anuidades e taxas aplicáveis aos nacionais.

Art. 11 Deferida a autorização ao consultor em direito estrangeiro, ou arquivados os atos constitutivos da sociedade de consultores em direito estrangeiro, deverá a Seccional da OAB, em 30 (trinta) dias, comunicar tais atos ao Conselho Federal, que manterá um cadastro nacional desses consultores e sociedades de consultores.

Art. 12. O presente Provimento entra em vigor na data de sua publicação, revogando-se as disposições em contrário.

Brasília, 13 de março de 2000.

Reginaldo Oscar de Castro
Presidente

Sergio Ferraz
Relator

Provimento N° 94/2000

DISPÕE SOBRE A PUBLICIDADE, A PROPAGANDA E A INFORMAÇÃO DA ADVOCACIA

O Conselho Federal da Ordem dos Advogados do Brasil, no uso das atribuições que lhe são conferidas pelo art. 54, V, da Lei nº 8.906, de 4 de julho de 1994, considerando as normas sobre publicidade, propaganda e informação da advocacia, esparsas no Código de Ética e Disciplina, no Provimento nº 75, de 1992, em resoluções e em acentos dos Tribunais de Ética e Disciplina dos diversos Conselhos Seccionais; considerando a necessidade de ordená-las de forma sistemática e de especificar adequadamente sua compreensão; considerando, finalmente, a decisão tomada no processo 4.585/2000 COP,

Resolve:

Art. 1º. É permitida a publicidade informativa do advogado e da sociedade de advogados, contanto que se limite a levar ao conhecimento do público em geral, ou da clientela, em particular, dados objetivos e verdadeiros a respeito dos serviços de advocacia que se propõe a prestar, observadas as normas do Código de Ética e Disciplina e as deste Provimento.

Art. 2º. Entende-se por publicidade informativa:

a) a identificação pessoal e curricular do advogado ou da sociedade de advogados;
b) o número da inscrição do advogado ou do registro da sociedade;

c) o endereço do escritório principal e das filiais, telefones, fax e endereços eletrônicos;

d) as áreas ou matérias jurídicas de exercício preferencial;

e) o diploma de bacharel em direito, títulos acadêmicos e qualificações profissionais obtidos em estabelecimentos reconhecidos, relativos à profissão de advogado (art. 29, §§ 1º e 2º, do Código de Ética e Disciplina);

f) a indicação das associações culturais e científicas de que faça parte o advogado ou a sociedade de advogados;

g) os nomes dos advogados integrados ao escritório;

h) o horário de atendimento ao público;

i) os idiomas falados ou escritos.

Art. 3º. São meios lícitos de publicidade da advocacia:

a) a utilização de cartões de visita e de apresentação do escritório, contendo, exclusivamente, informações objetivas;

b) a placa identificativa do escritório, afixada no local onde se encontra instalado;

c) o anúncio do escritório em listas de telefone e análogas;

d) a comunicação de mudança de endereço e de alteração de outros dados de identificação do escritório nos diversos meios de comunicação escrita, assim como por meio de mala-direta aos colegas e aos clientes cadastrados;

e) a menção da condição de advogado e, se for o caso, do ramo de atuação, em anuários profissionais, nacionais ou estrangeiros;

f) a divulgação das informações objetivas, relativas ao advogado ou à sociedade de advogados, com modicidade, nos meios de comunicação escrita e eletrônica.

§ 1º. A publicidade deve ser realizada com discrição e moderação, observado o disposto nos arts. 28, 30 e 31 do Código de Ética e Disciplina.

§ 2º. As malas-diretas e os cartões de apresentação só podem ser fornecidos a colegas, clientes ou a pessoas que os solicitem ou os autorizem previamente.

§ 3º. Os anúncios de publicidade de serviços de advocacia devem sempre indicar o nome do advogado ou da sociedade de advogados com o respectivo número de inscrição ou de registro; devem, também, ser redigidos em português ou, se em outro idioma, fazer-se acompanhar da respectiva tradução.

Art. 4º. Não são permitidos ao advogado em qualquer publicidade relativa à advocacia:

a) menção a clientes ou a assuntos profissionais e a demandas sob seu patrocínio;

b) referência, direta ou indireta, a qualquer cargo, função pública ou relação de emprego e patrocínio que tenha exercido;

c) emprego de orações ou expressões persuasivas, de auto-engrandecimento ou de comparação;

d) divulgação de valores dos serviços, sua gratuidade ou forma de pagamento;

e) oferta de serviços em relação a casos concretos e qualquer convocação para postulação de interesses nas vias judiciais ou administrativas;

f) veiculação do exercício da advocacia em conjunto com outra atividade;

g) informações sobre as dimensões, qualidades ou estrutura do escritório;

h) informações errôneas ou enganosas;

i) promessa de resultados ou indução do resultado com dispensa de pagamento de honorários;

j) menção a título acadêmico não reconhecido;

k) emprego de fotografias e ilustrações, marcas ou símbolos incompatíveis com a sobriedade da advocacia;

l) utilização de meios promocionais típicos de atividade mercantil.

Art. 5º. São admitidos como veículos de informação publicitária da advocacia:

a) Internet, fax, correio eletrônico e outros meios de comunicação semelhantes;

b) revistas, folhetos, jornais, boletins e qualquer outro tipo de imprensa escrita;

c) placa de identificação do escritório;

d) papéis de petições, de recados e de cartas, envelopes e pastas.

Parágrafo único. As páginas mantidas nos meios eletrônicos de comunicação podem fornecer informações a respeito de eventos, de conferências e outras de conteúdo jurídico, úteis à orientação geral, contanto que estas últimas não envolvam casos concretos nem mencionem clientes.

Art. 6º. Não são admitidos como veículos de publicidade da advocacia:

a) rádio e televisão;

b) painéis de propaganda, anúncios luminosos e quaisquer outros meios de publicidade em vias públicas;

c) cartas circulares e panfletos distribuídos ao público;

d) oferta de serviços mediante intermediários.

Art. 7º. A participação do advogado em programas de rádio, de televisão e de qualquer outro meio de comunicação, inclusive eletrônica, deve limitar-se a entrevistas ou a exposições sobre assuntos jurídicos de interesse geral, visando a objetivos exclusivamente ilustrativos, educacionais e instrutivos para esclarecimento dos destinatários.

Art. 8º. Em suas manifestações públicas, estranhas ao exercício da advocacia, entrevistas ou exposições, deve o advogado abster-se de:

a) analisar casos concretos, salvo quando argüido sobre questões em que esteja envolvido como advogado constituído, como assessor jurídico ou parecerista, cumprindo-lhe, nesta hipótese, evitar observações que possam implicar a quebra ou violação do sigilo profissional;

b) responder, com habitualidade, a consultas sobre matéria jurídica por qualquer meio de comunicação, inclusive naqueles disponibilizados por serviços telefônicos ou de informática;

c) debater causa sob seu patrocínio ou sob patrocínio de outro advogado;

d) comportar-se de modo a realizar promoção pessoal;

e) insinuar-se para reportagens e declarações públicas;

f) abordar tema de modo a comprometer a dignidade da profissão e da instituição que o congrega.

Art. 9º. Ficam revogados o Provimento nº 75, de 14 de dezembro de 1992, e as demais disposições em contrário.

Art. 10. Este Provimento entra em vigor na data de sua publicação.

Sala das Sessões, 5 de setembro de 2000.

Reginaldo Oscar de Castro
Presidente

Alfredo de Assis Gonçalves Neto
Conselheiro Relator

Provimento nº 117/07

ALTERA O ART. 3º DO PROVIMENTO Nº 95/2000

Conselho Federal da Ordem dos Advogados do Brasil, no uso das atribuições que lhe são conferidas pelo art. 54, V, da Lei 8.906, de 4 de julho de 1994, tendo em vista o decidido na Proposição 2007.31.00102-01, Resolve:

Art. 1º O *caput* do art. 3º do Provimento nº 95/2000, que dispõe sobre o Cadastro Nacional dos Advogados, passa a vigorar com a seguinte redação, mantido o texto do seu parágrafo único:

Art. 2º Os dados a serem disponibilizados para a consulta serão o nome completo e o nome profissional, o número da inscrição, o Conselho Seccional e a Subseção, o sexo, a data de inscrição na OAB, a fotografia, o endereço e o telefone profissionais, a informação sobre a regularidade e a modalidade da inscrição dos advogados e a sociedade de advogados da qual participa (a partir da implantação do Cadastro Nacional de Sociedade de Advogados).

Art. 3º Este Provimento entrará em vigor na data de sua publicação, revogadas as disposições em contrário.

Brasília, 17 de abril de 2007.

Cezar Britto
Presidente

Alberto Zacharias Toron
Relator

Ophir Cavalcante Junior
Relator *ad hoc*

INSTRUÇÃO NORMATIVA 1/95

Atualiza os procedimentos sobre o registro das Sociedades de Advogados, racionaliza trâmites internos, fixa Anuidade e revoga a Instrução Normativa nº 1/94.

A COMISSÃO DAS SOCIEDADES DE ADVOGADOS no uso de suas atribuições, tendo presentes a promulgação da Lei nº 8.906 de 04 de julho de 1994, que instituiu o novo Estatuto da Advocacia, o advento do novo Código de Ética e Disciplina do Advogado, substituindo o anterior de 1934 e a necessidade de racionalizar trâmites internos nos processos de Registro, Alteração e Dissolução das Sociedades de Advogados para adaptá-los aos novos recursos de informática, expede as seguintes normas:

Art. 1º Os atos societários de Constituição, Alteração e Dissolução ou Extinção das Sociedades de Advogados, devem ser apresentados à OAB para registro mediante requerimento dirigido ao Presidente da Seccional, assinado pelo sócio ou sócios que a representem legalmente, acompanhado dos documentos enumerados no art. 2º desta Instrução.

Art. 2º Os documentos à que se refere o art. 1º, são os seguintes:

§ 1º - Hipótese de Constituição e Registro inicial:

a) Contrato Social em 4 (quatro) vias de igual teor e forma, assinadas e rubricadas por todos os sócios, duas das quais serão devolvidas devidamente autenticadas e com o número de registro da nova Sociedade junto à Secção de Registro, permanecendo as demais na OAB;
b) Declaração de existência ou inexistência de Impedimento ou Incompatibilidade ao exercício da Advocacia de cada sócio, em separado, caso a mesma não esteja inserida no corpo do Contrato Social.

§ 2º – Hipótese de Alteração de Contrato Social:
a) Indicação da Alteração seguida da Consolidação do Contrato Social, excetuado os casos de Alteração de endereço social, quando serão dispensadas a Consolidação do Contrato Social e a apresentação dos documentos relacionados na alínea seguinte.
b) Declaração da existência ou inexistência de Impedimento ou Incompatibilidade dos sócios, em separado, caso a mesma não esteja inserida na Consolidação do Contrato Social.

§ 3º – Hipótese de Dissolução ou Extinção:
a) Certidões Negativas de Fundo de Garantia por Tempo de Serviço (FGTS), Instituto Nacional de Seguridade Social (INSS) com finalidade específica e Tributos Federais.

§ 4º – Normas Comuns
Todos os documentos devem obedecer o tamanho A4 (210X297mm), com margem esquerda de 04 (quatro) centímetros para possibilitar a encadernação, microfilmagem e a impressão dos carimbos de Registros e Averbações; e deverão ser assinados e rubricados por todos os sócios com indicação do número de inscrição na OAB, *dispensando-se o Reconhecimento de Firmas.* Duas testemunhas devem assinar os documentos com qualificação e endereço completo, inclusive RG (Registro Geral) e CPF (Cadastro de Pessoas Físicas).

§ 5º – Documentos Comuns: Ficha de Cadastro
Os atos de Constituição e cada Alteração deverão fazer-se acompanhar da FICHA CADASTRAL DAS SOCIEDADES DE ADVOGADOS obtida na sede da Seccional, devidamente preenchida.

316

Art. 3º Sendo nos atos societários, algum sócio representado por procurador, deve ser juntada via da Procuração com Firma Reconhecida.

Art. 4º A Seção das Sociedades de Advogados da OAB/SP, mantêm à disposição daqueles que tiverem interesse, Minutas padronizadas de Contrato Social. As Minutas servem apenas para orientação, podendo os interessados obviamente, dentro das regras estabelecidas, dar ao Contrato Social a redação e a conformação mais conveniente.

Os Contratos Sociais deverão, contudo, observar o seguinte:

a) Razão Social: A Razão Social deve conter o patronímico de um ou mais sócios da Sociedade, seguido ou antecedido da expressão Sociedade de Advogados. Não é permitido nomes de fantasia, nem figurações que induzam a erro relativamente à identidade dos sócios.*

b) Qualificação dos Sócios: Os sócios devem ser identificados por qualificação completa, incluindo inscrição na OAB, CPF e endereço residencial, na forma do art. 15 do novo Estatuto, ora especificado. Sempre que possível, devem os sócios facilitar o acesso da OAB por via telefônica, fac-símile e E-Mail.

c) Proibição de Dupla Participação: Nenhum advogado pode, na forma do art. 15 - § 4º do novo Estatuto, integrar mais de uma Sociedade de Advogados, com sede ou filial na mesma área territorial do respectivo Conselho Seccional.

d) Estagiários: Nos termos do art. 15 do novo Estatuto da OAB, somente Advogados poderão constituir Sociedade de Advogados. Os Estagiários não poderão participar como sócios de Sociedades de Advogados.

e) Objeto Social: O objeto social das Sociedades de Advogados, restringe-se à colaboração recíproca na prestação de serviços profissionais, bem como a organização do expediente e resultados patrimoniais auferidos no exercício da Advocacia.

f) Participação Societária: As Sociedades de Advogados não poderão fazer parte, como sócias, de quaisquer outras Sociedades.

---

* (Alínea a - Razão Social: Nova redação conforme Deliberação nº 19 da Comissão das Sociedades de Advogados, aprovada por unanimidade dos Membros em Reunião realizada em 08 de março de 2007).

g) *Administração:* O Contrato Social deve indicar expressamente o sócio ou sócios encarregados da administração e representação da Sociedade perante terceiros, as normas de apuração e distribuição dos resultados de balanços, balancetes e outros instrumentos de administração. Devem, igualmente, prever a hipótese de retirada ou falecimento de algum dos sócios. Na forma do art. 17 do novo Estatuto, a responsabilidade individual dos sócios pelos danos causados aos clientes por ação ou omissão no exercício da advocacia, é subsidiária e ilimitada, sem prejuízo da responsabilidade disciplinar em que possa incorrer.

h) Faturas: Os Contratos Sociais, porque o crédito por honorários advocatícios desautoriza, não podem prever o saque de duplicatas ou qualquer outro título de crédito de natureza mercantil. Os Contratos Sociais, de acordo com o disposto no art. 42 do Código de Ética e Disciplina dos Advogados, aprovado em 13 de fevereiro de 1995, podem prever a emissão de Fatura de Serviços desde que constitua exigência do constituinte assistido, decorrente de contrato escrito, vedada a tiragem de protesto.

Art. 5º Cabe ao Departamento das Sociedades de Advogados da OAB orientar os interessados na apresentação correta dos documentos, fornecendo as instruções e formulários disponíveis. Após o Protocolo do pedido de Registro inicial, Alteração ou Extinção das Sociedades de Advogados, o processo não será distribuído ao Relator até que sejam completados os documentos relacionados nesta Instrução que não tenham, eventualmente, acompanhado o requerimento.

Art. 6º Certidões – Os pedidos de Certidões de Contrato Social serão atendidos pela Secção, mediante cópia do documento oferecido pelo interessado e constante do processo respectivo.

Art. 7º Contribuição Especial – Pelos serviços prestados, será cobrada uma contribuição anual, discriminada em tabela própria, afixada na Sede da OAB.

§ 1º – A Contribuição Anual a que se refere o *caput* deste dispositivo, assim se distribui:
Até 05 (cinco) sócios
Até 10 (dez) sócios

Até 20 (vinte) sócios

Mais de 20 (vinte) sócios

Em caso de CONSTITUIÇÃO DE NOVAS SOCIEDADES, consultar a Tesouraria da OAB/SP.

Art. 8º O registro de novas Sociedades, Alterações e Dissoluções uma vez deferidos, serão resumidamente publicados no Diário Oficial do Estado e em um dos Jornais dos Advogados.

Art. 9º Esta Instrução Normativa, devidamente aprovada em Sessão do Conselho Seccional do dia 21 (vinte e um) de setembro último, entra em vigor na data de sua publicação no órgão oficial do Estado. Ficam revogadas as disposições da Instrução Normativa nº 1/94. Após a publicação no órgão oficial, serão remetidas cópias à todas as Subsecções do Estado de São Paulo.

São Paulo, 21 de setembro de 1995.

Comissão das Sociedades de Advogados

IMPRESSO NA
sumago gráfica editorial ltda
rua itauna, 789 vila maria
02111-031 são paulo sp
telefax 11 2955 5636
sumago@terra.com.br

GRÁFICA